财政部规划教材
全国财政职业教育教学指导委员会推荐教材
全国高职高专院校财经类教材

政府投融资实务

（第二版）

刘彩丽　主编

中国财经出版传媒集团

经济科学出版社
Economic Science Press

图书在版编目（CIP）数据

政府投融资实务/刘彩丽主编．—2版．—北京：经济科学出版社，2021.5（2024.1重印）

财政部规划教材　全国财政职业教育教学指导委员会推荐教材　全国高职高专院校财经类教材

ISBN 978 - 7 - 5218 - 2550 - 3

Ⅰ.①政…　Ⅱ.①刘…　Ⅲ.①国家行政机关 - 投融资体制 - 高等职业教育 - 教材　Ⅳ.①F830.59

中国版本图书馆 CIP 数据核字（2021）第 089167 号

责任编辑：白留杰　侯晓霞　凌　敏
责任校对：蒋子明
责任印制：范　艳　张佳裕

政府投融资实务（第二版）

刘彩丽　主编

经济科学出版社出版、发行　新华书店经销
社址：北京市海淀区阜成路甲28号　邮编：100142
教材分社电话：010 - 88191354　发行部电话：010 - 88191522
网址：www.esp.com.cn
电子邮箱：bailiujie518@126.com
天猫网店：经济科学出版社旗舰店
网址：http://jjkxcbs.tmall.com
北京密兴印刷有限公司印装
787×1092　16开　13.75印张　300000字
2021年8月第2版　2024年1月第2次印刷
ISBN 978 - 7 - 5218 - 2550 - 3　定价：46.00元
（图书出现印装问题，本社负责调换。电话：010 - 88191510）
（版权所有　侵权必究　打击盗版　举报热线：010 - 88191661
QQ：2242791300　营销中心电话：010 - 88191537
电子邮箱：dbts@esp.com.cn）

前言

本书是财政部规划教材、全国财政职业教育教学指导委员会推荐教材、全国高职高专院校财经类教材《政府投融资实务》的修订版。

本书紧紧围绕高职高专教育教学理念，服务于专业技能，服务于学生的职业发展。基本理论必须适度，基础知识言简意赅，内容选取站在专业的前沿，既反映国内外政府投融资理论研究的新成果，又体现我国政府投融资改革实践的新变化。强调理论联系实际，注重学生在教学过程中的参与性，尽可能地突出实务性。全书共十章，包括政府投融资概述、政府投融资管理、政府投融资模式、政府投融资项目、政府投融资绩效、政府投融资风险、公益性项目政府投融资实务、准公益性项目政府投融资实务、传统产业政府投融资实务和新兴产业政府投融资实务。

本书在编写上具有以下特点：

1. 操作性。本书紧紧围绕高职高专教育教学目标，采用"导入案例"的形式，每章设置"综合实训"，突出职业岗位要求，培养学生较强实践操作技能。

2. 实用性。本书以政府投融资实例为主线，结合政府投融资业务特点，以大量的实际案例将学习的主要内容与专业项目紧密衔接，从政府投融资基础理论知识入手，系统地介绍政府投融资模式、政府投融资绩效、政府投融资风险和政府投融资实务等内容，并在各章节设置"拓展阅读"栏目，注重启发性、实用性，教学内容更加丰富完整。

3. 多样性。本书编写形式多样，每章以"知识目标""技能目标"开篇，设计了"思考""提示""知识链接"等栏目，使学生在学习相关专业知识之余拓展了知识面，培养学生分析问题和解决问题的能力。

为了满足教学的需求，本书配备课件、微课、综合实训参考答案等教学资源，打造全方位、一体化的教材体系，提升学生学习的积极性和主动性。

本书由山西省财政税务专科学校刘彩丽副教授任主编，张明珠、徐州全副教授任副主编。参加编写的人员有刘彩丽副教授（第一章、第三章），山西省财政税务专科学校吉淑英教授、闫慧楚讲师（第二章），四川财经职业学院胡霞讲师（第四章），山西省财政税务专科学校徐州全副教授（第五章），山西青年职业学院李婷讲师（第六章）、山西省财政税务专科学校张明珠副教授（第七章、第八章），湖北财税职业学院吴凌霞副教授（第九章、第十章）。刘彩丽副教授对全书进行了总纂、定稿。

本书在编写过程中，参考、借鉴和引用了大量本学科理论研究成果和已出版的专著、教材，在此对相关作者表示诚挚谢意！同时，对财政部干部教育中心的信任表示衷心感谢！

书中不妥不足之处，恳请批评指正。

编者
2020 年 6 月

目 录

第一章　政府投融资概述 ·· 1
　　第一节　政府投融资概念 ·· 2
　　第二节　政府投融资功能 ·· 9
　　第三节　政府投融资体系 ·· 13
　　综合实训 ·· 24

第二章　政府投融资管理 ·· 27
　　第一节　政府投融资组织管理 ·· 28
　　第二节　政府投融资管理体制 ·· 37
　　综合实训 ·· 43

第三章　政府投融资模式 ·· 45
　　第一节　政府投融资模式内涵 ·· 46
　　第二节　政府与社会资本合作 ·· 65
　　综合实训 ·· 70

第四章　政府投融资项目 ·· 75
　　第一节　项目管理组织模式 ·· 76
　　第二节　项目建设实施模式 ·· 80
　　综合实训 ·· 87

第五章　政府投融资绩效 ·· 92
　　第一节　PPP 项目绩效目标管理 ·· 93

第二节　政府投融资项目绩效运行监控 … 97
第三节　PPP项目绩效评价与结果应用 … 104
综合实训 … 113

第六章　政府投融资风险 … 116
第一节　政府投融资规模 … 117
第二节　政府投融资风险管理 … 126
第三节　国债风险 … 134
第四节　地方政府债务风险 … 140
综合实训 … 149

第七章　公益性项目政府投融资实务 … 153
第一节　小浪底工程投融资实例 … 153
第二节　永定河流域治理投融资实例 … 162
综合实训 … 166

第八章　准公益性项目政府投融资实务 … 167
第一节　北京地铁4号线投融资实例 … 167
第二节　城市污水处理基础设施投融资实例 … 174
综合实训 … 185

第九章　传统产业政府投融资实务 … 186
第一节　发电厂项目BOT投融资实例 … 187
第二节　文化产业投融资实例 … 194
综合实训 … 198

第十章　新兴产业政府投融资实务 … 199
第一节　智慧城市投融资实例 … 200
第二节　生物制药投融资实例 … 203
综合实训 … 206

参考文献 … 209

第一章

政府投融资概述

知识目标
1. 掌握政府投融资的含义、特征和功能。
2. 了解政府投融资的产生发展历程。
3. 掌握政府投融资体系建立原则。

技能目标
1. 能够熟练掌握政府投融资要素。
2. 能够根据政府投融资产生发展过程，熟悉政府投融资体系构成。

▶▶ 导入案例

海南省三亚市有轨电车示范线工程 PPP 模式

作为三亚市首条轨道交通线路，三亚市有轨电车示范线工程项目串联了三亚市核心旅游资源及重要对外枢纽，建成后不仅能有效解决沿线居民的部分出行问题，也将成为三亚湾游客出行观光的一条靓丽风景线。

为加快三亚有轨电车项目实施，推动城市基础设施投融资体制的创新，引进先进的管理机制和专业技术，提高城市基础设施的服务管理水平，整合全生命周期服务效率，适度分配项目投资建设及运营管理风险，缓解政府当期财政资金压力，平滑全生命周期财政资金支付额度，三亚市人民政府决定采用政府与社会资本合作（也称 PPP）方式实施三亚市有轨电车示范线工程项目。通过公开招标竞争，最终中国交通建设股份有限公司及广州有轨电车有限责任公司联合体中标。

三亚有轨电车示范线工程线路全长约 8.37 千米，共设车站 15 座，南起胜利路与建港路交叉口，北止火车站，途经高档住宅区、普通居住区、滨海旅游服务带及商业区。项目可行性研究报告于 2015 年 12 月批复，项目批复投资 14.7 亿元。2016 年 7 月 8 日该项目正式开工，项目特许期 25 年，其中建设期 3 年，运营期 22 年。期限届满，项目公司将该项目所涉全部项目设施按照移交标准完好无偿地移交给交通局或者三亚市政府指定的其他机构。

该项目是国内第一条采用 PPP 模式成功实施落地的有轨电车项目，运作相对规范、方案较为完善、融资架构合理、交易架构能够结合实际情况适度创新，通过多种模式降低政府可行性缺口补助，促进了三亚市基础设施投融资体制机制改革。

资料来源：PPP 项目典型案例《海南省三亚市有轨电车示范线工程》[EB/OL]. 中华人民共和国国家发展和改革委员会，https://www.ndrc.gov.cn/xwdt/ztzl/pppzl/dxal/pppdxal/index.html，2018-11-19.

第一节 政府投融资概念

一、政府投融资的产生与发展

20 世纪 30 年代以来，一种不同于公共预算投资，也不同于商业投资，而是介于这两者之间的新型政府投资模式——政府投融资，在许多国家出现并迅速发展起来。

20 世纪 30 年代，美国罗斯福政府为摆脱经济大危机，弥补因民间金融机构及国有经营性金融机构的运行不力所造成的货币短缺问题，在委托各联邦储备银行根据各银行资产发行货币的同时，设立"金融复兴公司"，通过金融复兴公司，购买银行优先股票、扩大政府投资和扶持重要产业的复苏。美国复兴金融公司被认为是最早的政府投融资平台（机构）。随后，美国政府建立和完善了政策性金融运作构架。一是联邦住房信贷体系，由联邦住房贷款银行委员会及其所属银行、联邦国民抵押贷款协会、联邦住宅抵押公司、联邦住宅管理局等构成；二是联邦农业信贷体系，由联邦合作农业信贷系统和政府农村信贷机构等组成。政府通过这些投融资平台对经济运行予以干预和调节，实现政府特定的宏观经济目标。

日本的财政投融资是日本政府推动经济发展的主要手段之一。第二次世界大战后，日本面临两个突出问题，即完成经济恢复重建和解决大量失业问题。解决这两个问题所需巨额资金，无论民间投资还是公共财政预算都难以满足。为此，日本政府建立以大藏省的资金运用部为核心、以公库和政策性银行为执行机构的投融资运作体系，使政府投融资得以快速发展。政府投融资规模从 1953 年的 3228 亿日元扩大到 1993 年的 36 兆日元，政府投融资计划总额相当于中央财政一般会计预算总规模的 50%，与一般会计预算中一般支出的规模接近。[①] 政府投融资的发展对日本的经济起到了积极的推动作用：着眼长期经济发展，贯彻国家政

---

① 李晓慧. 财政投融资体制的创新研究[J]. 山东财政学院学报，2000（1）.

策,调整产业政策,促进资源合理配置;通过大量认购国债和地方债券,有效弥补国家财政预算资金的不足;调整经济波动,促进经济稳定;通过对基础产业、公共设施等部门的贷款,补充民间资本;通过扶持开发新产业和新工业基地建设,为民间金融资本投资开辟了新市场。

发展中国家和地区在自身的发展进程中,由于经济增长和结构的内在要求,重视运用政府投融资,韩国就是一个成功的佐证。韩国财政投融资最主要的资金来源是政府基金,通常年份都在60%以上,1994年高达77%。政府基金是按照有关法令为特定目的而进行的筹资。其中,14种属于融资基金(最有影响的是国民投资基金、国民住宅基金),4种是独立性基金(即军人年金基金、国民年金基金、通讯保险基金和产业灾害补偿保险基金)。另外有18种事业管理基金,如外汇平衡基金。1994年政府基金总额达186227亿韩元,其中政府直接出资占16%,基金自身运用收益占10%,借入资金占30%,债券发行收入占39%,其他来源为6%。除政府基金外,韩国财政投融资资金来源还有政府从国外借款、简易生命保险年金和邮政年金积累金(简称简保资金)、财政投融资特别会计资金等。由于是政策性资金,韩国的财政投融资在投向上存在明显的限定性。韩国的财政投融资主要投向社会效益大,同时也存在一定经济效益的产业,主要是能源、基础产业和基础设施。财政投融资为韩国建造了一大批骨干能源项目,如1976~1990年建成的核发电站2、3、5~10号机组;1979~1984年建成的高亭火电站;1980~1983年建成的清江水电站;1981~1983年建成的浦城坑口电厂等。财政投融资大量向交通和邮电通信设施倾斜,尤其是向机场、港口、高速公路和铁路等项目倾斜。以地铁建设为例,1971~1985年汉城市共建设116.5公里地铁,实际耗资23926亿韩元,其中13649亿韩元来自财政投融资,且融资资金的利息率仅为5.5%,期限达20年之久。釜山市地铁1号线26.7公里的建设,1981~1989年耗资总额达1126亿韩元,其中748亿韩元来自财政投融资。韩国的财政投融资的成功运用,为韩国构建了除银行和财政预算之外的第三大资金渠道,为韩国经济迅速崛起发挥了不可替代的重要作用。[①]

中国政府投融资起源于改革开放初期。1979年8月,我国开始试行基本建设投资"拨改贷",基本建设投资由传统的财政无偿拨款方式向有偿使用方式转变,即凡有还款能力的企业进行基本建设所需资金都可以贷款,贷款业务由建设银行负责办理,贷款基金由国家财政从当年基本建设预算拨款中拨付。地方财政用机动财力安排的基本建设贷款基金,由地方自筹基本建设资金解决。1982~1984年,"拨改贷"投资始终稳定在每年30亿元左右,投资比重则在10%上下浮动。"拨改贷"不仅用有偿的办法管理财政投资,更成为大规模运用信用工具参与固定资产投资的先驱,迈出政府投融资改革的重要一步。但是,这一时期银行资金融通的中介作用基本上没有得到发挥,"拨改贷"的资金也基本上属于政府财政资金。我国政府投融资发展与经济体制改革、中央与地方财政关系及国家宏观调控政策的调整变化直接相关。如今,经过40多年的发展,我国政府投融

---

① 任会中. 韩国的财政投融资体制及其借鉴 [J]. 投资研究, 1997 (5).

资发生了巨大变化，尤其是地方政府投融资异军突起，对地方社会经济快速发展发挥了极其重要的作用。

提示 政府投融资是政府以实现调控经济活动为目标，依据政府信用为基础筹集资金并加以运用的金融活动，是政府财政的重要组成部分。

二、政府投融资的含义

（一）政府投资的含义

1. 投资是投资主体为获得预期收益而投入资本形成资产（资本品、存货、居民住宅等）的经济活动。

2. 政府投资是指政府使用预算安排的资金进行固定资产投资建设的活动，包括新建、扩建、改建、技术改造等。对政府投资的概念，可以从以下方面理解：

（1）政府投资的定义是以资金来源来界定而不是以投资主体是否为政府作为判断标准，即有政府投资或参股的项目均视为政府投资。

（2）明确了政府投资的范围。政府投资资金应当投向市场不能有效配置资源的社会公益服务、公共基础设施、农业农村、生态环境保护、重大科技进步、社会管理、国家安全等公共领域的项目，以非经营性项目为主。

（3）明确了政府投资方式。政府投资资金按项目安排，以直接投资方式为主；对确需支持的经营性项目，主要采取资本金注入方式，也可以适当采取投资补助、贷款贴息等方式，鼓励社会资金投向非经营性项目。实际上，国有企业、事业单位等主体利用预算资金开展的投资活动也应纳入政府投资范畴。

（二）政府融资的含义

1. 融资。融资是货币资金的融通，通常是指资金直接或间接地从资金供给者向资金需求者转移的过程。广义的融资是指资金在供给者和需求者之间流动以余补缺的一种经济活动，是一个资金双向互动的过程，包括资金的融入（资金的来源）和融出（资金的运用），表现为供需双方通过各种方式到金融市场上筹措或贷放资金的行为。狭义的融资是指资金的融入，是资金需求者（多指经济组织，主要是企业）筹集资金的行为与过程，需求者根据自身资金拥有状况、经营状况以及未来发展等需要，通过科学的预测和决策，采用一定的方式，从一定的渠道，利用内部积累或向外部资金供给者筹集资金，以保证经济活动对资金的需要。

2. 政府融资是指各级政府及其部门、机构或控股企业等为了实现经济和社会的发展目标，通过财政、金融等渠道筹措建设资金的行为和过程。

政府融资亦有狭义和广义之分。狭义的政府融资，亦称直接政府融资，即政府直接筹措建设资金的活动。广义的政府融资除了直接政府融资以外，还包括间接政府融资，即政府运用财政杠杆推动经济建设的融资形式，如税收优惠、财政贴息、财政担保等。随着我国公共财政政策的不断完善，无论中央政府还是地方政府，其直接筹措和安排的建设资金规模都将缩小、比重下降，财政贴息等间接融资形式将发挥重要作用。

对政府融资的概念，可以从以下方面理解：（1）融资的主体主要是政府，包括中央政府和地方各级政府。（2）融资的目的是为了实现经济和社会发展目标，促进社会经济和谐稳健发展。（3）融资的渠道来源于政府财政和金融市场等方面，有着广泛的融资场所和基本可靠的资金来源。（4）融资所筹措的资金是建设资金，是政府用于经济社会建设方面具有特定性质的资金。

（三）政府投融资的含义

根据国内外政府投融资活动所具有的一般特点以及对政府投融资产生发展的考察，本书认为，政府投融资是指政府为调控经济活动，以财政为依托，采取有偿手段筹集资金并加以运用的金融活动。

 知识链接

《政府投资条例》于 2019 年 4 月 14 日公布，自 2019 年 7 月 1 日起施行。《政府投资条例》是我国政府投资领域第一部规范政府投资的上位法，这部法规的颁布和实施，对于依法规范政府投资行为、充分发挥政府投资作用、提高政府投资效益、激发社会投资活力具有十分重要的意义。

《政府投资条例》主要分为总则、政府投资决策、政府投资年度计划、政府投资项目实施、监督管理、法律责任、附则七部分。

三、政府投融资的要素和特征

（一）政府投融资的要素

1. 政府投融资主体。政府投融资的主体是政府或代表政府从事投融资活动的，具备法人资格的国有独资企业。

2. 政府投融资领域。政府投融资主要投向非经营性领域，以私人企业不愿意投入的行业或项目为主。

3. 政府投融资来源渠道。政府投融资来源于财政拨款、政府债券、向银行借款、政府性基金、项目融资等。

（1）财政拨款是政府为实现其职能的需要，由财政部门将其掌握的财政资金，根据批准的年度预算无偿地拨付给用款单位。表现为财政再分配过程中财政资金的单方面转移，是政府进行各项活动的财力保证。

财政拨款是政府无偿拨付的资金，其来源主要为政府税收收入，即纳税人的税收所形成的公共资金。就中央政府而言主要是指财政预算资金，对地方政府而言则包括本级财政拨款和上级拨款。地方本级财政拨款可以是专项税，如

政府投融资的要素和特征

城市建设维护税主要用于城市建设，燃油税主要用于筹集道路建设资金，房地产税、土地使用税等财产税主要用于基础设施和公共服务。也可以是用于经常性支出后的结余，再用于资本性支出的部分。上级拨款指财政转移支付中的专项建设资金。相对于中央政府来说，财政拨款是地方政府融资的重要资金来源。

财政拨款用于公共事业（教育、卫生、交通、市政、科研等大中型建设项目）方面的资金，通常在拨款时就明确规定了投资项目和资金用途。主要有公益性和公共基础设施投资项目、保护和改善生态环境的投资项目、促进欠发达地区的经济和社会发展的投资项目、推进科技进步和高新技术产业化的投资项目、符合国家有关规定的其他项目，具体可分别采取直接投资、资本金注入、投资补助、转贷和贷款贴息等方式投入。对于政府事权范围内的公益性和公共基础设施等非经营性项目，需要政府资金占主导地位的，采用直接投资通过拨款投入；对需要发挥国有经济控制力和影响力，以及需要政府扶持的经营性项目，采用资本金注入进行投入；对符合国民经济和社会发展战略，促进经济社会协调发展和城乡区域协调发展的项目，采用转贷方式使用国家主权外债资金投入；对市场不能有效配置资源、需要政府支持的经济和社会领域，重点使用投资补助和贴息资金投入。

（2）政府债券是政府为筹集资金而向出资者出具并承诺在一定时期支付利息和偿还本金的债务凭证，是政府投融资的主要融资来源，主要形式为国家债券，即中央政府债券、地方政府债券等。中央政府债券发行的目的通常是为了满足弥补国家财政赤字、进行大型工程项目建设、偿还旧债本息等方面的资金需要。地方政府债券一般用于交通、通信、住宅、教育、医院和污水处理系统等地方性公共设施的建设，因而又可称为"市政债券"。在我国，地方政府债券融资渠道有两种：一是地方政府直接发债；二是中央发行国债再转贷给地方，也就是中央发行国债之后给地方使用。

（3）向银行借款是政府以信贷方式向银行借款的筹资活动，是政府重点项目建设资金的主要来源渠道。借款融资的种类主要划分为：按借款主体不同，可分为中央政府借款和地方政府借款；按贷款银行的性质不同，可分为政策性银行借款和商业银行借款；按地域来源不同，可分为国内借款和国外借款；按借款利率的高低不同，可分为"硬贷款"（利息较高的贷款）和"软贷款"（无息或低息优惠贷款）等。

（4）政府性基金是各级人民政府及其所属部门根据法律、行政法规和党中央、国务院文件规定，为支持特定公共基础设施建设和公共事业发展，向公民、法人和其他组织无偿征收的具有专项用途的财政资金，包括各种基金、资金、附加和专项收费。政府性基金是各级政府的重要资金来源，对我国水利、铁路、电力、城建等基础设施建设和公共事业发展起到了重要的推动作用。

（5）项目融资是指以项目的资产、预期收益或权益作抵押取得的一种无追索权或有限追索权的融资或贷款活动。从政府融资的角度讲，它是以政府项目的未来收益和资产作为偿还贷款的资金来源和安全保障的融资方式。从偿债的角度看,贷款人向特定的工程项目提供贷款协议融资,对于该项目所产生的现金流量享有偿债请求权,并以该项目资产作为附属担保的融资类型。

项目融资始于20世纪50年代的美国,80年代中期被引入中国,并且在一些国内外大型投资项目中得到了成功运用,如辽宁省移动通信GSM系统、广西来宾电厂B厂、北京东郊热电厂等。可见,项目融资作为一种新的融资方式,对于大型建设项目,特别是基础设施和能源、交通运输等资金密集型的项目具有更大的吸引力和运作空间,亦是政府一项重要的融资工具。

政府融资的来源渠道有很多种,除上述几种外,还包括政府收费、资产证券化、股权融资等。在实际运用中,应遵循国家政策法规和特定的社会经济目标加以选择。

资产证券化的含义及分类

4. 政府投融资目的。政府投融资以满足社会公共需要为目的。所谓社会公共需要,是指由社会全体成员作为一个整体所提出来的需要。这种需要难以通过个人或家庭的途径来满足,只能通过政府来解决。政府作为公共权力机关,是公众实现利益与满足需要的工具。而政府投融资资金运用着眼于全体居民和各类经济主体的生产、生活需要,进行投资行为以提供公共产品和公共服务,满足社会公共需要。

(二) 政府投融资的特征

1. 政府投融资的基本特征为有偿性。该特征是政府投融资区别于公共财政预算的根本标志。公共财政预算的基本特征是无偿性,预算收入的90%以上来自税收,税收在预算收入中的主体地位决定了财政收入的无偿性特征。在财政支出上,无偿性还是最主要的。相对于公共财政预算的无偿性,政府投融资整体上具有有偿性。因为,政府投融资的多数资金是政府通过信用方式筹集来的,如利用资本市场的各种融资工具广泛筹集资金,而这些资金要求偿还或给予投资者回报,一般不能用未来的税收偿还。正是由于资金来源的有偿性质,政府投融资在资金运用方面,要求收回投资本金以及收取一定的回报,作为最基本的资金使用原则。

2. 政府投融资具有准公益性。从实践看,政府投融资运作的核心领域为准公益性领域、基础产业和重大产业项目。对这三大领域的投资,存在着投资规模巨大、建设周期较长、收益普遍不高、风险巨大等现实问题,一般来说,社会资本无力或无意承担,公共预算无法也无必要包揽。政府参与和组织实施,并吸引和扶植社会资本,由社会各投融资主体共同参与。而政府投融资的资金投向是以社会混合物品的产出为主要对象,按照国家经济发展政策和产业政策的目的,投资于社会基础设施、基础产业和重点产业等领域,所投资的项目不仅具有良好的社会效益而且也能够创造一定的经济效益,具有一定的偿还能力。因此,政府投融资的运作具有准公益性质。

3. 政府投融资体现着鲜明的政策性。政府投融资运作是一种以政府为主体的政策性金融活动,明显地反映着政府特定的政策目标和意图。政府投融资主要从经济发展和宏观经济调控出发,贯彻政府的财政政策和产业政策,其投资方向主要着眼于基础设施的建设、基础产业的扶植和对产业结构的调整等方面，在社会投资资金流向和产业结构上调节经济运行，弥补公共预算资金不足的缺陷，促进社会资源的优化配置，增强政府对经济运行的调控力度，使国民经济稳定和均衡地发展。因此，政府投融资不以营利为主要目的，而主要追求的是社会效益和宏观经济效益，具有突出的政策性特征。

（三）政府投融资与传统财政信用及商业性金融的区别

1. 与一般性财政信用的区别。作为以财政信用方式取得的资金，政府投融资与一般性的财政借贷没有什么区别，但与一般性的财政信用活动不同，它是一种特殊的财政金融活动。

（1）一般性财政信用，是为弥补国家预算赤字而实施的，为国家预算筹集资金，最后依靠税收归还，而政策性投融资与预算是否有赤字无关，它是由于实施财政政策需要而进行的信用活动，所筹集的资金是以有偿形式来运用的，无须用未来时期的税收归还。因此，财政筹集起来的这笔信用资金，并不是一般性的国家预算资金，而是国家财政资金的特殊补充。

（2）它一手以有偿方式借来资金，一手又以有偿方式使用这些资金，与社会一般融资活动相同，但它的运用目的并不是为了营利。因此，它与一般社会金融活动又有根本性区别，它的使用具有鲜明的公共性。

（3）金融性与财政性为一体，在宏观调控中，有着货币政策与财政政策的双重功能。加大投融资力度、扩张信用，可以起到与扩张性货币政策相同的作用。但它又与一般信用的扩张不同，不会带来在拉动经济的同时，引发通货膨胀，也不会引起财政债务依存度过高，带来财政风险问题。它是一种比较安全的特种信用活动。

2. 与商业性金融的区别。政府投融资作为一种政策性金融，与商业性金融显然存在着一定关系，但二者又有着本质区别，主要体现在：

（1）资金来源不同。政府投融资的资金主要来源于政府债务收入、社会保障资金、邮政储蓄存款、社会资本等。商业性金融的资金主要来源于企业存款、居民储蓄和吸收社会上的闲散资金。

（2）资金投向不同。政府投融资遵循公平与效率兼顾的原则，主要投资于与国民经济发展密切相关的农业和交通等基础产业、高新技术产业、公用事业和欠发达地区的经济开发。这些项目由于具有投资时期较长、微利甚至无利等特点，导致商业性资金不愿加入。商业性金融以营利性为主要目标，主要投资于营利性较好的项目。

（3）资金运营主体不同。政府投融资的运营主体为中央和地方各级政府，商业性金融的运营主体为各级商业银行。

（4）资金运营目标不同。政府投融资是政府行为，不以营利为主要经营目标，追求社会效益和宏观经济效益最大化，而商业性金融则是商业行为，以获取利润为主要目标。

第二节 政府投融资功能

一、政府投融资的范围

公共财政预算是政府配置资源、实现经济职能的基本手段。但是，公共预算资金的稀缺性，使其无法充分满足不断扩张的政府经济职能的财力需求，而且从政府经济职能种类和特征看，也无须政府公共预算独自承担配置资源职责。从国内外成功运作的经验看，运用和发展政府投融资是政府配置资源、履行经济职能的重要手段。具体地说，政府投融资活动范围如下。

（一）公益性项目

对公共物品需要的投资，如行政机关、国防、义务教育、大众体育、卫生保健、环境保护、大众广播电视、城乡道路、路灯、消防、绿化等公益性投资项目，主要由公共预算投资，投资效益为社会共同享受。公益性项目可分为两类：一类是少数具有一定营利性的项目，少量引入政府投融资，如体育馆、文化宫、大众广播电视等，实行项目法人制，或项目经营权的转让；另一类是多数不具备营利性的项目，通过公共预算拨款来建设。

（二）准公益性项目

准公益性项目或混合物品，种类繁多、规模庞大，应依据具体项目的公益性强弱、经济发展程度、社会分配政策以及公共预算状况，相机选择政府投融资介入的广度和深度。

对于第一类混合物品（偏向于公共物品）的投资，如大学教育、医院、重大农业技术改良等准公益性项目，主要应由公共预算投资，同时适度引入政府投融资。第二类、第三类混合物品的投资，主要是社会公共设施（产业基础设施和生活基础设施）。它们具有一定的公益性但又有一定的经营性，是政府投融资的主要活动领域。基础设施主要包括交通运输、港口、桥梁、机场、水利、通信、农业灌溉和城市排水、供水、供气、供电等设施。基础设施为社会经济提供"共同生产条件"和"共同生活条件"，承载社会经济运行，制约着社会经济的发展水平，具有不可分割性、外部性、共用性和一定的经营性。由于基础设施这类公共资本的形成需要长期、大量、连续的投入，这决定了一国经济发展的初期，政府公共预算必须强有力的介入。但在经济起飞和成熟阶段，应大量引进民间资本。我国正处于完成工业化并向工业现代化过渡的时期，社会经济对公共基础设施的需求非常旺盛，资本市场又初具规模，正是政府投融资大有可为的时机。

（三）传统产业项目

传统产业项目主要包括部分城市公用事业、基础工业等。

1. 部分城市公用事业。一部分具有自然垄断性和经营性的公用事业，为政府投融资的重要活动领域，如自来水、煤气、城市供电等。如果完全采取市场生产、市场提供的方式，经营者就会利用其对市场的控制力，以公众利益为代价谋求自身利益，从而造成较大的效率损失。实践证明，反垄断措施不是治理自然垄断的良策，公共生产、公共提供虽然是纠正自然垄断弊病的较好选择，但公共预算投资难以完全胜任，政府投融资是必要补充。一部分可以由市场提供的公用事业，如城市交通、部分城市基础设施，在政府保持一定的控制力的前提下，应引入民间资本，以向公众提供价廉质优的服务。

2. 基础工业，主要包括能源工业和基础原材料工业。基础工业属于资本密集型产业，具有投资大、建设期长、回收期长，但收益稳定的特点。同时，基础工业又处于产业部门的上游，为其他产业部门提供能源和基本原材料，其产品价格的变动具有很强的连锁效应。基础工业的上述特点表明：基础工业的产业关联性较为显著，制约着其他产业的发展水平；基础工业需要适度超前发展；在资本市场尚未充分发育或经济发展初期，民间资本难以大量进入，需要政府投融资投资加以引导。从现阶段看，我国买方市场的格局已基本形成，能源与基础原材料短缺的问题已初步得到解决，政府投融资仍需继续介入，以使基础工业得到适度超前发展。我国政府投融资介入的重点是大型项目，如电力、石油、化工材料、天然气、煤炭等新建项目，以及原有能源和基础原材料基地的技改项目。

（四）新兴产业项目

新兴产业是以最新科技成果、最新技术、最新工艺为基础的知识密集型和资本密集型产业群体。

新兴产业是经济发展的先导产业，能形成国民经济发展的倍增效应。发展中国家要想提高经济发展质量，必须注重培育适合的新兴产业，并以此作为产业结构调整与升级的突破口。这意味着，应把发展新兴产业立为一项长期国策。新兴产业又是未来经济增长的核心，它可以带来显著的社会财富和社会福利。我国产业结构调整与升级的任务非常繁重，迫切需要培育具有先导作用的新兴产业，必须下大力气发展培育适合我国经济发展的新兴产业。

新兴产业属于资本、技术密集型行业，具有高风险、高投入、开发周期长的特点。众所周知，市场机制不能将用于创新的社会资源自动调节到社会最优水平，这是市场失灵的结果。尤其是构成新兴产业基础的高新技术具有显著的外部效应：高昂的、必须长时间连续投入的研发费用由创新者承担，而创新本身带来的收益却大量外溢，不能为创新者所独享。同时，高新技术在产业化过程中巨大的资金投入和市场风险，也制约着新兴产业的成长。因此，世界各国都在不同程度上对新兴产业进行资助，用"社会理性"代替"市场理性"。我国是一个发展中国家，政府投融资更应该将新兴产业作为一个投资重点，在财力上给予适当支持。

此外，政府投融资应介入一些需要国家政策扶持的中小企业、出口企业、保障住房等。

二、政府投融资的功能

政府投融资在弥补公共预算和市场机制不足、优化资源配置、促进经济和产业结构调整以及社会经济稳定发展方面具有特殊的功能。

（一）促进经济增长

资本是经济增长的一种重要因素。维系持续的经济增长，需要资本的有效形成和积累。资本的形成和积累过程被称为投资。"辛勤劳动与资本形成是经济增长的一个绝妙公式，但没辛勤劳动的资本形成也会产生巨大的增长，而没有资本形成的辛勤劳动对发展作出的贡献则微不足道。"[①] 对于发展中国家而言，投资是决定经济增长的最关键因素。

在现代社会中，依据投资主体性质，投资分为政府投资和非政府投资。在市场经济条件下，非政府投资由市场机制调节。总体来说，非政府投资是有效率的。但是，非政府投资也存在失效或低效领域。这种失效或低效的存在客观上需要政府投资介入，承担起那些非政府投资不能或不宜承担的投资任务。这就决定了政府投资必须承担部分投资并促进经济增长的职责。因此，在社会投资总量既定的条件下，为实现有效、快速的经济增长，政府投资与民间投资需要在投资结构上相互协调和相互补充。非政府投资应以市场为导向，以利润最大化为目标，将资金投向营利性领域。而政府投资则应依据社会经济的发展目标，直接体现国家对社会经济全局的部署和投资意向，有选择地将资金投向非政府、基础设施、基础产业和主导产业等部门，并以追求社会效益和经济效益为前提，以弥补非政府民间投资的局限性，协调宏观与微观层面之间的利益矛盾。

政府投融资作为政府投资的重要内容，对资本形成和经济增长具有如下功能。

1. 直接扶持和强力推进基础设施建设，促进公共资本形成。政府投融资以预算投资和财税优惠政策为依托，运用多样化的融资方式，可以倍数放大对基础设施的投资和扶持力度，从而大幅度增加基础设施供给，支持社会经济发展。

2. 倡导和诱导新兴产业发展。通过政府投融资的运作，使那些符合产业发展方向、成长性良好、技术含量高的企业，能够得到超常的发展，并由此促进新兴产业的成长。

---

① ［美］威廉·阿瑟·刘易斯. 经济增长理论［M］. 上海：上海三联书店，1990：45.

3. 通过政府投融资在资本市场的运作，消除企业存量资产长期凝固的障碍，推动存量资产按市场经济要求进行流动与重组，充分利用企业存量资源。

4. 通过政府投融资合理配置资源，促使企业经营机制发生转换，强化企业的内部管理，营造具有良好约束力度的微观经济运行机制，夯实转变经济增长方式的微观基础。

（二）优化经济结构

产业结构调整和优化是经济社会保持稳定和发展的一个重要因素。产业结构调整和优化一般是通过增量资本调整和存量资本调整两个基本途径来实现的。增量资本调整是通过对社会资本的投向和在各产业部门投资份额的变化促进产业结构的调整，以缓解产业结构的失衡状况，并促使产业结构趋于合理化。而存量资本调整则是现有产业部门资本存量通过产业间的流动和转移，实现产业结构的重组与改善，以达到产业结构调整与优化之目的。在经济结构的调整过程中，增量调整和存量调整是互相补充与互相递进的，只有把存量资产盘活了，增量资本的投入才能趋于合理，而增量调整是存量调整的有效扩展，只有将两者在优化和调整产业整体结构的基础上紧密结合起来，才能达到整体结构的动态优化组合和资源的合理配置。

政府投融资作为市场经济条件下政府实现资源合理配置的一种调节手段，存在着对增量结构内在的调节机制，可以通过债券、股票、投资基金、BOT、PPP等融资手段，增加能源、交通运输、原材料和农业等基础产业和基础设施的投资，以缓解和消除"瓶颈"产业对经济增长的制约。政府投融资运作具有明显的产业政策倾斜效应，对经济结构的改善和合理化具有较大的促进作用。如对电力、交通运输、通信等公用事业的扶持，可以促进基础设施建设的明显改善。另外，通过政府投融资对增量资本的结构调整变化，促进资产存量的调整，使生产要素合理流动，实现产业结构的合理化。具体而言，政府投融资优化经济结构功能，主要表现在以下方面：

1. 政府通过运用财政投融资，保护和扶植新兴产业，同时促进科学技术成果的转化和运用，使经济发展在现实基础上有一个较高的新起点，加快经济结构的转型和升级。

2. 引导企业调整投资结构，实现产业和产品结构调整、升级。通过政府的适度干预、产业政策的导向和财政投融资的运作，不仅可以直接满足企业对外部资金的部分需求，更为重要的是，政府投融资可以引导商业银行贷款和企业投资的方向，使其与政府产业政策方向相一致。因为，政府投融资体现着政府意志，反映着政府扶持的重点对象，凡得到政府投融资青睐的项目，就能增强社会资本投资信心，凡能得到政策性融资的企业，就会受到商业银行的关注，并愿意承担项目的配套投资资金，从而使该类企业或行业得到超常的支持和成长。此时，政府投融资就会逐渐降低其投资份额，并转而支持其他行业或企业，于是就形成了一种对商业银行的"导向—跟踪"机制。

3. 政府投融资配合相关的外贸政策和产业政策等，支持出口创汇企业的运营,在利用现有比较优势的基础上,不断形成一些具有新的比较优势的出口产业,以提高产品的国际竞争力和在世界市场的参与度。

(三) 强化政府宏观调控能力

保持宏观经济稳定运行,促进国民经济持续、健康发展,是国家宏观调控的重要目标。

宏观经济稳定与政府投融资有着密切联系。一般而言,经济是否稳定首先与社会供求总量之间是否平衡存在直接联系。供求相对平衡,则经济相对稳定,反之则相反,而政府投融资对供求关系有重要影响。政府投融资规模直接构成社会总需求的组成部分,政府投融资结构对社会总供给结构发生影响。因此,稳定宏观经济成为政府投融资的重要功能之一。

政府投融资宏观经济稳定的功能主要内容包括:当社会总需求小于社会总供给时,扩大政府投融资的运用规模,以增加财政投融资的投资总量,特别是通过增加对基础产业和基础设施的投资来刺激国内有效需求,以适应总供给;当社会总需求大于社会总供给时,减少政府投融资运用规模,控制投融资过度扩张的态势,从而稳定经济;当社会总供求结构不平衡时,政府投融资可以调整投资结构,加快农业、能源、基础设施等"瓶颈"产业发展,改善供给结构,而且在一定时期内改善需求结构,从而促进社会总供求结构大体均衡。

(四) 对政府预算和社会资本的有效补充

如前所述,政府投融资作为一种政策性金融活动,其运作方式、范围与政府公共预算存在根本不同,与普通的社会投资也存在较大区别。政府投融资根据产业政策和财政政策,主要适合于基础设施、基础工业、新兴产业、高科技产业,以及其他一些风险大、投资周期长的政策性投资项目。这些项目,既可以由政府公共预算投资,也可以由社会投资。然而,无论由哪一方投资,都难以满足巨额的资金需要。如果完全由政府公共预算投资,就会由于预算资金的短缺而导致供给不足的问题;如果完全由社会投资,就会因为社会资本规模小、厌恶风险以及商业性融资有限等原因,同样导致供给不足的问题。而政府投融资架起政府、社会资金和金融资本沟通、融合的桥梁和枢纽,使预算资金、国有资产、社会资金、金融资本协同运作,实现多赢,从而有效补充政府预算和社会资本的不足。

第三节 政府投融资体系

政府投融资体系是指政府投融资诸多环节和要素相互配合、相互制约所形成的有机整体,具体包括政府投融资机构、政府投融资管理体制、政府投融资运行机制、政府投融资风险防范和控制机制等内容。

一、政府投融资体系建立原则

(一) 弥补原则

市场机制是有效的,但自身却存在无法克服的缺陷,需要政府公共预算加以弥补;政府公共预算是有效的,但也存在着预算投资效率低下,且财力不足难以保障公共领域财力需求的问题。于是,介于公共预算和商业投资之间的一种新型政府投资模式——政府投融资便应运而生了。从政府投融资的使命看,构建政府投融资体系应遵循的基本原则是弥补原则,即弥补市场配置资源缺陷、弥补公共预算财力不足。政府投融资运作范围应限定在混合产品、基础工业、部分城市公用事业以及新兴产业等需要政府适时调控和干预的领域和项目,避免介入一般性、竞争性领域。政府投融资运作的规模应依据公共预算的财力状况和风险承受能力具体确定,应该具体分析特定社会经济环境下,实施财政投融资的可行性和预期的成效和风险,不可盲目发展。

(二) 调控原则

所谓调控原则,是指政府投融资体系应以贯彻政府宏观调控为目的,与国家宏观经济政策和财政政策相协调,不断增强政府宏观调控能力。

1. 不以营利为目标,而是实施政府的社会经济政策和意图。由于政策性金融业务与经营性金融业务在利益上是矛盾的,政策性金融业务是非盈利或低盈利的,但对整个经济发展的均衡性、社会的安定和进步具有积极意义。因此,社会资金往往不仅不会流向经济发展较落后地区,反而会流向资金回报率较高的经济发达地区。政府投融资运作机构从其运作目标出发,不追求盈利的大小,而是在政府宏观经济政策目标的指导下,向落后地区的经济开发投入资金,对此产生的亏损,政府给予补贴或担保其债务。

2. 特定运作领域。政府投融资运作机构的业务领域依据其基本性质所决定,在不同时期根据财政投融资运作重点的变化而有所侧重。从我国目前社会经济发展的基本状况来看,其业务范围应主要集中于基础设施、基础产业、战略性新兴产业、区域经济开发等项目和领域。它们对改善基本民生、促进经济转型、提高社会经济发展质量具有重要的现实意义,需要特殊的措施给予扶持和鼓励。

(三) 信用原则

政府投融资的多数资金是政府通过信用方式筹集来的,这一点规定了政府投融资在资金运用方面,要求收回投资本金以及收取一定的回报。因此,信用原则或有偿原则是政府投融资的又一项基本原则。

信用原则要求政府投融资运作必须兼顾社会效益和经济效益。在选择投融资项目时,除对项目的社会效益做整体评估外,还应对该项目的经济效益做准确、科学的评估,以便确定该项目收入贴现值能覆盖项目成本,能否满足营利目标要求,从而确定该项目是否符合政府投融资的最低要求。如果政府投融资项目选择上出现失误，运行结果难以满足营利性要求，则势必加大公共预算负担，加大政府债务风险。

二、政府投融资体系构成

（一）政府投融资机构及功能定位

1. 政府投融资机构的性质。政府投融资机构为投融资实施机构，是指由政府及其部门和机构等通过财政拨款或注入土地、股权等资产设立，从事政府指定或委托的公益性、准公益性和经营性项目融资、投资、建设和管理，拥有独立法人资格的经济组织。

依据业务性质的不同，政府投融资机构主要分为政策性金融机构和政府投融资平台两类。政策性金融机构，如经济开发政策性银行、农业政策性金融机构、进出口政策性金融机构以及住房政策性金融机构等，其业务主要限于长期低息贷款，不参与融资项目的投资、建设和管理，性质上属于特殊的金融机构。政府投融资平台性质上属于综合性投融资机构，主要从事项目融资、投资、建设和管理，项目债务融资本息由项目经营收入或政府预算偿还。我国地方政府投融资机构多属于此类投融资平台。

2. 政府投融资机构功能定位。政府投融资机构功能定位，涉及投融资机构的属性和活动领域。

（1）政府投融资机构的属性。政府投融资机构产生的根源可追溯到市场缺陷、失灵现象和公共财政预算财力匮乏。政府投融资机构的根本职能在于履行政府经济管理职能。政府经济管理职能的目标应定位在社会经济的稳定和发展层面，而非微观层面的经济效益，政府的投融资在微观层面上的经济效益应该是微利甚至是亏损的。因此，尽管政府投融资机构可以是具有独立法人的经济实体，有着公司化的外衣，但其承担的政府职能的使命使其有别于一般的商业企业，公益性或非营利性是其基本属性，活动目标是社会效益最大化而不是经济效益的最大化。

（2）政府投融资机构活动领域。政府投融资属性决定了其对资源的配置只是弥补和纠正市场机制对资源配置的不足和偏差。具体来讲，政府投融资机构投资的范围和领域，应当包括：

第一，部分经营性领域和项目。一是一些建设周期长、投资规模大、收益稳定的基础工业、基础设施、城市公用事业项目，如农业、交通、原材料、能源、城市供电等项目。这些项目有稳定的经营性收入，主要依靠自身收益偿还债务并获得利润。此类项目有一定的公益性，但因其经营性特质明显，如果社会资本有投资意愿，则可允许其进入，这既可以减轻政府的投资负担，将有限的资金用于非经营性公益项目的建设，又可增加社会资本的投资渠道，规范社会资本的运作，增强社会资源的配置效率。如果社会资本无力进入或不愿意进入，或出于社会经济宏观调控需要、要求政府在这些领域保持一定控制力等原因，那么此类项目应该作为政府投融资机构的一个重要活动领域。二是一些需要进行政策性鼓励和资助的领域，如部分新兴技术产业、出口创汇企业、中小企业等，政府投融资机构应配合产业和财政政策，可采用优惠贷款、投资、担保等形式给予支持。三是区域开发，如支持经济不发达地区的经济开发，帮助"老、少、边、穷"等贫困地区脱贫致富，政府投融资机构可采取投资、融资贷款等方式给予支持。

第二，纯公益性项目和准公益性项目。这两类项目是政府投融资机构活动的核心领域。因为项目难以产生现金流且主要依靠财政性资金偿还债务，或者虽能产生现金流但是难以覆盖贷款本息的，就需要政府投融资机构的投资运作。在具体运作中，对于公益性项目，应以政府投资为主，在项目的具体建设过程中，可以在某一环节引入市场化方式；而对于准公益性项目，则可以采取公私合营的方式，运用补贴、价格、税收等法律制度逐步激发社会投资的积极性，待时机成熟时，可将其转化为经营性项目，实现公共领域投资的社会化和市场化。由于这两类项目都难以通过项目的经营偿还贷款本息，政府投融资机构的融资债务应由政府承担还款责任或保障责任。

◆ 拓展阅读

国外在保障性住房投融资方面的典型做法

一、政府机构兼具投资建设职能，通过公积金储蓄为核心的住房金融体系等措资金——以新加坡为代表的政府主导模式

1. 参与主体。两大政府机构组成住房保障体系核心：一是中央公积金局，负责公积金的归集、管理和运营；二是建屋发展局，代表政府行使住房的建设、分配和管理职能。

2. 市场化运作流程。中央公积金局通过购买中央政府债券，将公积金归集款转给政府的中央投资局，这些资金再以贷款和津贴的形式进入建屋发展局的账户，由其进行统一的住房建设和销售。中央公积金制度为住房建设提供了源源不断的资金。一方面，归集起来的公积金除留足会员提款外，其余全部用于购买政府债券；另一方面，公积金会员动用公积金储蓄购买建屋发展局的政府住房，以现金或抵押支付房款，促使更多的款项流入国家手中，为政府建立了强大的资金储备。

3. 住房保障政策体系。一是严格的《中央公积金法》对公积金归集、提取、使用以及违法等事项做出了明确规范，如政府无权直接调用公积金存款，只能通过政府债务形式有偿使用并按期归还，公积金制度的有效运转为公共住房政策的实施奠定了根本基础；二是完善的进入标准和退出机制，制定租住或购买住房申请资格标准，并采取分级优惠办法，购买住房面积越小享受优惠越多，严格规定住房的家庭套数和转让的时限以限制炒房。

二、政府机构负责保障性住房的供应，金融体系提供融资支持——以日本为代表的政府市场共同主导模式

1. 市场参与主体。政府机构以建设省住宅局统管下的住宅都市整备公团和地方住宅供给公社为主体，负责建造和提供住宅；金融体系则以央行为领导，民

间金融机构为主体，政策性金融机构为补充，包括住宅金融专业公司、劳动金库、住房社团和住房金融公库；社会投资主体以各类民间团体为主，吸收社会资金发展住宅建设。

2. 市场化运作流程。住宅都市整备公团和地方住宅供给公社通过直接建设或购买、租用民间团体建设的住宅获得房源，由其向中低收入群体出售或出租，民间金融机构则为住房建设和购买住房发放贷款，住宅金融公库同样为此提供长期低息资金，并向建造出租用住宅的土地所有者提供贷款，同时为民间住房信贷机构提供贷款保险。

3. 住房保障政策体系。一是健全的法律体系。日本政府先后制定实施了《住房金融公库法》《公营住宅法》《日本住宅公团法》等40多部法律法规，建立了完备的法律体系。二是财政补贴，分为政府财政拨款和投资性贷款两种。前者用于低收入家庭的租房、购房补贴和资助公营住宅建设；后者主要用于住房建设投资贷款。三是金融支持。大藏省通过邮政储蓄、保健年金和国民年金为公团、公库筹集资金，并给予1%~2%的贴息，同时，公团、公库也可在政府担保下发行住房债券。

三、政府提供信用支持为基础，金融机构为核心，通过金融保障体系吸引社会资本——以美国为代表的成熟市场化模式

1. 市场参与主体。政府机构包括联邦住房管理局、退伍军人管理局等担保机构。金融机构涵盖商业银行、储贷机构、抵押贷款银行、联邦国民抵押协会和联邦住房抵押公司（即"两房"）、投资银行、保险公司、信用评级机构，以及抵押服务机构等。社会投资主体主要由房地产开发商和投资者构成。

2. 市场化运作流程。由政府担保机构为中低收入家庭和退伍军人购房提供抵押贷款保险或担保，当借款人无力偿还债务时承担未清偿的债务，保证及时向金融机构支付本息，通过"押上加保"机制增强金融机构对抵押贷款的信心。商业银行及专业性住宅金融机构向中低收入者发放抵押贷款，然后由"两房"购买其出售的抵押贷款组合，标准化后通过投资银行向投资者发行抵押贷款债券，并同时为办理住房贷款的金融机构提供流动性支持。完善的金融保障体系吸引大量房地产开发商从事公共住宅项目开发，而资产证券化在吸引大量社会资金的同时，也将风险有效分散至各类不同风险偏好的投资者。

3. 住房保障政策体系。一是完善的法律法规。先后颁布《合众国住房法》《国民住宅法》《开放住房法案》等多部法律，涵盖规划制定、机构设立等方面，保证政策的权威性。二是财政补贴。通过财政拨款向低收入家庭提供住房补贴和资助建设，公共住宅租金一般仅为家庭收入的1/3，对地方政府和私有机构建设的低收入住房也进行补贴。三是金融支持。一方面，政府利用信贷杠杆，提供低息贷款和"税收信贷"，鼓励个人或开发商参与开发建设适合中低收入家庭的经济住房。另一方面，通过住房抵押贷款一级市场和二级市场为住房需求者提供信用，并建立保险机制，保证市场运作的信心和稳定性。

资料来源：王祖继.完善保障性住房投融资机制初步研究[J].行政管理改革，2011(9).

(二) 政府投融资管理体制

我国投融资机构实行业务主管部门和资产管理部门双重管理、双重考核体制。业务主管部门负责行业管理和业务指导,资产管理部门受政府委托履行出资人职责并负责资产监管。其中,金融、事业性投融资机构由财政部门履行出资人及资产监管职责,其他投融资机构由国资部门履行出资人及资产监管职责。对有财政性资金注入的投融资机构,由同级财政部门按照国家有关规定履行财务管理职责。

(三) 政府投融资运行机制

1. 投资决策机制。政府投融资机构的投资决策机制是政府投融资机构为了实现预期的投资目标,运用一定的理论、方法和手段,对若干个可行性投资方案进行研究论证,从中选出最佳的投资方案的过程。投资决策既包括投资规模、结构的选择,又包括投资项目的选择。投资决策是政府投融资最重要的环节,决定了投融资的成败。

投资决策机制的主要内容包括:一是推行政府投融资决策责任制。明确相关决策主体的责任,凡涉及政府投融资投资决策的政府部门、投融资机构以及相关工作人员和负责人,都需要对决策结果承担相应责任。当投资决策出现问题时,启动决策责任追究制度,追究相关单位和责任人员的行政责任、民事责任和刑事责任。二是实行公示制度、听证制度和专家评审制度,增强投资决策的科学化和民主化,鼓励社会公众知晓并参与项目决策。三是政府要成立投融资决策委员会,负责重大投资事项的决策、相关问题的协调和组织考核等方面的工作,并确定投资方向、投资规模及投资方式。

2. 资产注入机制。政府投融资资产注入机制是指出资人通过资本金注入、政府偿债、财力注入、经营权授予等方式,增强投融资机构资金实力,保障政府投融资体系持续发展的行为。

资产注入机制的主要内容包括:一是财政资本金注入机制。财政每年预算安排的基本建设资金、专项资金,以其投资项目最终形成的产权和股权,提取一定的比例作为对投融资机构国有资本金的增量投入。二是政府偿债机制。对投融资机构因承担公益性建设项目融资任务而发生的亏损,先由投融资机构的经营性收入进行弥补,缺口部分由投融资机构主管部门编制债务预算,列入部门预算,有计划地还本付息。三是财力注入机制。政府投融资机构投资的公益性建设项目,其生产经营活动产生的各级税收地方留成部分及路桥收费等税费收入,由财政部门通过支出预算安排,注入相应的投融资机构,壮大投融资机构资金实力。四是特许经营权授予机制。政府授予投融资机构土地一级市场整理权、交通线路运营权、景区经营权等部分项目的特许经营权,提高投融资机构的营利能力和资本积累能力。五是投融资机构资本多元化机制。政府通过加强政府信用建设和完善配套政策等方式,增强投融资项目对社会资本的吸引力,同时针对不同地区和不同类型的投融资项目,构建社会资本的进入渠道和准入制度。建立股票、保险资金、产业投资基金、资产证券化等资本注入模式。

3. 资本退出机制。资本退出是指政府投融资机构在条件成熟时，择机从所在的项目、领域和行业退出，将其持有的股权、债权、物权、知识产权等在资本市场和产权交易市场进行流转和变现，将资产、资源转变为资金的行为。

政府投融资机构资本退出机制主要内容包括：一是充分发挥预算资金投入的杠杆和引导作用。明确区分公益性项目、准公益性和经营性项目，并采取不同的财政投入方式。公益性项目主要采用预算直接投资或资本金注入的方式，准公益性和经营性项目主要采取资本注入、投资补助或财政贴息等方式。直接投资额度、资本金注入比例、补助或贴息额度可按项目的变现能力或营利能力具体确定，变现能力或营利能力越强，预算资金投入比例越小。二是引入市场机制，推进准公益性和经营性项目市场化。在项目建设和经营管理过程中，政府应充分发掘市场机制的效率提升作用，并借此缓解政府财政支出压力。在前期建设阶段，对公益性项目，可在政府财政投入的同时，采用捐赠、增加附属经营项目等多种方式增强社会参与；对于准公益性、经营性项目可充分发挥社会资本良好的经营优势，扩宽市场化运作空间。在后期经营管理中，充分借鉴国内外经营管理经验，按照"国有民营化、运作市场化、管理企业化、用工社会化"的思路，实行所有权与经营权"两权"分离，可成立专门的管理公司，或引入竞争机制，以公开招标的方式，委托市场主体管理和运作。此外，在考虑经济效益的同时，必须兼顾社会效益，加强监督管理，努力实现多赢局面。三是利用资本市场、产权交易市场等多种渠道，完成政府投融资机构资产的重组、转让、退出。

4. 考评机制。对政府投融资机构考评是一个综合而复杂的范畴，涉及的内容比较广泛，可以从法律法规执行情况、内部管理制度运行情况和投融资效果三方面加以评价，其中投融资效果评价是其主要内容。

政府投融资效果是指在投资活动中投资取得的成果与消耗或占用的资金量的比率，反映的是投资活动所费与所得或产出与投入之间的对比关系，要求政府投融资活动要以尽量少的资金消耗或占用，取得更多的符合社会需要的成果，或者说取得一定数量的成果付出最少的投资。政府投融资除了具有投资效果的一般属性之外，还有其自身的特点：第一，经济效果是可以用价值指标借助货币来计量的效果，是经济投资中最重要、最核心的组成部分；社会效果是指不能够用价值指标衡量的其他社会成果，一般无法用投资的货币收益率来体现。政府投融资的微观效果是特定项目的投资效果，当项目有利于社会时，会产生宏观效果。政府投融资效果既有经济效果又有社会效果，既有微观效果又有宏观效果。政府投融资效果的双重性，使得评价政府投融资时既要考虑内在成本和内在效益，也要综合考虑外在成本和外在效益。第二，财政投融资面向国民经济的各个地区、部门和行业，投融资效果由财政投融资的国民经济的各个地区、部门和行业投资效果组成，且有的能用价值指标表示，有的则不能。这使得财政投融资效果具有隐蔽性的特点。企业、个人的投资效果一般能够直接以投资项目的各个收益率加以体现，而大部分政府投融资主要运用于基础产业、公共工程等项目。这些项目由于价格、效率等因素的制约，其投资效果难以用各种收益率来明确表示，有时只能通过间接的方法加以揭示。因此，需要设计一套规范、科学的指标考核体系对建设项目的市场前景、投资工程、回收期限、投资效益等方面进行考核。

（四）政府投融资风险防范和控制机制

1. 政府投融资运作风险的内涵和特点。政府投融资风险是指在组织财政融资和财政投资过程中，由于政府投融资制度和手段本身的缺陷以及多种经济因素的不确定性，具体体现在政府投融资运作中的融资状况和投资结果与运作目标相偏离的可能性。政府投融资风险相应地表现为融资风险和投资风险。融资风险主要集中在债务融资方面，债务规模的剧增，不可避免地导致政府投融资债务的增加，再加上期限结构的不合理和利率结构的不合理，其隐藏的债务风险也随之加大。投资运作过程中的不确定性因素同样存在，项目预期收益与实际收益的不一致将会导致投融资项目的资金无法收回，这种投资贷款的坏账，构成了政府投融资运作过程中的投资风险。

需要着重指出的是，政府投融资风险在政府直接融资、政府担保或抵押融资情况下可能会加大政府债务风险。正因如此，许多国家对政府投融资机构的财务采取类似公共预算的管理方法，如日本政府投融资机构财务要向大藏省报告，接受审计部门的检查，大藏省要将各财政投融资运作机构的财务汇总后报告国会审议。

2. 政府投融资风险防范机制。通过健全政府债务风险控制机制，有助于控制政府投融资负债规模，在界定的适度负债规模区间内，有效地促进经济社会发展的稳定性和可持续性。

（1）政府投融资计划管理制度。政府投融资的运作规模应与财政政策和货币政策等宏观经济政策目标相协调、与宏观经济运行状况相适应。政府投融资机构应根据国家的经济发展战略和资金供需情况，会同中央银行和有关经济部门研究确定政府投融资资金来源渠道和资金运用情况，编制详细的计划，并报经人大和政府批准。

（2）强化对投资项目的科学决策，完善项目法人制度。对投融资项目决策应建立法定程序，对具体项目建立项目法人制度，项目决策人对项目负责，实行严格的惩治制度和专家管理制度。

（3）信息披露机制。一是构建政府债务信息披露制度。从全口径角度对政府投融资债务进行界定和分类，编制政府资产负债表，厘清政府债务规模、结构。二是完善投融资项目信息传递机制。利用政府政务公开平台，对投融资项目事前、事中和事后的相关信息进行披露，以此强化投融资项目的内部和外部监管。

（4）债务偿还机制。一是明确债务偿还主体。坚持信用原则，落实贷款风险责任，并建立相应的追偿机制和问责机制。二是优化并落实偿债方案。在编制举债计划的同时，严格制订偿债计划，明确偿债的资金来源和还款计划。

（5）债务风险基金制度。一是完善偿债准备金制度。通过预算拨款、政府性基金收入、债务投资项目收益等多种渠道，充实偿债准备金，并保持资金来源的稳定，确保准备金数额达到年初政府性债务余额的一定比例。二是实行风险基金制度。通过财政预算提留和总预备费划入等方式建立债务风险基金，并由专门机构投资于低风险收益项目实现基金的保值增值，并以此达到降低债务风险的目的。

(6) 政府投融资债务风险预警机制。建立债务风险预警机制有助于及时掌握债务风险动态，并为风险管理策略的实施提供依据，是对政府财政安全屏障的加固。具体而言，就是针对直接显性债务、直接隐性债务以及或有债务的特点，分类建立涵盖债务规模、结构、安全性的风险指标体系，并对其发生、发展进行全程跟踪、识别、评价、预测和监控。

三、政策性银行和地方政府投融资平台

政府投融资体系由中央政府投融资和地方政府投融资构成。政策性银行和地方政府投融资平台在政府投融资体系中占据了重要地位。

(一) 政策性银行

政策性银行是指由政府发起出资成立，为贯彻和配合政府特定经济政策，不以营利为目的而进行融资和投资活动的机构。政策性银行是财政投融资的载体，是连接政府与企业之间的桥梁和纽带，是政府政策意图的具体实施者。政策性银行是为完成产业开发、振兴进出口、扶植中小企业、促进住宅建设等政策性任务而设立的，是由政府出资的全额法人。

实际上，政策性银行既不是银行，也不是制定政策的机关，而是执行有关长期性投融资政策的机构，类似国外开发署的性质。对于投资优先部门的划分、政策性贷款总额、有息补助或本金的偿还等政策选择问题，并非完全由其自身来决定，而是通过特定的计划安排和审批程序进行的。它在很大程度上充当了政府投资的代理人角色，把计划、财政、银行的政策性投融资业务融合起来，形成有效的政府投资运作。与一般金融机构相比，政策性银行的主要特点有：经营目的是为了实现政府的政策目标，而非盈利；资金来源主要是国家预算拨款以及向政府借款、发行金融债券、向其他金融机构借款和向国际金融机构借款等；资金运用以发放中长期贷款为主，贷款利率一般低于同期限的一般金融机构贷款利率；贷款重点是政府产业政策、社会经济发展计划中重点扶植的产业和项目；经营原则是政策性、安全性和保本性（或保本微利性）。

1. 国家开发银行。国家开发银行是一家以国家重点建设为主要融资对象的政策性投资开发银行，经国务院批准于1994年3月成立，注册资本为500亿元，由财政部核拨。其设立宗旨是为更有效地集中资金保证国家重点建设，缓解经济建设的"瓶颈"制约，增强国家对固定资产投资的调控能力，进一步深化投融资体制的改革。

国家开发银行的主要任务是按照国家的法律、法规和方针、政策，筹集和引导境内外资金，支持国家基础设施、基础产业、支柱产业的大中型基本建设和技

金融机构体系

术改造等政策性项目及配套工程建设，从资金来源上对固定资产投资总量进行控制和调节，优化投资结构，提高经济效益，促进国民经济持续、快速、健康地发展。

2008年12月16日，国家开发银行整体改制为国家开发银行股份有限公司，承继了国家开发银行的全部资产、负债、业务和机构网点及员工。但它仍然秉持"增强国力、改善民生"的重要使命，在重大项目建设中，发挥着政府和市场之间的桥梁和纽带作用，构造信用结构，积极"铺路""搭桥"，引导社会资金投向，促进经济社会全面、协调、可持续发展。

2. 中国农业发展银行。中国农业发展银行是一家以承担国家粮油储备、农副产品收购、农业开发等方面政策性贷款为主要业务的政策性银行。其成立于1994年11月，注册资本为200亿元，由中国农业银行、中国工商银行和中国人民银行的信贷基金中划转，其余由财政部核拨。其设立宗旨是为了完善农村金融服务体系，更好地贯彻落实国家的产业政策和区域发展政策，促进农业和农村经济的健康发展。

中国农业发展银行的主要任务是按照国家的法律、法规方针和政策，以国家信用为基础，筹集农业政策性信贷资金，承担国家规定的农业政策性金融业务，代理财政性支农资金的拨付，为农业和农村经济发展服务。

3. 中国进出口银行。中国进出口银行是为扩大我国机电产品、成套设备和高新技术产品等资本性货物进出口提供政策性金融支持的政策性银行。其成立于1994年4月，注册资本为33.8亿元，由财政部拨付。它在业务上接受财政部、商务部、中国人民银行的指导和监督。

中国进出口银行的主要任务是执行国家产业政策和外贸政策，推动有比较优势的企业开展对外承包工程和境外投资，为促进对外关系发展和国际经贸合作提供金融服务。

从以上三家政策性银行分别承担的业务可以看出，它们都是对一个国家的国计民生、人民生活、经济实力以及市场机制的建立与完善所不可缺少的环节和领域进行的投融资，而且其所投资项目本身风险大、贷款周期长、项目自身效益比较低，非政府部门一般无力或不愿承担。所以，三家政策性银行的资金主要由政府财政通过政策性银行利差补贴、银行部门基本建设支出等支出类科目拨入。但这远远不能满足我国市场经济发展对宏观调控的需要，为了配合国家产业政策，实现国家宏观调控目标，根据发达国家所取得的经验和我国的改革实践，还应逐步建立中小企业银行、住宅银行、高科技开发银行等政策性银行。

思考 政策性银行与一般商业银行有何区别？

（二）地方政府投融资平台

在我国地方政府投融资体系中，地方政府投融资平台占据着重要地位。

1. 地方政府投融资平台的概念。地方政府投融资平台是地方政府及其部门和机构等在进行公益性事业和基础设施建设投融资和营运过程中，以地方政府信用为基础，通过财政拨款或注入土地、股权等资产，以及其他国有资源等途径融

地方政府投融资平台

资和吸引社会资本而授权成立的具有独立法人资格的企业，资金主要运用于市政建设、公共事业等项目。地方政府投融资平台具体包括地方政府出资设立的综合性投资公司，如建设投资公司、建设开发公司、投资开发公司、投资控股公司、投资集团公司、国有资产运营公司、国有资本经营管理中心等以及行业性投资公司，如交通投资公司等。

2. 地方政府投融资平台的发展历程。21世纪初，为减少金融危机对国民经济的不良影响，国家采取项目资金配套制来扩大对城市基础设施建设领域的投入，以积极的财政政策扩大内需推动经济稳定增长。全国各地方政府投融资平台借助中央政府对宏观经济调控政策给予的支持和鼓励得以高速发展，不仅创新了投融资体制，而且有针对性地解决了基础设施建设资金不足的问题，为地方经济发展和社会稳定起到了重要推动作用。

从地方政府投融资平台建设发展来看，大体经历了五个阶段：

（1）起步阶段：20世纪90年代初期至2000年，这是我国政府投融资平台的起步阶段。此时，我国第一家综合性政府投融资平台刚刚成立，国家发布一系列文件支持地方政府基础设施建设。

（2）缓慢发展阶段：2001～2008年的缓慢发展阶段。在这一阶段，各地开始普遍成立融资平台。其中，一些主要城市的融资平台开始经历转型和调整。

（3）快速发展阶段：2009～2012年的快速发展阶段。受金融危机影响，国务院提出巨额经济刺激计划。在这种背景下，配套国家经济刺激计划，地方政府积极筹建地方投融资平台，融资平台的作用迅速凸显。

（4）规范调整阶段：2013～2016年3月的规范调整阶段。为应对融资平台公司在运作过程中带来的风险，政府频繁出台相关政策进行指导调整。各地方政府也纷纷出台促进融资平台转型调整、创新发展的指导意见，促使平台公司向市场化方向规范运行。

（5）转型发展阶段：2016年4月至今，一系列监管政策出台，主旨在于规范地方政府的融资担保，严格把控变相融资增加政府债务负担。一轮又一轮的监管新规出台，逐渐剥离了地方政府投融资平台的政府性融资职能，地方政府投融资平台难以延续本身的传统融资模式进行发展。为谋求自身持续发展，诸多平台公司需要从多个方面探索转型发展方向，并进行有益的实践。这一阶段，政府投融资平台的监管进一步加强，在经济稳定增长和防控地方债务风险过高方面寻求平衡。

3. 地方政府投融资平台转型升级的途径。

（1）打造大平台，增强融资能力。地方政府投融资平台的本职工作是为当地金融服务，并进行资源积累。对现有资源的重新整合与调整，可以对平台现状有更清晰的了解，增强地方政府融资能力，并对转型方向也有更明确的认识。除此之外，对于解决地方债务方面的问题也会产生重要的促进作用。

因此，地方政府要努力做到将区域资源与区域经济数据相整合，进行更加规范科学的制度建设，构建成熟高效的平台架构。资源的整合可以对自身的资源与优势有更加清晰的认识，吸引外来资本也有更为明确的方向与选择，从而可以提高资本的使用效率,进一步推动平台整合和优化。

(2)创新投融资模式,增强造血功能。地方政府投融资平台大都从事基础设施建设,所以,一般情况下其资金需求量大,又由于项目回报并不及时,无法维持企业内部的资金周转,对企业运营造成了较大的压力,平台公司可以创新融资模式,推动公司转型。

地方政府融资平台需要意识到单纯依靠传统的融资渠道已经不能满足时代发展的需求,利用土地抵押、银行贷款进行融资只会导致平台内部资金周转无法稳定,给企业造成一定的财务风险。因此,要实现平台多层次融资转型,需向着直接融资靠拢,推行多层次、多方位的股权融资,吸引社会资金参与、充分利用资产证券化,为公共资源注入活力,增强自身的造血功能,保证融资的可持续性。

(3)理顺政企关系,确定转型方向。明确平台公司不再是地方政府的举债工具,而是作为市场主体独自运营,其不再服务于政府融资;政府将只做好决策、监督以及风险管控工作,不再给平台公司提供担保,逐步剥离地方政府市场化项目运营管理职能。明确政府与企业各自的责任,强化预算管理,真正做到"谁借款—谁使用—谁还钱"责任一体。地方政府完全退出具有收入性质的经营性平台,应将项目决策、融资、建设、管理及运营责任完全交还给平台公司,按照市场化的标准进行管理。至于公益性项目,则应当全部由地方政府承担责任。对于一些收入水平不高、投资周期长的"准公益性项目",则应根据项目的特点来明确由平台公司完全负责或者由政府完全负责,绝不能由平台与政府共同分担。

(4)建立现代企业制度,完善治理结构。现有地方政府融资平台在形式上都已经建立了法人治理结构,但实质上,公司并未完全按照治理结构框架运行,治理效率低下。建立健全的现代企业制度,第一,应严格按照法律法规的要求,完善公司章程,建立健全具有独立性、相互制约制衡、决策高效的董事会、监事会、股东大会、职工大会等制度,明确各自的职能范围。第二,要确保企业本部、各职能层都能够充分发挥自身的职能效应,尤其要注重董事会、监事会以及职工大会在平台发展过程中所起到的积极作用;改革用人、激励和约束机制;吸收先进企业的管理经验;建立融资平台信息披露制度;强化风险监控和风险预警,完善公司法人治理结构。

综合实训

一、关键概念
政府投融资　政府投资　政府融资　政府投融资功能　政府投融资体系　政府投融资运行机制　政府投融资风险防范控制机制　政策性银行　地方政府投融资平台

二、不定项选择
1. 政府投融资的主体是_____。

A. 政府　　　　　　　　　　　B. 政府投融资机构

C. 银行　　　　　　　　　　　D. 财政部门

2. 政府投融资的特征有_____。
   A. 政策性　　　　　　　　　B. 有偿性
   C. 营利性　　　　　　　　　D. 公共性与公益性
3. 政府投融资体系的建立原则是_____。
   A. 弥补原则　　　　　　　　B. 信用原则
   C. 调控原则　　　　　　　　D. 营利性原则
4. 政府投融资资产注入机制包括_____。
   A. 财政资本金注入机制　　　B. 政府偿债机制
   C. 财力注入机制　　　　　　D. 特许权授予机制
5. 我国政府于1994年组建的三家政策性银行是_____。
   A. 国家开发银行　　　　　　B. 中国农业发展银行
   C. 中国进出口银行　　　　　D. 中国民生银行

三、判断正误

1. 政府投融资资金属于预算资金。（　　）
2. 政府投融资机构具有经营性属性。（　　）
3. 有偿性是政府投融资与政府预算相区别的重要标志。（　　）
4. 政府投融资属于政策性金融机构债务。（　　）
5. 我国金融、事业性投融资机构由财政部门履行出资人及资产监管职责，其他投融资机构由国资部门履行出资人及资产监管职责。（　　）
6. 政府投融资机构债务融资属于政府债务。（　　）
7. 直接融资是我国地方政府投融资机构的主要融资方式。（　　）

四、简要问答

1. 政府投融资含义和特征。
2. 如何认识政府投融资机构的属性和活动范围？
3. 政府投融资的理论依据有哪些？
4. 政府投融资的功能有哪几种？内容各是什么？
5. 地方政府投融资平台发展经历了哪几个阶段？

五、案例思考

地方政府投融资平台转型需要政府与市场共同破题

财政部统计显示，截至2017年12月末，全国地方政府债务余额16.47万亿元，地方政府债务风险总体可控，但一些地方政府通过融资平台公司、PPP、政府投资基金等方式违法违规或变相举债，形成的隐性债务风险不容忽视。地方政府举债行为不断扩大导致的财政金融风险已经成为当前经济运行中主要的风险之一。

地方融资平台主要是为了满足地方政府在提供公共管理和服务中的融资需要，然而在从地方政府和金融机构不同的方面对地方融资予以限制之后，地方政府投融资平台转型已迫在眉睫。

在对待地方政府投融资平台转型方面，需要从投融资平台从事的业务入手。

然而投融资平台市场化转型并不意味着投融资平台不能再参与政府类项目，而是要求地方政府和投融资平台按照绩效考核等市场化方式来履行各自的权利和义务，市场化转型的核心在于平台自身经营或考核的市场化。融资平台作为一种特殊性质的国有企业，本质上也属于国有改革范畴，因此推动投融资平台转型，需要配套国有企业改革。

地方政府投融资平台转型虽已成共识，但对于全国成千上万家地方政府投融资平台而言，由于其地理位置、管理制度以及经营能力的不同，其转型程度存在着巨大差异。遗憾的是，在此之前，社会上并没有一套系统的评价标准来衡量评价地方政府投融资平台转型效果，《中国地方政府投融资平台转型发展评价报告》首次构建了一个较为完整的地方政府投融资平台评价体系，恰恰呼应了当前剥离地方政府投融资平台政府融资功能、实现平台市场化转型的要求，为全国上千家地方政府投融资平台提供了纵向比较，为地方政府投融资平台未来的转型提供了有益的政策和技术支持。

资料来源：乔宝云. 地方政府投融资平台转型 需要政府与市场共同破题［N］. 中国证券报，2018－03－24.

仔细阅读上述材料，思考并回答下列问题：
1. 为什么说地方政府投融资平台转型已迫在眉睫？
2. 结合所学知识，谈谈地方政府投融资平台转型发展存在的问题。

第二章

政府投融资管理

知识目标

1. 掌握政府投融资的组织管理及基本职责。
2. 了解政府投融资管理体制的构成。
3. 理解政府投融资管理体制的内容。

技能目标

1. 能够熟练掌握政府管理、指导和调控国民经济活动最重要的两个部门的职责。
2. 能够根据政府投融资组织管理,熟悉政府投融资管理体制构成。

▶▶导入案例

政府投融资创新势在必行

地方政府日益增长的基础设施和公共服务所需支出与财政支付能力不匹配,是地方政府面临的最大难题。现有政策框架下,政府资金主要来源于财政资金、举债资金、PPP 融资资金等有限渠道。但是,财政资金受限于土地出让、税收、国有资产经营收入无法快速增长;发债(唯一举债方式)受程序与规模所限,其中的隐性债务被严格监管(债务可视化是中央政府严控的第一步);而 PPP 融资受 10% 红线以及更严格的入库规范和审查。因此,目前各地政府投融资工作均陷入困境,投融资创新工作势在必行。

在现有地方政府投融资体制下,解决问题的路径更多只能通过提升资金使用效能、盘活城市存量资产、推动产业培育与升级等手段,最终开辟一条区域可持续发展的路径。而这一切,都离不开沉淀大量城市资产和资源的平台公司。城市兴,城投方可兴;城市败,城投则必败。

资料来源:杨贺龙. 政府投融资创新势在必行[N]. 经济观察报,2018-03-24.

第一节 政府投融资组织管理

一、政府投融资的规划管理

政府投融资是由各级政府进行的财政投融资活动，是政府将财政资金和通过金融手段筹集的社会资金用于支持国家产业政策的实施和发展，特别是社会基础建设、产业结构调整及国际合作等方面的活动。政府是财政投融资的宏观规划管理主体，是财政投融资政策的制定者。一个国家的政府又可分为中央政府和地方政府。

（一）政府的主要特征

1. 从行为目标看，政府行为一般以公共利益为服务目标，以提供公共服务、制定公共政策、满足社会公共需要为主要职责。
2. 从行为领域看，政府行为主要发生在公共领域。
3. 从行为方式看，政府行为一般以强制手段为后盾，具有凌驾于其他一切社会组织之上的权威性和强制力。
4. 从组织体系看，政府机构有整体性，它由执行不同职能的机关，按照一定的原则和程序结成严密的系统，彼此之间各有分工，各司其职，各负其责。

（二）政府投融资活动中的基本职责

古今中外，历朝历代的政府都或多或少会行使经济管理的职能。但是，国家大规模地、全面地干预经济则是在资本主义经济产生严重危机，凯恩斯主义产生之后。尽管世界各国政府管理和干预经济的范围和深度不同、手段各式各样，但概括起来，政府的经济管理职能主要包括制定经济法规、制定产业政策和技术政策、建设和管理公共经济、实施宏观经济调控、保持经济稳定等。国家的经济职能不仅限于一般的管理层面，还包括推动经济发展。如一些资本主义国家建立国有企业，对私人企业予以补贴；我国长期实施的支援农业措施和正在实施的经济转型等，都是显而易见的。

现代社会中，政府经济职能活动的范围十分宽泛。但从理论上讲，在市场经济条件下，凡是经济单位与个人能够做的事，政府则不必介入，政府的活动范围应限于市场失灵的领域。市场是一种有效率的经济运行机制，但市场功能也不是万能的，经济社会发展中既存在市场根本不能解决的问题，也存在市场可以解决但解决得不够理想的事情，经济学称之为市场失灵或市场缺陷。依据市场失灵或市场缺陷现象，政府在投融资活动中，主要具有如下职能：

1. 提供公共物品。公共物品，亦称公共产品。在人们享用的产品和服务中，如果某一类产品和服务同时具有非竞争性和非排斥性两个特征，这类产品就是公共物品。对于公共物品,由于其非竞争性和非排斥性,很少有人愿意免费供给,却可能形成"免费搭车"现象。以利益为动机和交换为条件的市场不可能解决公共物品的供应。对于诸如卫生保健、基础科学研究、环境保护、行政设施、国防设施等纯公益性投资项目,只能由公共预算资金解决,投资收益为社会共同享有。

2. 提供混合物品。现实社会经济中,除了纯公共物品和私人物品以外,还存在一类既具有公共品属性又有着私人品属性的物品,可以称为混合物品或准公共物品。部分基础设施、基础产业也属于该类社会产品。如铁路和通信,它们使消费者在个人收入能够承受的条件下增加了对生活的享受,具有一定的排他性与消费上的竞争性;但是,铁路交通和通信业的发达,有助于提高企业劳动生产率与整个社会的社会服务水平,又具有公共物品的某些属性。再从利益上来分析,这种物品一方面由使用者单独享受利益,在供应上又能够实行排除原则,把不付费者排除在外;另一方面也使其他人享受到利益,即利益外溢,为社会共同享受,不能把一些人排除出去。这种物品同时具有公共物品与私人物品的特性,又不同于纯公共物品和私人物品,因此,被称为混合物品或准公共物品,也可称为有外在效应的物品。由于混合物品具有上述多重特性,它是介于公共品和私人品之间,就其性质来说,大体又可细分为三类:偏向于公共物品的混合物品、偏向于私人物品的混合物品和一般混合物品。所以,与此相对应,第一类混合物品一般由政府来提供;第二类混合物品具有经营性,可由政府来提供,或由政府组织和资助,政府和民间共同提供;第三类混合物品主要由政策性优惠措施鼓励企业投资和生产,从而扩大混合物品的必要数量,以满足社会的需要。

3. 管制自然垄断。在社会经济中存在一些规模效益递增的行业。如果该行业由一个企业来经营,效益最高;如果有多家企业来竞争,成本反而会增加,效率则会降低。因此,由一家企业来经营最为有利,但可能导致服务不周、定价过高等问题。为此,政府可采用限价或国家垄断经营的方式。

4. 解决信息不充分问题。生产者和消费者均掌握必要的信息是完全竞争市场的一个必要条件。但在现实经济生活中,生产者和消费者对信息的了解都是不充分的。一个生产者要生产一个产品,难以掌握全国乃至全球对该产品的供求信息;一个消费者要购买一件衬衫也不可能跑遍该城市的所有商店。政府却比私人更有条件和能力了解掌握更多的信息。因此,提供商品供求状况、价格趋势等信息服务,成为政府要做的事情。

5. 调控失业、通货膨胀和经济波动,促进经济增长。由于市场的自发性、盲目性等固有弊端,不可避免地会造成失业、通货膨胀和经济波动的现象出现,克服市场机制这些固有的缺陷,政府的宏观调控是理所当然的。这已为市场制度国家的实践所证明。

(三) 政府在投融资活动中的重要作用

1. 弥补市场缺陷,保障经济效率。我国政府投融资聚焦于市场不能有效配置资源的产品和服务的非经营性项目,退出一般性竞争性项目,可以使投融资活动更加富有效率。我国企业正值产品结构更新换代、产业结构升级的关键时期，政府投融资聚焦包括公共基础设施、重大科技进步、社会管理、国家安全等公共领域的非经营性项目，公共基础设施无疑将得到进一步的整治与完善。这类非经营性项目大多具有非排他性和非竞争性的特点，通过市场难以得到有效修建与运营，政府对此投资修建，正是政府职能弥补市场缺陷的表现。企业生产经营的外部环境将因此得到改善，企业也将在这种外在经济的助推下降低生产的长期平均成本，将资金投向产业结构升级需要的技术创新，研发新产品，中国经济的微观活力将因此获得整体的提升。政府部门不直接干预企业的投融资活动。政府通过公共开支、利率等杠杆，调节总供给和总需求的平衡，为企业和私人投资者创造低通胀、高就业、稳定增长的外部环境，使企业能够在这样的环境下，借助于日益成熟的资金市场开展投融资活动。

2. 实现社会公平，增进国人福利。近年来，我国居民消费呈现全面多样化升级的态势，交通通信、教育文化、旅游娱乐、健康保健都成为人们重要的消费内容，享受发展的需求大幅增加，传统消费持续减少。2019 年，全国居民人均食品烟酒消费支出占人均消费支出的比重为 28.2%，人均衣着消费支出占比仅为 6.2%，人均居住消费支出比 2018 年增长 8.8%，医疗保健消费支出同比增长 12.9%，交通通信支出同比增长 7.0%，教育文化娱乐支出增长 12.9%。[①] 人们消费结构的升级，需要增加更多优质产品和服务的供给。这些产品和服务中有相当一部分具有较强的非排他性和非竞争性，属于公共物品或混合物品。同时，这类物品与服务的需求对人们而言有着较大的收入弹性，意味着市场供给会因为物品非排他性和非竞争性而缺失，也可能会因为人们对此类物品和服务的需求有着较大的收入弹性，致使已经升级的消费需求无法得到满足。政府投融资聚焦于其中的非经营性项目和社会公益服务，将加强此类相关物品与服务的供给，让人们平等地享受到由此增长的福利，促进社会公平。

3. 促进经济稳定发展。值得关注的是，伴随政府投融资社会公益性服务投资支出的增大，由于政府支出乘数的作用，我国经济的宏观层面将迸发出资本品增加、企业生产增长、社会总需求增加、就业扩大的系列联动效应，我国宏观经济也将因此更具活力。

二、政府投融资的融资管理

（一）政府融资管理机构

中国人民银行作为中央银行，是整个金融体系的领导者和管理机构，是政府的银行家和代理人。根据《中华人民共和国中国人民银行法》规定，中国人民银行的主要职责包括：

（1）起草有关法律和行政法规，完善有关金融机构运行规则，发布与履行

---

① 2019 年居民收入和消费支出情况 [EB/OL]. 国家统计局官网，2020-01-17.

职责有关的命令和规章。

（2）依法制定和执行货币政策，调控宏观金融。

（3）监督管理银行间同业拆借市场和银行间债券市场、外汇市场、黄金市场。

（4）防范和化解系统性金融风险，维护国家金融稳定。

（5）确定人民币汇率政策，维护合理的人民币汇率水平，实施外汇管理，持有、管理和经营国家外汇储备和黄金储备。

（6）发行人民币，管理人民币流通。

（7）经理国库，为政府筹集资金。

（8）会同有关部门制定支付结算规则，维护支付、清算系统的正常运行。

（9）组织协调国家反洗钱工作，指导、部署金融业反洗钱工作，承担反洗钱的资金监测职责。

（10）管理信贷征信业，推动建立社会信用体系。

（11）作为国家的中央银行，从事有关国际金融活动。

提示 中央银行代表国家管理金融，制定和执行金融方针政策。中央银行具有发行的银行、银行的银行和政府的银行三大职能。

（二）政府融资的分类

政府融资的分类

1. 按融资的基本性质分类。按照融资的基本性质划分，政府融资主要可以分为财政拨款融资、债务融资、资产（资源）性融资和权益性融资四大类。

（1）财政拨款融资。财政拨款融资是由财政部门按照政府预算将财政资金无偿划拨给政府的筹资行为，是政府融资的重要资金来源，包括中央政府的财政拨款和地方政府的财政拨款两部分。中央政府的财政拨款直接来自国家预算安排的资金；地方政府的财政拨款既包括地方本级的预算拨款，也包括来自上级政府的转移支付，属于财政内源性融资的基本来源。随着改革的深入和社会主义市场经济体制的完善，政府直接通过预算拨款投资的比重将逐渐下降。政府只承担完全不能市场化的公益性即非经营性的项目融资，其他的都将采取企业化经营方式和与之相适应的投融资方式。

（2）债务融资。债务融资是政府凭借国家信用采用金融手段而进行的筹资活动，是政府融资的主要资金来源。中央政府债务收入包括国家借款和发行债券。国家借款是政府向本国银行透支，或向外国政府、银行、个人借款而举债。其中，向本国银行透支形成的借款称为财政借款，其他则称为政府贷款。发行债券则是政府发行国债债券由社会认购。发行债券具有普遍、法律保证以及持久性等优点，应用范围较广，效能较高。地方政府债务收入包括地方政府贷款收入、地方政府债券收入、政府性投资公司（政府融资平台）贷款和债券收入等。地方政府贷款收入包括国内借款收入和国际借款收入，向国内银行贷款（主要是向国家开发银行和各商业性银行贷款）和外国政府及国际金融组织贷款（主要是向世界银行和亚洲开发银行贷款）是地方政府贷款融资的主要方式。1998年以来中央政府转贷给地方政府的国债专项资金和2009年以来中央政府代地方政府发行的国债则是地方政府债券收入的重要来源。政府性投资公司（政府融资平台）通过向银行贷款、发行企业债券等多种方式为加快地方基础设施建设进行大规模融资，其中，政府性投资公司（政府融资平台）银行贷款是地方政府基础设施建设资金的重要来源之一。

（3）资产（资源）性融资。资产（资源）性融资是政府利用政府所掌握的资产和公共资源所进行的筹资活动。资产（资源）性融资既包括存量资产（资源）融资，也包括未来资产性收益；既包括有形资产（资源）融资（如项目融资与土地融资），也包括无形资产（资源）融资（如特许经营权融资）；既包括不动产融资，也包括动产融资。其中，不动产融资是指利用城市空间中的空地、房屋等进行融资，如利用国有土地、行政事业单位办公用房、单位住房、招待所和铺面等资产，城市道路、防洪排涝、广场街道、公共照明、生态环境、公园等公共基础设施，科教文卫体项目资产以及停车场、公厕等城市资源进行融资。动产融资主要利用具有资金流的基础设施和水、电、气、公交等公用设施进行融资。许多地方政府通过土地批租和使用权转让，取得土地等资源收益，进行大规模融资。地方政府在推动城市拆迁、道路建设等大型基础设施建设时更多是采用土地融资方式。

（4）权益性融资。权益性融资是政府通过政府性投资公司在资本市场上利用股票发行或企业自筹资金的形式进行公司性的筹资活动。权益性融资主要包括盘活基础设施类上市公司、通过对现有经营性基础设施资产的优化组合组建新的股份有限公司上市融资，以及通过企业资产收益进行再投资，从而最大限度地利用资本市场融资和企业自我积累来解决部分经营性基础设施建设的资金来源问题。

2. 按融资的渠道与工具分类。按融资的渠道与工具划分，政府融资主要可以分为财政资金融资、资产融资、贷款融资和发债融资四大类。

（1）财政资金融资。财政资金融资是政府从国家预算渠道所进行的筹资活动。中央政府的财政资金主要指国家预算拨款，主要来源于税收收入及政府性基金。按现行新的政府收入分类，财政资金应包括税收收入、非税收入、转移性收入、社会保险基金收入、贷款转贷回收本金收入、债务收入六类。因而，这里所说的中央财政资金是指狭义方面的政府收入。地方政府的财政资金包括财政拨款（中央与地方财政拨款）、专项税收（城市维护建设税和公用事业附加）、专项收费（市政公用设施配套使用、市政公用设施增容配套、水资源费）、专项基金（地方为城市建设专设的各类建设基金）以及上级支援（专项转移支付）五项资金来源渠道。

（2）资产融资。资产融资是政府凭借生产资料所有权而进行的筹资活动。中央政府的资产融资主要指政府非税收入，来源于国有资产（资源）有偿使用收入及国有资本经营收益。地方政府的资产融资主要是土地财政渠道，即地方政府通过拍卖、招标、挂牌等转让经营性土地使用权的商业运作方式，推动建设用地整体增值，获得财政收入，用于弥补建设项目资本金的不足，还可作为抵押品获得银行贷款筹集建设资金。

（3）贷款融资。贷款融资是政府凭借其信誉以信贷方式而进行的筹资活动。中央政府的贷款融资主要来源于国家借款，是中央政府向本国银行透支，或向外国政府、银行、个人借款而举债。其中，向本国银行透支形成的借款称为财政借款，其他则称为政府贷款。我国现阶段主要是政府贷款。地方政府贷款是由地方政府的融资平台向政策性银行和商业银行借入资金。其中，主要指政策性银行打捆贷款，即地方政府与国家开发银行等银行建立合作开发协议，由政府提供信用担保或兜底还债，国家开发银行等提供利率低、额度大、周期长、增长快、可以当资本金使用的政策性贷款（即软贷款），作为重要的资金来源，以弥补建设资金缺口。政策性银行打捆贷款已成为地方政府的主要融资工具。

（4）发债融资。发债融资是政府凭借其信誉发行债券而借款的筹资活动。中央政府自1981年恢复发行国债以来，已成为平衡财政收支及支持经济发展的重要融资工具。特别是1987年开始发行的重点建设债券和重点企业建设债券（其中包括电力债券、钢铁债券、石油化工债券和有色金属债券）等，有力地支持了生产建设。近年来，来自关键期限国债（以7年期和10年期为主）和储蓄国债的国债资金主要用于"三农"、环保节能及其他重要产业方面。2018年末，中央财政国债余额149607.42亿元，地方政府一般债务余额109938.75亿元、专项债务余额73922.77亿元。[①] 同时，由于发行债券融资成本相对较低，在许多发达国家，债券也成为地方经济建设的重要融资渠道。

3. 按融资的运用范围与领域分类。按融资的运用范围与领域划分，政府融资主要可以分为公益性融资、准公益性融资和经营性融资三大类。

（1）公益性融资。公益性融资是政府为满足社会公共需要、社会公共服务及社会公用事业等纯公益性项目所进行的筹资活动。中央政府公益性融资的运用范围和领域包括全国性公共需要，如全国的资源开发与保护等；提供受益范围虽然不是全国的但与国家整体利益密切相关的公共事务，如教育、环境保护、科学研究、卫生与保健、社会保障等；全国性的能源、交通、原材料等基础设施等；全国性的公共服务如武警、气象、地震、统计、部属高校建设等。中央与地方政府共担出资职责的范围和领域主要有义务教育、公共科技、公共卫生、公共文化、社会救济与社会福利，尤其是义务教育、基层医疗、基层文化（农村广播站、文化站等）、农村科技、农村社会救济和社会福利等。地方政府公益性融资的运用范围和领域主要有区域性社会公共服务，包括维护地方的社会治安和秩序，某些基本的、社会共同性的日常生活服务等；本地区的文化教育、卫生保健、社会保险等；地方性城市交通、道路、桥梁等基础设施建设和公用设施建设等。公益性领域所需资金以政府预算资金为主导，政府融资为补充。

（2）准公益性融资。准公益性融资是政府为满足社会公用事业、基础产业、新兴产业和公益性基础设施等准公益性项目所进行的筹资活动。中央政府准公益

---

① 关于2018年中央和地方预算执行情况与2019年中央和地方预算草案的审查结果报告［EB/OL］. 新华网，2019-03-13.

性融资的运用范围和领域包括大型公共设施、全国性的骨干交通运输网络、农业基础设施、环保设施、重大科学研究等。地方政府准公益性融资的运用范围和领域主要涉及市政设施如排水、煤气、暖气、电力、城市交通等，城乡道路交通等基础设施，高等教育、医疗服务等公用事业；具有一定公益性质的图书馆、博物馆、美术馆、档案馆等文化场馆，具有一定公益性质的体育场馆、群众体育活动等体育设施。准公益性领域不同于公益性领域和一般竞争性领域，有收费机制和资金流入，承担部分公共职能，具有明显的外部性与一定的经营性，政府定价但不足以补偿成本，属于市场失效或低效的部分。因此，需由政府部门与非营利机构共担职责，且以政府融资为主。

（3）经营性融资。经营性融资是政府为了更好地发挥市场在资源配置中的基础作用，对凡是可以由市场运营的领域所进行的融资优惠和制度安排。中央政府经营性融资的运用范围和领域主要指石油、天然气开发、电信、交通、竞技或商业体育、文化产业、战略性新兴产业等，地方政府经营性融资的运用范围和领域包括大量的有一定经营性收入的基础设施项目，如土地开发、收费公路、供水、供热、城市供电、污水处理、垃圾处理、轨道交通等，还包括种植业、养殖业、森林旅游、林副产品开发和利用以及适于当地发展的其他项目等。与公益性融资领域和准公益性融资领域不同，经营性基础设施和基础产业项目的最大特点是社会效益较低、经济效益较高，因而融资主体主要是企业。但是，基础设施和基础产业同样关系到国计民生，具有一定的正外部性或效益外溢，也需要政府财政资源的扶持。所以，经营性领域以市场主体为主导、政府融资为辅。

（三）政府融资管理要求

1. 政府投融资方案应经本级投融资管理委员会批准，未经批准或未按批准要求执行所产生的债务、费用等，由政府投融资单位自行承担。融资方案经批准后，政府投融资单位对接金融机构，于融资业务发生并正式生效后，将融资合约等材料报本级投融资管理委员会备案。

2. 政府投融资单位要努力构建多层次、全方位融资体制，进一步规范各类融资业务策划、对接、比选、审核等工作流程，降低融资成本，优先选择政策性银行、企业债券以及中期票据等低成本业务品种；在同等类型融资业务中，要优先选择利率较低的品种；同等利率条件下，要优先选择还款时间较长的品种。对既有的高成本融资项目，要积极创造条件，尽可能争取用低成本融资品种进行置换。

3. 政府投融资需要提供担保和抵押的，应在融资方案中予以说明，其担保和抵押的方式、内容经政府投融资办和债权金融机构确认后，在投融资体系内协调解决。政府投融资单位原则上不得为政府确定的投融资单位之外的其他单位或个人提供担保、抵押。因业务需要确需提供担保、抵押的，应事先报请政府投融资管理委员会批准。

4. 各政府投融资单位要建立健全内部控制制度，加强财务管理，对融资资金实行"单独建账、独立核算",保证资金安全。融资项目实施后,应定期组织有关人员对项目资金的使用、进度、组织管理等进行检查。

三、政府投融资的投资管理

(一) 政府投资方式

政府投资应重点支持城市基础设施、基础产业、支柱产业及社会事业等领域的建设,合理调配经营性和非经营性项目。非经营性项目应坚持有利于带动基础产业、改善投资环境、促进储备土地增值的原则,提升城市形象和公共服务能力;经营性项目必须符合国家发展规划和产业政策,预期投资收益应不低于国内同行业同期平均水平,确保项目收益满足偿债需求,实现可持续发展。对一般竞争性领域项目,原则上不列入政府投融资范围。

政府投资资金按项目安排,非经营性项目以直接投资方式为主,经营性项目主要采取资本金注入方式投入,也可适当采取投资补助、贷款贴息等方式进行引导。

(二) 政府投资范围

1. 政府投资要严格限制在公共领域,包括公益性项目和基础设施项目,并允许企业集团、实力较强的私营企业对有营利能力的公益性和基础性项目进行投资。政府投资资金运用要进一步划分为公共事业投资和产业投资,并实行不同的投资管理模式。政府投资资金运用项目要实行项目法人责任制,严格按照现代企业制度要求进行经营管理,确保投资者的利益和风险约束机制得到落实。同时,改革预算外资金管理体制,变分散管理为必要的集中管理,弱化部门利益,堵塞管理漏洞,壮大政府投资实力。建立政府投资资金运用的项目评估审议制度和错案追究制度,促进投资决策民主化、科学化。广泛引入竞争机制,大力推进规范的招标承包制度。

2. 创建公共财政支出框架,调整支出结构,确定支出范围。保证国家机器的正常运转,加大对社会公益事业的支持,扶持农牧业生产和扶贫,搞好非经营性基础设施建设。实现职能回归,压缩生产性基本建设投资和企业挖潜改造资金,政府资金坚决退出生产性和竞争性领域。理顺政府职能与企业发展的关系,政府对企业扶持仅限于安排下岗职工基本生活保障和再就业补助、剥离企业中的社会事业机构等。在完成事业单位机构改革的基础上,按照"公益"标准确定事业单位类别,区别情况安排资金。

3. 政府投资对经营性基础设施项目,要积极推动产业化经营,改变目前基础设施项目主要由政府"一家抬"局面,减轻财政负担。对有收益的基础设施项目,如轨道交通、收费公路、自来水厂、燃气、热力以及污水、垃圾处理设施等政府要采取招标方式选择投资企业,政府赋予投资企业项目的特许经营权。对中标的投资者采取 TOT(转让—运营—移交)、ROT(改建—运营—移交)、BOT(建设—经营—转让)、BOOT(建设—拥有—经营—转让)、BOO(建设—

拥有—经营）和 BTO（建设—转让—经营）等多种建设方式。

4. 要合理安排投资布局，调整区域产业结构。投资布局即政府投资资金运用在各地区的分配比例关系，是政府投资政策的重要组成部分。我国地域辽阔，地区经济极不平衡，合理安排布局意义重大。它不仅有利于调节生产力布局和区域产业结构，而且也是调节地区差距、促进地区协调发展的必要手段。

（三）政府投资管理要求

1. 各政府投融资单位不得违法违规对已经资不抵债、扭亏无望的企业增加投资；不得违法与信用不良、经营不佳、资产质量状况较差或明显缺乏投资营利能力的企业合作投资；严格控制与主业无关的投资项目；未经政府投融资管理委员会批准，不得进行期货投资、委托理财等高风险业务；收购兼并、以非现金方式对外投资的，应严格做好审计评估和尽职调查等工作，并报本级投融资管理委员会批准。

2. 投资项目实行项目储备库管理。根据国家法律法规、投资支持方向和范围，建立和动态管理项目储备库。根据发展需要和项目成熟程度，择优列入年度投资计划。年度投资计划原则上半年调整一次，亟须调整的，报本级投融资管理委员会批准。

3. 项目管理包括项目谋划、储备、决策、实施、监管、竣工、后评价等全生命周期。政府投资项目开工建设，应当符合《政府投资条例》和有关法律、行政法规规定的建设条件；不符合规定建设条件的，不得开工建设；仅有国家政策调整，价格上涨、地质条件发生重大变化等原因可调整概算外，一律不得超过审批投资概算；政府投资项目应当合理确定并严格执行建设工期，按规定进行竣工验收，并在竣工验收合格后办理竣工财务决算；将政府投资项目实施情况纳入全国固定资产投资在线监管平台进行全过程监督，并将政府投资年度计划、项目审批和实施等信息依法公开；投资主管部门或者其他有关部门应当按照国家有关规定选择有代表性的已建成政府投资项目，委托中介服务机构对所选项目进行后评价，后评价应当根据项目建成后的实际效果，对项目审批和实施进行全面评价并提出明确意见。

4. 加强政府投资项目建设管理，严格投资概算、建设标准、建设工期等要求。严格按照项目建设进度下达投资计划，确保政府投资及时发挥效益。严格概算执行和造价控制，健全概算审批、调整等管理制度。列入年度投资计划的项目，应有获批准的初步设计和总投资概算。政府投资建设项目年度投融资计划，经批准后一般不予调整、追加。特殊情况按规定程序报批后予以调整、追加。

5. 项目单位应当坚持"估算控制概算、概算控制预算、预算控制决算"的原则，按照计划规定的建设内容、规模、标准使用资金。政府投融资单位在进行项目可行性研究报告评审时，应邀请本级财政部门对建设项目资金拼盘进行会审，在申报项目资金预算时，应委托本级财政投资评审中心对建设项目资金预算进行评审。

政府担保

第二节 政府投融资管理体制

一、政府投融资管理体制的含义

政府投融资管理体制是指投融资活动的组织形式、投融资方法和管理方式的总称。主要内容包括投融资主体的确定、投融资决策制度、投融资资金筹措实施方式及运作、投融资收益分配结构，以及投融资监督体系和调控方式等，具体从以下四方面进行分析：

（一）投融资主体

作为产权主体和市场主体，投融资主体的实施能力首先体现在决策能力上，决策功能贯穿于从投融资项目决策到组织实施乃至项目交付使用后对投融资获利处置的全过程。长期以来，在计划经济体制下，投融资主体基本是政府，投融资来源高度集中于政府特别是中央政府。改革开放以来，投融资体制改革的一个重要变化就是投融资主体基本实现了由单一的政府向包括政府、企业、银行、其他法人、个人在内的多元化主体的转变。

（二）投融资方式

投融资方式是指投融资主体筹集资金的渠道和方法、资金运用方式，具体包括资金的筹措方式、经营方式、回收方式、项目建设的组织方式、投资收益分配和投资风险的承担方式等。投融资方式是由投融资体制中投融资主体的层次和结构决定的，与所有制及其实现形式、经营方式的转变直接相关。

（三）投融资的运行机制

投融资的运行机制主要是指投融资活动从确定项目到竣工验收的全过程所要遵循的基本原则、规范和程序，包括投融资运行的目标、决策、动力、信息传递和运行的调节方式与手段，对投融资活动的激励与约束。在社会主义市场经济条件下，是以经济手段和法律手段，以及必要的行政手段，建立市场调节与宏观调控相结合的投融资运行机制，规范投融资行为和投融资管理，使投融资活动真正纳入正常运行和持续协调发展的轨道，从投融资的宏观层面和微观项目上促进投融资效益的提高。

（四）投融资的宏观调控

投融资的宏观调控主要是指政府对投融资主体的管理体系和方法。不同投融资主体有不同的投融资动机和行为特征。在投融资领域中，单纯的市场调节不利于国家投融资总量、结构、布局规划的实施，不利于保持国民经济持续、稳定、健康地发展。因而必须建立科学的投融资宏观调控体系,运用各种不同职能的调控手段和机制,对投融资主体的投资行为进行强有力的指导和调节,使投融资活动有利于实现社会总需求和总供给的平衡。

二、政府投融资管理体制的演变

政府投融资管理体制的演变

伴随着经济体制和财政管理体制的改革,我国政府投融资体制经历了政府和企业投融资分离、中央和地方政府投融资划分、财政投融资向平台投融资变迁以及规范管理的演化历程。政府投融资体制一直是我国经济体制改革的重点和难点。改革开放以来,我国的投融资方式由过去政府独家投资转变为由各级政府、各个部门和企业多渠道投资,缩小指令性计划的范围,下放项目审批权限,简化审批手续,将国家预算内拨款投资改为用银行信贷等多种方式进行投资,对重大的长期建设投资实行分层次、多环节管理,加大地方搞重点建设的责任,建立基本建设基金制,成立国家专业投资公司,成立政策性银行,实行项目业主制、招标投标制和项目监理制,充分发挥市场和竞争机制的作用。

具体来说,我国投融资体制的改革发展过程主要经历了以下阶段:

1. 起步阶段(1978~1992年),即对传统计划经济体制下的投融资体制进行全面改革,引入市场机制阶段。这一阶段我国投融资改革主要围绕缩小计划指令范围和尝试项目建设实施市场化等方面进行的局部尝试性、探索性的改革,具体包括推行国家预算内投资"拨改贷"、改革投资计划管理和实行投资包干责任制等措施。1988年7月,国务院出台《关于投资体制的近期改革方案》,标志着我国开始了计划经济体制下的投融资体制向更多地引入市场机制的投融资体制转变。

这一时期我国投融资体制改革的意义在于打破了计划经济体制下中央政府作为唯一投资主体和中央投资作为单一资金来源的禁锢。虽然部分领域和环节引入了市场机制,但是投融资体制依然基本保留了计划经济色彩,而且很多改革措施没有取得预期成效。

2. 转轨阶段(1993~2003年),即逐步确立了社会主义市场经济体制下的新型投融资体制阶段。1992年邓小平同志"南方谈话"后,我国破除了计划经济体制的思想束缚,我国投融资体制改革进入了一个新的时期,开始了建立中国特色社会主义市场经济体制的改革和探索。

这一时期我国投融资改革的举措主要包括:(1)尝试建立竞争性项目、基础性项目和公益性项目三类项目分开管理的投融资体制。竞争性项目引入市场机制,由企业自主投资、自担风险。基础性项目除政府投资主体外要吸引各类投资主体参与。(2)实施政策性金融与商业性金融分离。将工农中建四大专业银行承担的政策性金融和商业性金融业务进行分离,成立了国家开发银行、中国进出口银行和中国农业发展银行三大政策性银行,其中,国家开发银行作为中长期批发银行,主要负责"基础设施、基础产业和支柱产业"领域重大项目的贷款。(3)建立投资责任约束机制和投资风险约束机制。20世纪90年代中期相继推出了项目法人责任制和投资项目资本金制度，进一步强化了"谁投资、谁决策、谁承担风险"的原则。（4）完善投融资机制。企业债券和股票等直接融资制度不断改革完善，拓宽了投资项目的融资来源和方式，尤其是国家发展改革委（国家计委）主管的企业债券直接服务于投资项目的融资需求。总之，在这期间我国投融资体制改革取得重要的阶段性成果，投资建设领域市场机制的作用大大加强，为下一步改革积累了宝贵的经验。

3. 深化阶段（2004～2012 年），即我国投融资体制改革进入了一个新阶段。以 2004 年 7 月国务院颁布的《国务院关于投资体制改革的决定》（以下简称《决定》）为标志，我国投融资体制改革进入了深化阶段。《决定》第三部分，"完善政府投资体制，规范政府投资行为"，将充分发挥市场机制的基础性作用作为深化投融资体制改革的指导思想，对深化投融资体制改革提出了一系列改革任务和措施。

（1）实行政府投资和企业投资分开管理的体制。取消了政府对企业投资项目的审批制，对于企业不使用政府投资资金建设的项目，一律不再实行审批制，而是区别不同情况实行核准制和备案制。政府对投资项目实施核准和备案的主要依据是产业政策、国家安全、公共安全和公共利益等外部性。（2）完善政府投资管理制度。增加政府投资的透明度与公众参与度，提高政府投资决策的科学化、民主化水平。对非经营性政府投资项目大力推行代建制。优化政府投资方式，发挥政府投资的引导放大作用，政府投资资金可分别采取直接投资、资本金注入、投资补助、转贷和贷款贴息等方式。（3）进一步拓宽投资资金来源。支持各类企业以股权融资方式筹集建设资金。改革企业债券发行管理制度，增加企业债券品种。运用银团贷款、融资租赁、资金信托以及项目融资等多种方式，拓宽项目资金来源渠道。鼓励建立中小企业融资担保体系，为中小企业融资提供担保。建立和完善创业投资机制，规范发展各类投资基金。鼓励保险资金间接投资基础设施和重点建设工程项目。（4）放宽社会资本的投资领域。允许社会资本进入法律法规未禁入的基础设施、公用事业及其他行业和领域。除了国家政策、法规限制开放的领域外，能够由社会投资建设的项目，尽可能利用社会资金建设。鼓励和引导社会资本以独资、合资等方式参与经营性的公益事业、基础设施项目建设。（5）进一步加强投资监督管理。建立和完善政府投资监管体系，建立健全协同配合的企业投资监管体系，加强对投资中介服务机构的监管。

4. 纵深推进阶段（2013 年至今）。党的十八大以来的投融资体制改革取得了新的重大进展。2013 年 11 月《中共中央关于全面深化改革若干重大问题的决定》对深化投融资体制改革作出了相关部署。2016 年 7 月《中共中央国务院关于深化投融资体制改革的意见》则进一步作出了深化投融资体制改革的顶层设计，是新时代纵深推进投融资体制改革的纲领性文件。2019 年 4 月《政府投资条例》公布。《政府投资条例》是继《企业投资项目核准和备案管理条例》之后投资领域又一部重要的行政法规，《政府投资条例》的出台，有利于坚持市场化方向、进一步深化投融资体制改革，正确把握政府投资的功能定位，充分发挥市场在资源配置中的决定性作用。

（1）大力推进简政放权。投资管理工作重心逐步从事前审批转向过程服务和事中事后监管，企业投资自主权进一步落实。党的十八大以来，国家发展改革委按照中央要求，先后数次下放核准期限，缩减政府核准的投资项目范围。国家发展改革委还会同有关部门，将大量原为投资项目核准的前置审批事项，改为与项目核准同时开展的并联审批事项，从而大大提高了政府行政审批的工作效率。经国务院及有关部门批准的专项规划、区域规划中已经明确的投资项目，部分改扩建项目，以及建设内容单一、投资规模较小、技术方案简单的项目，可以简化审批程序。特别是，国家发展和改革委同有关部门还建立了投资项目在线审批监管平台，不仅方便了项目建设单位申报相关审批事项，而且对投资项目实现了部门之间的信息共享和协同监管。

（2）强调规划计划的引导和约束作用。第一，编制三年滚动政府投资计划。在建项目拟于当年和未来三年开工建设的项目，以及拟申请安排中央或地方政府投资资金的建设项目，应当纳入政府投资项目储备库。对于未纳入政府投资项目储备库的项目，政府投资原则上不予支持。没有纳入重大项目库储备的项目，不得纳入三年滚动政府投资计划；没有纳入三年滚动政府投资计划的，不得编制年度政府投资计划，不得安排下达年度投资计划。编制三年滚动政府投资计划，使政府投资管理工作更加规范有序地开展，有利于调整优化投资结构和扩大有效投资，有利于加强关键领域和薄弱环节的补短板工作。第二，发挥发展规划的导向和约束作用。国家发展规划集中反映党和国家发展战略意图和中长期发展目标与主要任务，是国家治理体系的重要组成部分。各级政府发展规划也是政府投资决策和项目审核的重要依据，重大投资项目未纳入相关发展规划的，有关部门不得审核批准项目，更不得开工建设。

（3）推广运用政府和社会资本合作（PPP）模式。PPP模式是指政府为增强公共产品和服务供给能力、提高供给效率，与社会资本建立的利益共享、风险分担及长期合作关系。推广运用PPP模式，有利于扩大基础设施和公共服务供给，提高公共服务效率；有利于打破国有垄断，拓宽社会资本的投资渠道，为社会资本特别是民间资本提供更多的投资机会；有利于在基础设施和公共服务领域推动产业资本和金融资本相互融合、发挥合力；有利于理顺政府与市场关系、政府与企业关系，充分发挥市场配置资源的决定性作用和更好地发挥政府作用，形成政府和市场的合力。PPP模式还具有重要的"标杆"意义，有利于倒逼公建公营项目"上水平"和加强管理。

（4）进一步完善投融资机制。近年来，先后出台一系列有关重点领域和"瓶颈"领域投融资机制改革创新的措施。比如，大力发展直接融资，相继出台了绿色金融债、项目收益债、PPP项目专项债、重点产业专项债、私募债、永续债、资产支持证券等新的债券品种；规范地方政府举债融资机制，为支持有一定收益的公益性项目建设，推出了土地收储、收费公路、城市轨道交通、棚户区改造、乡村振兴等地方政府专项债券品种。进一步理顺政府和企业的责权利关系，剥离政府融资平台公司的政府融资职能，促进政府融资平台公司市场化转型。试行投贷结合方式，支持金融机构以适当方式依法持有企业股权的试点，调动金融机构的投资积极性。支持设立政府引导、市场化运作的产业投资基金（政府投资基金），吸引产业资本和金融资本参与，形成政府与产业资本和金融资本的合力。完善社保、保险资金等机构资金对项目建设的投融资机制，在风险可控的前提下，逐步放宽社保、保险资金投资范围，通过股权、债权等方式支持项目建设。

（5）加强投资领域的立法工作。近年来投融资领域先后出台了一系列相关制度法规，涉及政府投资计划管理、政府投资资金安排、政府投资项目管理和企业投资项目核准和备案等诸多领域和环节，对于规范政府投资行为、进一步扩大企业投资自主权发挥了重要作用。特别是2017年2月1日起施行的《企业投资项目核准和备案管理条例》，使得政府对企业投资项目的核准和备案行为"有法可依"和"有法必依"，不仅有助于加快转变政府的投资管理和服务职能，而且为落实企业投资自主权提供了法律保障。2019年7月1日起施行的《政府投资条例》对政府投资范围、政府投资的主要原则和要求、政府投资决策程序等方面作出明确规定。此外，加快推动PPP条例以及社会信用体系建设、股权投资管理等投融资法规的立法工作也在稳步推进中。

这一阶段我国投融资体制改革继续向深度、广度推进，企业投资主体地位得到进一步确立，政府投资审批和监管行为进一步规范、透明，政府服务进一步改进和加强，政府自身投资管理得到进一步加强，投融资机制进一步健全完善，投融资领域的市场化、法治化和科学化水平不断提高。

◆ **拓展阅读**

继续深化投融资体制改革的展望与建议

深入推进投资审批制度改革，提高投资建设效率。一是完善项目决策与用地规划等建设条件协同机制，解决投资项目在落实选址、用地、规划等建设条件以及相关审批中的突出问题。二是建立以投资决策综合性咨询为基础的联合评审机制，鼓励发展全过程和综合性投资咨询机构，推动投资中介服务机构由资质管理向行业自律、市场约束、信用监管模式转变。三是简化、整合投资项目报建手续。

加强政府投资统筹管理，强化政府投资补短板作用。一是推动政府投资计划全覆盖，优化投资计划编制和平衡衔接机制。二是建立政府投资范围动态调整机制，不断优化政府投资的方向和结构。三是分类健全直接投资、资本金注入、投资补助、贷款贴息等资金安排方式的制度和机制，提高政府投资效益。

持续激发民间有效投资活力、提高投资质量和效益。一是推动鼓励民间投资各项政策落细落地落实，纾解民营企业融资困境，加大减税降费力度，提升民营企业转型升级能力，不断优化营商环境，提振民间投资信心。二是不断破除民间资本进入重点领域的隐形障碍，继续规范有序推广PPP模式，支持民间资本采用PPP模式参与基础设施补短板项目建设。探索通过REITs等多种方式盘活基础设施存量资产，扩宽民间投资渠道。

资料来源：欧鸿. 投融资体制改革回顾与展望［N］. 中国经济导报，2019–10–22.

三、我国政府投融资体制进一步改革

在党的十八届三中全会提出使市场在资源配置中起决定性作用，深化经济体制改革，以及推进国家治理体系和治理能力现代化的背景下，应当充分发挥市场机制在政府投融资中的作用，建立规范透明的政府投融资体制。

（一）规范地方政府债券管理

通过制定地方政府债券管理法，对地方政府债券的发行主体、发行程序、发行方式、发债规模、资金使用、偿债基金、信用评级、信息披露和市场监管等问题作出规定。地方政府债券管理必须与项目严格对应，严格遵循地方政府举借的债务只能用于公益性资本支出的法律规定，地方政府债券发行必须一律与公益性建设项目对应，一般债券和专项债券发行信息披露时均要将债券资金安排明确到具体项目；债券资金使用要严格按照披露的项目信息执行，确需调整支出用途的，应当按照规定程序办理，保护投资者的合法权益。

（二）对地方政府融资平台进行分类治理，实现平台投融资的规范化运作

承担无经营性收入的纯公益性项目融资的融资平台公司，不再承担融资任务，此类公益性项目应通过财政预算；对于兼有前述公益性项目融资和投资职能的投融资平台公司，应剥离其融资业务。

承担有稳定经营性收入的准公益性项目融资任务并主要依靠自身收益偿还债务的融资平台公司，以及承担非公益性项目融资任务的融资平台公司，要按照《公司法》等有关规定，完善公司治理结构，落实责任承担机制，实现市场化运作；要通过引进民间投资等市场化途径，促进投资主体多元化，改善融资平台公司的股权结构；应逐步摆脱对商业银行贷款的单一依赖，利用资产证券化、信托融资、股权融资和产权交易等方式多渠道融资；要强化融资平台公司的信息披露要求，包括公司资产、负债规模、投资项目、资金使用等信息，便于监管。

（三）规范政府和社会资本合作，保障公共利益和社会资本方的合法权益

近年来，我国基础设施和公共服务领域政府和社会资本合作模式快速推进，成效明显。与此同时，实践中推进政府和社会资本合作模式也存在一些亟待解决的突出问题，主要是：合作项目范围有泛化倾向，合作项目决策不够严谨、实施不够规范；社会资本方顾虑较多，特别是民营资本总体参与度不高；相关管理制度措施存在"政出多门"等。针对上述问题，为规范基础设施和公共服务领域政府和社会资本合作，保障公共利益和社会资本方的合法权益，提高公共服务供给的质量和效率，促进经济社会持续健康发展，有必要制定专门的行政法规，对项目发起、项目实施、监督管理、争议解决等关键性问题加以明确。

（四）发挥政策性金融和开发性金融在政府投融资中的作用

从政府融资结构来看，银行贷款、债券融资、信托融资等商业性金融占据很大比重，而政策性金融和开发性金融的作用没有得到充分展现。事实上，政策性金融和开发性金融在政府投融资中的作用不仅体现在融资上，还在于其重要的导向性作用。因此，要积极利用国家开发银行和中国农业发展银行为国家和农村的基础设施建设提供资金支持，并引导社会资金流向；还可以建立城市基础设施和住宅政策性金融机构，为新型城镇化建设中的政府投融资提供政策性金融支持。

综合实训

一、关键概念

公共产品　混合产品　债务融资　权益性融资　资产（资源）融资　国债　地方政府债券　公益性融资　准公益性融资　经营性融资　政府投融资管理体制

二、不定项选择

1. 政府投融资活动主要是由_____进行的。
   A. 政府　　　　B. 财政　　　　C. 银行　　　　D. 国资委
2. 属于纯公共产品的是_____。
   A. 大学教育　　B. 城乡道路　　C. 水利设施　　D. 国防设施
3. 属于混合型公共产品的是_____。
   A. 卫生保健　　B. 环境保护　　C. 高速公路　　D. 大众体育设施
4. 按照融资的基本性质划分，政府融资主要可分为_____。
   A. 财政拨款　　B. 债务融资　　C. 资产融资　　D. 权益性融资
5. 政府投融资管理体制的主要内容包括_____。
   A. 投融资主体的确定　　　　　B. 投融资方式
   C. 投融资运行机制　　　　　　D. 投融资宏观调控

三、判断正误

1. 政府投融资的主体是政府。（　　）
2. 政府融资就是政府从金融市场上筹措资金。（　　）
3. 公司制是现代企业制度的一种有效的组织形式。（　　）
4. 向政策性银行借款是我国中央政府的主要资金来源。（　　）
5. 政府投资具有非营利性。（　　）
6. 政府对具有一定经营性的基础设施项目、自然垄断项目的投资不以营利为主要目的，但要追求保值增值和较好的投资效益。（　　）
7. 为了引导民间投资，政府的投资领域和项目不能是营利性的。（　　）

四、简要问答

1. 政府在投融资活动中的作用表现有哪些？
2. 为什么说中央银行是整个金融体系的领导者和管理机构？
3. 简述政府投资的范围。

4. 试说明公益性融资、准公益性融资及经营性融资中各级政府的职责。
5. 简述政府投融资管理体制的演变过程。

五、案例思考

投融资体制改革进入全面提速期

以政府投资条例的实施为标志,我国投融资体制改革已进入全面提速期。当前,政府投资条例的一揽子配套政策文件正在加紧制定中,国家发展改革委等部门已在密集开展业内调研,酝酿完善投资项目资本金制度,基础设施最低资本金比例有望适当降低,政府资本金注入项目的管理办法等文件也在制定中。

本轮投融资体制改革始于三年前。2016年7月18日,《中共中央国务院关于深化投融资体制改革的意见》对外发布,该纲领性文件明确了投融资体制改革的顶层设计,新一轮投融资体制改革就此全面展开。随着上述意见的深入贯彻实施,我国投融资体制在改革理念、审批制度、政府职能、管理责权、中介服务等方面都发生了显著变革。

尤其是2019年7月1日起,《政府投资条例》——我国政府投资领域第一部行政法规正式实施,开启依法规范政府投资行为的进程。业内指出,投融资体制改革开始全面提速,在当前时点来看,也是考虑到投资稳增长的作用日益凸显,旨在更好发挥投资对稳增长、调结构、惠民生的作用。

"今年投融资体制改革的重中之重,就是推进落实政府投资条例,制定相关配套办法。"中国宏观经济研究院研究员吴亚平表示,比如说,如何完善政府资本金注入项目管理、如何更好地编制实施政府的投资计划,以及政府投资年度计划和年度预算如何衔接配套等,这些都需要细化的方案。吴亚平表示,政府投资条例主要是规范政府的投资行为,接下来,平台公司的市场化转型也要提上日程。他还建议,针对实体企业融资难融资贵的问题,建立专门服务中小企业融资的政策性金融机构,弥补现有企业融资体系的不足。

在吴亚平看来,深化投融资体制改革,需要财政体制、金融体制、国有资产监督管理体制、价格机制、行政管理体制以及组织人事制度等相关领域改革的协调推进和配合。

他表示,要进一步深化投融资体制改革,补齐投融资管理体制和运行机制的制度短板,释放改革红利,需要其他领域体制机制改革的协调乃至整个经济体制改革的同步推进。为此,需要充分发挥中央层面已经设立的"促进投资部际联席会议制度"的作用,在研究出台新的或调整完善既有的重大投融资体制改革措施时,听取财政、金融、国资等联席会议成员单位的意见和建议,从而进一步提高相关改革措施的可行性和可操作性。

资料来源:隋棠. 投融资体制改革进入全面提速期[N]. 云南经济日报,2019-11-06.
仔细阅读上述材料,思考并回答下列问题:
1. 当前我国投融资体制改革在哪些方面发生了显著变革?
2. 2019年投融资体制改革的重中之重是什么?

第三章

政府投融资模式

知识目标

1. 了解政府投融资模式的含义。
2. 熟悉政府投融资主要模式的内涵和特点。
3. 掌握 PPP 融资模式的内涵及特征。

技能目标

1. 能够熟练掌握政府投融资的主要模式。
2. 能够根据政府投融资项目实际特点，选择政府投融资模式。

▶▶ 导入案例

污水处理厂 BOT

2015 年，某市政府与××水建公司举行污水处理厂 BT 合同签字仪式。根据合同，该污水处理厂将于 2016 年开始建设，2017 年 2 月完工，2017 年 5 月开始生产运行。该厂总规模为处理污水 1500 万吨/月，生产中水 1000 万吨/月。污水处理厂建设总投资 1.6 亿元。根据该市城市建设的总体安排，本项目采用 BOT 模式，工程由××水建公司投资、建设和经营，特许经营期为 25 年。经营期间，市政府按处理每吨污水付给 2 元运营费，特许经营期满后，该污水处理厂将无偿移交给政府。2017 年 2 月，该工程完工并投入使用。

案例解读：BOT 是一种项目融资方式，承包商收回项目投资的途径是项目建成后的授权期期间的收益。BOT 模式的项目承包商不拥有项目，在特许经营期满后，项目承包商把该项目移交政府，政府拥有项目的所有权、使用权和收益权。

为了提高地方政府和园区的运营效率，减轻政府短期财力与资金压力，通过市场化运作，将经营性、非经营性的基础设施项目采取市场化手段，引进社会资本，推进市政、公用基础设施建设的多元化投资战略。对于营利性项目如市政道路、管网等采用 BT 融资方式，对于营利性及准营利性项目，如污水处理厂、物流中心等采用 BOT 及衍生融资方式。

资料来源：吴维海．政府融资 50 种模式及操作案例［M］．北京：中国金融出版社，2018：119．

第一节　政府投融资模式内涵

一、政府投融资模式的含义

政府投融资模式主要是指在资源配置过程中，投融资的决策方式（谁来投资）、投融资筹措方式（资金来源）和投融资使用方式（怎样投资）的总称。它是投融资活动的具体体现。

（一）政府投资模式

政府投资模式是指各级政府为了实现其职能，满足社会公共需要，实施社会和经济发展战略，通过投资项目的选择、资金筹集、资金投放、项目及资金的管理等，向非营利的公益性项目投入资金，将财政拨款或融资转化为公共部门实物资产的行为和过程。政府投资方式以直接投资方式为主；对确需支持的经营性项目，主要采取资本金注入方式，也可以适当采取投资补助、贷款贴息等方式。

（二）政府融资模式

政府融资模式是指政府为实现一定的产业政策和其他政策目标，运用一定的手段和工具实现资金筹集的方式。政府融资方式可按不同标准加以细分。

1. 内源融资和外源融资。根据融资过程中资金来源的不同，融资模式可分为内源融资和外源融资。

（1）内源融资是指政府从内部筹集资金的一种融资模式，包括企业设立时股东投入的股本、折旧基金，以及各种形式的公积金、公益金和未分配利润等留存收益，还包括企业股利分配中发放的股票股利。

内源融资的主要特征：一是自主性。内源融资获取的资金是自有资金。政府在使用这部分资金时具有较大的自主权，受外界的制约和影响较小。二是有限性。内源融资获取资金的多少取决于企业经济效益的高低，企业经济效益高，内源融资的规模就较大；反之则较小。三是低成本性。内源融资的资金来源于企业内部的积累，相当于现有股东对企业的再投资，股东对这部分投资的回报要求是非硬性的，也就是说，当企业未来经济效益好、多得股利时，这部分多得的股利是原有投资带来的还是内部积累带来的，是不易分清的。因此，从某种意义上讲，企业可以无偿地使用这部分资金，进而可以认为这部分资金是无成本的。不过，内源融资存在机会成本。四是低风险性。内源融资的低成本性决定了它不存在支付风险，因而具有低风险性特征。

（2）外源融资是指政府从外部其他经济主体筹措资金的一种融资模式，包括发行股票和债券、向银行等金融机构借款等。

与内源融资相比，外源融资具有以下特征：一是高效性。外源融资的资金来源于政府以外的其他经济主体的储蓄，不受自我积累能力的限制，因而这种融资模式可以将分散的、小额的资金汇集成集中的、巨额的资金，具有融资的高效性。二是限制性。外源融资不论是发行股票还是发行债券，抑或是向银行借款，都有诸多条件的限制，因而这种融资模式具有融资的限制性。三是偿还性。对债权融资而言，政府不仅要向债权人支付利息，而且还要向债权人偿还本金，因而债权融资具有偿还性。四是高成本性。就债权融资而言，政府不仅要向债权人支付利息，还要支付各种融资费用，如债券发行费、借款手续费等；就股权融资而言，既要向股东支付股利，也要向中介机构支付各种融资费用，如股票发行费等。五是高风险性。就债权融资而言，由于政府要向债权人还本付息，因此，这种融资模式存在因可能的支付危机带来的融资风险，即财务风险；而就股权融资而言，这种融资风险存在因证券市场股票的高流动性而带来的交易风险，如股票跌幅过大可能会引起投资者狂抛股票甚至出现"恶性接管"等不利于企业稳定发展的情况。

2. 直接融资和间接融资。根据融资是否通过金融中介机构，融资模式可分为直接融资和间接融资。

（1）直接融资是指货币资金供给者和货币资金需求者之间直接筹措资金的一种融资模式。这种融资模式借助于一定的金融工具将出资者和资金需求者联系在一起，实现资金由供给者向需求者的转移。双方可以直接协商或在公开市场上由货币资金供给者直接购入债券或股票。通常情况下是由经纪人或证券商来安排这类交易。

直接融资的主要特征：一是直接性。资金需求者直接从资金供给者手中取得资金，两者之间直接建立融资关系，具有融资的直接性。二是长期性。资金需求者通过直接融资模式获取的资金，期限一般都在一年以上，具有融资的长期性。三是流通性。在直接融资模式下，资金的交易是借助于金融工具完成的，直接融资的金融工具主要是债券和股票，而债券和股票是可以在证券市场上流通的，因而具有流通性。

（2）间接融资是指货币资金供给者与货币资金需求者之间的资金融通通过各种金融中介机构来进行的一种融资模式。金融中介机构发行各式资金凭证给货币资金供给者，获得货币资金后，再以贷款或投资的形式购入货币资金需求者的债务凭证，以此融通货币资金供给者与货币资金需求者之间的资金凭证。

间接融资的主要特征：一是间接性。在间接融资模式下，通过金融中介自身发行间接债务凭证，将货币资金供给者的货币引向货币资金需求者。货币资金的供给者和需求者之间是通过金融中介机构建立融资关系的，因而具有融资的间接性。二是中短期性。由于间接融资是以银行等金融中介机构作为交易中介的，而银行等金融中介机构提供的资金主要以中短期资金为主，因此，间接融资具有中短期性。三是非流通性。由于银行等金融中介机构主要是以贷款的形式向公司提供资金的，而贷款具有不可分割性，因此，间接融资具有非流通性。但随着贷款资产证券化，贷款资产流通将会逐步普及并成为现实，银行等金融中介机构的贷款也将具有流通性。

3. 股权融资和债权融资。根据融资过程中形成的产权关系，融资模式可分为股权融资和债权融资。

（1）股权融资是指资金不通过金融中介机构，借助股票这一载体直接从资金盈余部门流向资金短缺部门，资金供给者作为所有者（股东）享有对其控制权的融资模式。

股权融资具有以下特点：一是长期性。股权融资筹措的资金具有永久性，无到期日，不需归还。二是不可逆性。采用股权融资无须还本，投资人欲收回本金，需借助于流通市场。三是无负担性。股权融资没有固定的股利负担，股利的支付与否和支付多少视企业的经营需要而定。

（2）债权融资是指融资主体通过举债筹措资金，资金供给者作为债权人享有到期收回本息的融资方式。

相对于股权融资，债权融资具有以下特点：一是短期性。债权融资筹集的资金具有使用上的时间性，需到期偿还。二是可逆性。采用债权融资方式获取资金，负有到期还本付息的义务。三是负担性。采用债权融资方式获取资金，需支付债务利息。

二、政府投融资的主要模式

（一）财政资金模式（财政拨款、政府性基金）

政府投融资模式

财政资金模式主要是通过财政拨款和政府性基金来筹措资金的融资模式。财政拨款既包括中央和地方预算拨款，也包括来自上级政府的转移性支付，属于财政内源性融资的基本来源。随着改革深入和社会主义市场经济体制的完善，政府直接通过预算拨款投资的比重呈现下降趋势。这主要是由于市场化改革中市场在资源配置中发挥基础性作用所要求的。从政府投融资的现实情况来看，除了依靠一定少量的政府预算直接拨款之外，政府投融资更多地依靠其他形式。

政府性基金是为实现特定经济社会领域的政策目的，各级人民政府及其所属部门按照规定程序批准，依法向特定群体无偿征收的具有专项用途的一种非税收入。政府性基金种类繁多，与一般税、特殊类型税、规费、受益费等有着明显区别，其基本特征表现为特别政策性、被课征群体特定性、特殊的法律关联性、非对待给付性和专款专用性。如养路费、车辆购置附加费、铁路建设基金、电力建设基金、三峡工程建设基金、新菜地开发基金、公路建设基金、民航基础设施建设基金、农村教育费附加、邮电附加、港口建设费、市话初装基金、民航机场管理建设费等。政府性基金属于政府非税收入，全额纳入财政预算，实行"收支两条线"管理。政府非税收入是财政收入的重要组成部分。

（二）债权融资模式

1. 银行信贷融资模式。银行信贷融资是政府间接融资的主要模式。银行信贷融资模式按其贷款来源主要分为以下两种。

（1）国内银行贷款模式。银行贷款是指银行以一定的利率将资金贷放给资金需求者，并按约定期限付息还本的一种经济行为。国内银行贷款是城市基础设施建设的主要融资渠道。政府可以获得的国内银行贷款主要包括两方面：一是国家政策性银行贷款，主要是国家开发银行贷款；二是商业银行贷款。

为了促进经济发展，我国在四大国有商业银行之外还成立了三家政策性银行。这些政策性银行对国家政策予以支持的项目提供贷款以及贴息政策和信用担保等。下面以国家开发银行和商业银行为例予以介绍。

国家开发银行成立于1994年3月17日，是直属国务院领导的政策性金融机构。国家开发银行发放基本建设贷款、技术改造贷款、设备储备贷款、外汇固定资产贷款、外汇流动资金贷款。其中，基本建设贷款项目主要包括基础设施项目、基础产业项目、支柱产业项目，以及环保、高科技产业中的政策性项目。技术改造贷款项目主要是采用国内外先进技术改造的传统产业升级和技术进步项目。设备储备贷款则用于解决国家开发银行业务范围内的已列入年度贷款计划，已签订借款合同的在建工程的用款需求。贷款期限分为短期贷款（1年以下）、中期贷款（1~5年）、长期贷款（5年以上），贷款期限一般不超过15年。对大型基础设施建设项目，可根据行业和项目的具体情况适当延长。国家开发银行执行中国人民银行统一颁布的利率规定，对长期使用国家开发银行贷款并始终保持优良信誉的借款人，项目贷款利率可适当下浮，下浮的幅度控制在中国人民银行规定的幅度之内。

商业银行贷款是我国政府融资的主要渠道。目前我国商业银行发放的贷款形式主要有：委托贷款、信用贷款、担保贷款等形式。委托贷款是指由政府部门、企事业单位及个人等委托人提供资金，由贷款人（即受托人）根据委托人确定的贷款对象、用途、金额、期限、利率等代为发放、监督使用并协助收回的贷款。贷款人（受托人）只收取手续费，不承担贷款风险。信用贷款是指以借款人的信誉发放的贷款。其特征就是债务人无须提供抵押品或第三方担保仅凭自己的信誉就能取得贷款，并以借款人信用程度作为还款保证的。这种信用贷款是我国银行长期以来的主要放款方式。由于这种贷款方式风险较大，一般要对借款方的经济效益、经营管理水平、发展前景等情况进行详细的考察，以降低风险。担保贷款是指保证贷款、抵押贷款、质押贷款。保证贷款是指按《中华人民共和国担保法》（以下简称《担保法》）规定的保证方式以第三人承诺在借款人不能偿还贷款时，按约定承担一般保证责任或者连带责任而发放的贷款。抵押贷款是指按照《担保法》规定的抵押方式以借款人或第三人的财产作为抵押物发放的贷款。《担保法》规定下列财产可以抵押：抵押人所有的房屋和其他地上定着物；抵押人所有的机器、交通运输工具和其他财产；抵押人依法有权处分的国有的土地使用权、房屋和其他地上定着物；抵押人依法有权处分的国有机器、交通运输工具和其他财产；抵押人依法承包并经发包方同意抵押的荒山、荒沟、荒丘、荒滩等荒地的土地使用权；依法可以抵押的其他财产。在一般情况下，银行能给予的最高贷款比例不超过抵押物的60%～70%。法律规定抵押人和贷款银行要以书面形式订立抵押合同。质押贷款是指按《担保法》规定的质押方式以借款人或第三人的动产或权利作为质物发放的贷款。动产质押，是指债务人或者第三人将其动产移交债权人占有，将该动产作为债权的担保。债务人不履行债务时，债权人有权依照本法规定以该动产折价或者以拍卖、变卖该动产的价款优先受偿。权利质押的范围包括汇票、支票、本票、债券、存款单、仓单、提单；依法可以转让的股份、股票；依法可以转让的商标专用权、专利权、著作权中的财产权；依法可以质押的其他权利。

◆ 拓展阅读

政策性融资担保机制将再完善

2019年2月，国务院办公厅印发《关于有效发挥政府性融资担保基金作用切实支持小微企业和"三农"发展的指导意见》（以下简称《意见》）。《意见》从多个方面对政府性融资担保基金的运作进行了规范，推动其发挥应有的作用，切实有效缓解小微企业和"三农"融资难融资贵。

《意见》针对当前我国融资担保行业存在的业务聚焦不够、担保能力不强、银担合作不畅、风险分担补偿机制有待健全等问题，明确了相关举措。一是坚持聚焦支小支农融资担保主业。各级政府性融资担保、再担保机构要主动剥离政府债券发行和政府融资平台融资担保业务，不断提高支小支农担保业务规模和占比，重点支持单户担保金额500万元及以下的小微企业和"三农"主体。二是切实降低小微企业和"三农"综合融资成本。政府性融资担保机构坚持准公共定位，不以营利为目的，在可持续经营的前提下，保持较低费率水平。国家融资担保基金再担保业务收费一般不高于省级担保、再担保基金（机构），引导合作机构逐步将平均担保费率降至1%以下。三是构建政府性融资担保机构和银行业金融机构共同参与、合理分险的银担合作机制。原则上国家融资担保基金和银行业金融机构承担的风险责任比例均不低于20%，省级担保、再担保基金（机构）承担的风险责任比例不低于国家融资担保基金承担的比例。四是加强合作和资源共享，优化监管考核机制。国家融资担保基金和省级担保、再担保基金（机构）要推行统一的业务标准和管理要求，市、县融资担保机构要主动对标，提高业务对接效率。金融管理部门要实施差异化监管措施，适当提高对担保代偿损失的监管容忍度。银行业金融机构和融资担保、再担保机构要健全内部考核激励机制，提高支小支农业务考核指标权重。

我国多层次的政策性融资担保体系正在构建过程中。国家融资担保基金有限责任公司于2018年8月正式成立，财政部为该公司第一大股东，其余还有20家银行、保险等机构入股。与此同时，多地政府也已经成立或正在谋划成立地方融资担保基金（机构）。中国社科院国家金融与发展实验室副主任曾刚在接受《经济参考报》记者采访时表示，融资担保是促进小微和民营企业融资的重要手段，商业银行之所以不愿意给小微和民营企业贷款，是因为其客观存在风险相对较高的情况，因此对于这类高风险的客户需要第三方尤其是政策性的金融机构来分担其风险。他表示，《意见》的发布，旨在通过进一步降低融资担保费用和扩大融资担保比例的方式，进一步充分发挥政策性融资担保机制在小微和民营企业融资过程中风险分担的作用，撬动商业性金融机构对小微和民营企业的支持，构建更为完善的小微和民营企业金融服务体系。

资料来源：张莫. 政策性融资担保机制将再完善［N］. 经济参考报，2019-02-15.

政策性银行贷款与商业银行贷款相比，具有一定的特点：一是贷款期限长、资金量大，适应基础设施项目的融资需求；二是具有一批各行业专家，可以为项目提供高质量的评审和技术支持；三是贷款项目多为国家政策予以支持的特色项目。

（2）外国贷款模式。世界银行、亚洲开发银行等国际性金融机构以及各国政府的贷款是政府融资，特别是发展中国家政府融资的重要渠道之一。

国际金融机构贷款是由一些国家的政府共同投资组建并共同管理的国际金融机构提供的贷款，旨在帮助成员国开发资源、发展经济和平衡国际收支。其贷款发放对象主要包括以下几个方面：对发展中国家提供以发展基础产业为主的中长期贷款，对低收入的贫困国家提供开发项目以及文教建设方面的长期贷款，对发展中国家的私人企业提供小额中长期贷款。

世界银行（世行）贷款主要指国际复兴开发银行（IBRD）贷款和国际开发协会（IDA）信贷，其目的是通过长期贷款的支持和政策性建议帮助会员国家提高劳动生产力，促进发展中国家的经济发展和社会进步，改善和提高生活水平。

国际复兴开发银行主要是为发展中国家提供有息的中长期贷款，利率采用浮动制，利率水平与国际金融市场利率水平比较接近，贷款期限通常为20年，一般称为"硬贷款"。国际开发协会主要是向最贫穷的低收入会员国提供无息的长期开发信贷，贷款期限在35~50年，一般称为"软贷款"。世行从2000财政年度起不再向中国发放"软贷款"。

亚洲开发银行（亚行）贷款是其行对亚洲和太平洋地区的发展中国家提供的长期性开发资金。目的是为了鼓励各国政府和私人资本向亚洲和太平洋地区投资，对本地区国家提供长期贷款和技术援助，促进本地区国家的经济合作和发展。

亚洲开发银行贷款分为普通贷款和特种贷款。普通贷款主要用于帮助成员国提高其经济发展水平，浮动利率，贷款期限为15~25年，普通贷款也被称为"硬贷款"。特种贷款主要是为贫困成员国提供的优惠贷款。这种贷款不收取利息，贷款期限为40年，也被称为"软贷款"。我国未使用过亚行的特种贷款。

国际金融机构贷款具有以下特点：一是贷款条件优惠。国际金融组织的贷款一般利率较低，期限较长，如国际开发协会，主要是对低收入的贫困国家提供开发项目以及文教建设方面的长期贷款，最长期限可达50年，只收0.75%的手续费。二是审查严格，手续繁多，从项目申请到获得贷款，往往需要很长的时间。

外国政府贷款是指一国政府向另一国政府提供的，具有一定赠予性质的优惠贷款。它具有政府间开发援助或部分赠予的性质，在国际统计上又叫双边贷款，与多边贷款共同组成官方信贷。其资金来源一般分为"软贷款"和出口信贷两部分。"软贷款"部分多为政府财政预算内资金；出口信贷部分为信贷金融资金。双边政府贷款是政府之间的信贷关系，由两国政府机构或政府代理机构出面谈判，签署贷款协议，确定具有契约性偿还义务的外币债务。根据经济合作与发展组织（OECD）的有关规定，政府贷款主要用于城市基础设施、环境保护等非营利项目。

利用外国政府贷款是我国引进外资的一种重要模式，也是城市基础设施建设重要的融资渠道和融资模式。城市污水处理、垃圾处理、轨道交通、环保等基础设施项目都可以考虑利用外国政府贷款进行建设。我国利用的外国政府贷款是指外国政府向我国提供的具有一定援助或部分赠予性质的低息优惠贷款。

外国政府贷款具有以下特点：第一，贷款期限长、利率低、赠予成分高。政府贷款具有双边经济援助性质，按照国际惯例，政府贷款一般都含有25%的赠予部分。第二，贷款与专门的项目相联系。比如，用于一国的交通、农业、卫生等大型开发项目。第三，规定购买限制性条款。所谓购买限制性条款，是指借款国必须以贷款的一部分或全部购买提供贷款国家的设备。第四，外国政府贷款的规模有限。外国政府贷款受贷款国国民生产总值、财政收支与国际收支状况的制约，其规模不会太大。同时，一般只在两国政治外交关系良好的情况下才能进行。第五，外国政府贷款通常受贷款国财政预算、国际收支、政治倾向、价值观念和外交政策的影响，具有浓厚的政治色彩。第六，在一般情况下，借款国不能自由选择币种，而是必须采用贷款国货币，因而将承担相应的汇率风险。

外国贷款模式的优点是利息较低，周期较长，比较适合政府进行基础设施建设投资，但其缺点是一般带有一定的附加条件，如规定贷款项目所需货物和设备的购买渠道等，对借款方有约束。

2. 政府公债融资模式。一般而言，政府公债融资包括国债融资和市政债券融资。

（1）国债融资。国债，又称国家公债，是国家以其信用为基础，按照债的一般原则，通过向社会筹集资金所形成的债权债务关系。国债是由国家发行的债券，是中央政府为筹集财政资金而发行的一种政府债券，是中央政府向投资者出具的、承诺在一定时期支付利息和到期偿还本金的债权债务凭证。由于国债的发行主体是国家，所以它具有最高的信用度，被公认为是最安全的投资工具。

国债是债的一种特殊形式，同一般债权债务关系相比具有以下特点：第一，从法律关系主体来看，国债的债权人既可以是国内外的公民、法人或其他组织，也可以是某一国家或地区的政府以及国际金融组织，而债务人一般只能是国家。第二，从法律关系的性质来看，国债法律关系的发生、变更和消灭较多地体现了国家单方面的意志，尽管与其他财政法律关系相比，国债法律关系属平等型法律关系，但与一般债权债务关系相比，则其体现出一定的隶属性，这在国家内债法律关系中表现得更加明显。第三,从法律关系实现来看,国债属于信用等级最高、安全性最好的债权债务关系。

发行国债是中央政府主要的融资工具,在西方发达国家,国债发行额与GDP的比率一般都在50%以上。在我国,截至2012年末,国债余额实际数为77565.70亿元,其中,内债余额76747.91亿元,外债余额817.79亿元。① 2011年,全国财政赤字8500亿元,占GDP的比重为1.8%(赤字率)。中央政府国债余额7.20万亿元,比上年增加4496.4亿元,增长6.7%,国债余额占GDP的比重为15.27%(国债负担率)。② 而欧盟"马约"提出国债负担率不超过60%、赤字率不超过3%的标准。可见,我国国债负担率、赤字率远低于国际标准,表明我国国债规模风险不大。随着我国国民经济的平稳发展,未来我国国债负担率和赤字率将会继续处于较低水平。

(2)市政债券融资。在债权融资中,市政债券融资不失为地方政府筹资的好方法。在发达国家中,尤其是美国,市政债券融资是一种非常重要的融资工具,融资额约占整个基础设施投资额的35%。

市政债券是指地方政府或其授权代理机构发行的有价证券,所筹集资金用于市政基础设施和社会公益性项目的建设。市政债券起源于19世纪20年代的美国,当时城市建设需要大量的资金,地方政府部门开始通过发行市政债券筹集资金,到了20世纪70年代以后,市政债券在世界部分国家逐步兴起。

在许多西方国家,地方政府投资修建公路、桥梁、自来水厂、学校和医院等公用事业时,一般是借助发行市政债券来筹资。美国是世界上市政债券最发达的国家,其市政债券主要有两种形式:以发行机构的全部信用即税收收入作为担保的一般责任债券和以项目收益来偿还的收益债券。从理论上讲,一般责任债券由于以地方财政收入进行偿还,属于真正的地方政府债券,是与中央政府债券即国债相对应的另一种类型的公债。收益债券虽然由政府代理机构发行,并在一定程度上体现政府意图,但一般不是以特定财政收入而是以项目自身收益来偿还,项目本身也不是作为公共产品无偿提供而是有偿使用的公用事业等,这一点更接近一般的企业债券,从本质上来说不属于政府债券的范围,应该也可以纳入企业债券类型。收益债券之所以被纳入市政债券,可能是因为西方国家非公司制的国有企业比较少,企业债券主要是公司债券,市政企业的非公司及其他特殊性质使得将其纳入公司债券范围显然不太合理。考虑到收益债券由政府代理机构发行或政府担保的特点,与一般责任债券一并纳入市政债券范围虽然不尽合理,但也属于比较现实的选择,或许正因为如此,一般责任债券和收益债券构成的集合没有被称为地方政府债券而是市政债券。

总体上看,我国城市基础设施建设投资偏低,而城市化的发展离不开资金支持,庞大的资金需求需要多种融资方式加以保证。通过发展市政债券,可以增强地方政府提供公共物品的能力,也可以促进城市化进程中的融资新机制。同时,

---

① 2013年和2014年中央财政国债余额情况表[EB/OL]. 财政部官网,2014-03-21.
② 央行报告:政府债务负担率处较低水平[EB/OL]. 证券时报网,2012-07-13.

发展市政债券可以促使地方政府隐形负债显性化，是解决我国地方政府融资问题的一种有效手段。

发行政府公债融资具有以下优点：第一，有助于减轻中央政府的财政负担，进一步促进基础产业和整个国民经济的发展。第二，有助于吸收国内闲置资金，降低政府融资成本。第三，减轻引进外资造成的不利影响。第四，为公开市场业务提供理想的工具，进一步推进金融市场的改革。政府公债也存在很多困难，如资信评估与担保、避免资金跨地区流动等问题。

（三）股权融资模式

1. 产权交易融资模式。产权交易融资是指资产以商品的形式作价交易的一种融资模式。国有资产可以根据需要，进入产权交易市场进行公平交易，实现融资。

产权交易，是指资产所有者将其资产所有权和经营权全部或者部分有偿转让的一种经济活动。这种经济活动是以实物形态为基本特征的出卖财产收益的行为，是多层资本市场的重要组成部分。

产权交易的形式主要有：(1) 按所有制性质，可分为国有企业之间的交易，国有企业与集体企业之间的交易，国有企业、集体企业与私营企业或个人之间的交易。(2) 按交易内容，可分为企业整体产权交易和部分产权交易。(3) 按交易方式，可分为购买式产权交易、承担债务式产权交易、吸收入股式产权交易、承担职工安置等其他条件式产权交易。(4) 按交易主体之间组织形式，可分为兼并式产权交易、股份转让式产权交易、资产转让式产权交易。

提示 目前，我国进行产权交易的场所主要有产权交易所、产权交易市场、知识产权交易市场、高新技术交易市场。

产权交易融资在区域融资中发挥了重要的作用，为国家和地方政府获取了更多的发展资金，优化了资源配置，提高了产权交易市场的地位。但在实践中，尤其是国有企业产权转让中应建立严格的监督管理机制，避免地方政府为获取发展基金贱卖国有资产。

2. 投资基金融资模式。投资基金融资是指地方政府吸纳投资基金进行城市基础设施建设的一种融资模式。投资基金是指通过信托、契约等形式，通过发行基金证券将众多的、不确定的社会闲置资金募集起来，形成一定规模的信托资产，交由专门机构的专业人员按照资产组合原理进行分散投资，获得收益后由投资者按出资比例分享的一种投资工具。投资基金分为证券投资基金和产业投资基金两类，而政府融资主要是采用产业投资基金模式。

产业投资基金是一种借鉴西方发达市场经济国家规范的创业投资基金运作形式，通过发行基金受益券募集资金，交由专业人士组成的投资管理机构操作，将基金资产分散投资于不同的实业项目，投资收益按资分成的投融资方式。从国外发展的经验来看，产业投资基金主要投资于基础设施行业，包括运输行业（如收费道路、机场、港口和部分铁路）、受监管的公用事业（如供电和天然气网络、供水和废水处理网络)、政府服务业(如学校和医院、卫星等部分国防项目)和其他(如输油管、液化石油气接收站和运输船、合同发电)等。

产业投资基金具有以下几个特点:(1)作为投资基金的一个种类,它具有"集合投资,专家管理,分散风险,运作规范"的特点。(2)产业投资基金一般定位于高新技术产业,有效率的基础产业的基础建设,如收费路桥建设、电力建设、城市公共设施建设等,促进产业升级与结构高度化,以高风险实现高收益。(3)产业投资基金一般以实业投资为主,但也作一定比例的证券投资,以保持基金资产的流动性。(4)产业投资基金区别于"行业基金",其投资方向一般是跨行业、综合性、以符合组合投资原则并且避免蜕化为某个行业的行政附属物。

产业投资基金在我国可以发挥作用的范围很广,凡是符合国家鼓励发展并具有较高回报的产业,均可以运作产业基金这种形式进行投融资运作。

(四)项目融资模式

项目融资是一种特殊的融资方式,它是依靠项目自身的未来现金流量为担保条件而进行的融资。项目融资模式主要有:BOT模式、TOD模式、REIT(房地产投资信托)模式、PFI模式、BT模式、BLT模式及PPP模式等。

1. BOT(Build-Operate-Transfer,建设—经营—转让)模式。随着各地基础设施建设和服务市场的进一步开放,价格和收费制度的进一步改革和创新,以及城市基础设施经营性、准经营性和非经营性类别的划分,社会资金开始进入城建领域。各地将有盈利的基础设施项目推向市场,通过BOT方式吸引外商或民间投资。目前,BOT融资模式已被广泛地应用在发展中国家和发达国家的基础设施建设中。著名的横贯英法之间的欧洲隧道、英国曼彻斯特市的轻轨捷运项目、澳大利亚的悉尼港口隧道等都是采用了BOT融资模式。许多发展中国家也有采用BOT融资模式的项目,如马来西亚的南北高速公路和我国九龙新界隧道项目等。

提示 TOT(Transfer-Operate-Transfer,移交—经营—移交)模式。TOT模式是BOT融资的创新模式,是国际上较为流行的一种项目融资方式,通常是指政府部门或国有企业将建设好的项目的一定期限的产权或特许经营权,有偿转让给投资人,由其进行运营管理;投资人在约定的期限内通过经营收回全部投资并得到合理的回报,双方合约期满之后,投资人再将该项目交还政府部门或原企业的一种融资方式。TOT模式的运用一般是为了BOT模式的顺利进行,通常情况下,政府会将TOT和BOT两个项目打包,一起运作。

BOT融资通常是由政府与项目投资人签订一揽子协议,约定项目投资人投资建设项目,并在建成后的一定期限内拥有项目经营权,特许经营期满后项目无偿归政府所有,其主导思想是所有权和经营权分离。它是代表国际项目融资发展趋势的一种新型融资模式。典型形式为:项目所在地政府授予一家或几家私人企业所组成的项目公司特许权利,允许它们就某项特定基础设施项目进行

项目融资的特点

筹资建设，在约定的期限经营管理，并通过项目经营收入偿还债务和获取投资回报，约定期满后，项目设施无偿转让给所在地政府。BOT 是一种项目融资模式。

（1）BOT 模式的基本特征：

第一，BOT 融资方式是无追索的或有限追索的，债务偿还只能靠项目本身的现金流量。

第二，项目开发投资商在特许期内拥有项目所有权和经营权。但在授权期结束后，政府不仅保持项目的所有权，而且拥有正常运营项目的使用权和收益权。

第三，整个项目的设计、建设、运营以及建设项目资金的筹措等均由政府授权，承包商必须接受政府或其委托部门的监督和支持。

第四，由于项目开发投资商承担了项目投资的全部风险，因此融资成本相对银行贷款要略高一些。

第五，运用 BOT 模式承建的工程一般都是大型资本、技术密集型项目，主要集中在市政、道路、交通、电力、通信、环保等方面。

（2）BOT 模式的优点：

第一，可以吸引大量资金，引进先进技术，改善和提高项目管理水平。政府采用 BOT 模式能吸引大量的民营资本和国外资金，以解决建设资金的缺口问题。另外，BOT 模式还有利于政府调整外资的使用结构，把外资引导到基础设施的建设上，以便于政府集中有限资源投入那些不被投资者看好但又关系到国计民生的重大项目上。

第二，有利于减轻政府直接的财政负担。基础设施项目的建设运营周期长、规模大，风险也大。在 BOT 模式中，政府将风险转移给了项目的投资者。项目借款及其风险由承包商承担，而政府不再需要对项目债务担保或签署，减轻了政府的债务负担。

第三，提高了项目的运作效率。项目公司为了降低项目建设经营过程中所带来的风险，获得较多的利润回报，必然采用先进的设计和管理方法，引入成熟的经营机制，从而有助于提高基础设施项目的建设与经营效率，确保项目的建设质量并加快项目的建设进度，保证项目按时按质完成。

第四，有利于获得稳定的市场份额和资金回报率。由于 BOT 项目具有独特的定位优势和资源优势，这种优势确保了投资者可以获得稳定的市场份额和资金回报率。同时，项目的承包者有机会涉足项目所在国的基础性领域，也能为将来的投资活动打下一个良好的基础。

第五，有助于投资方开拓产品市场。BOT 项目通常可以带动投资方的产品特别是大型工业成套设备的出口，从而有助于开拓其产品市场。同时，在项目运营期满之后，投资方可以通过提供持续性服务继续取得服务收入，继续扩大技术设备的出口。

（3）BOT 模式的缺点：

第一，采用 BOT 模式，基础设施项目在特许权规定的期限内将全权交由项目公司去建设和经营，减弱了政府对项目的影响力和控制力。

第二，BOT模式组织结构没有一个相互协调的机制。由于各参与方都会以各自的利益为重，以实现自身利益最大化为目标，这使得他们之间的利益冲突在所难免。

第三，可能造成设施的掠夺性经营。BOT项目在转让到政府方之前，政府对项目的控制难度相对加大；由于大量项目建设的风险转移到项目公司，使得项目公司往往要求有较高的投资回报率来补偿其所受的风险。如果在运营期中增关设卡，提高交易费用，以加速其成本回收及利润获取，而此时政府又无能为力，其结果往往与促进社会经济发展的目的产生矛盾。

◆ 拓展阅读

BOT融资模式的转化形式

BOT融资模式经过不断地实践和发展，在其基本形式的基础上衍生出多种变通形式，主要有以下九种形式：

（1）BOT（Build-Operate-Transfer，建设—经营—转让）。这是BOT融资模式的基本形式。（2）BOOT（Build-Own-Operate-Transfer，建设—拥有—经营—转让）。承包商在项目建成后即拥有项目资产的所有权，并负责项目的经营管理；在委托授权期满后，再将项目资产转让给政府。（3）BOO（Build-Own-Operate，建设—拥有—经营）。承包商根据政府赋予的特许权，建设并经营某项产业项目，但是并不将此项基础产业项目移交给公共部门。（4）BTO（Build-Transfer-Operate，建设—转让—经营）。对于关系到国家安全的产业，如通信业，为了保证国家信息的安全性，项目建成后并不交由外国投资者经营，而是将经营权转让给东道国政府，由东道国经营，或与项目开发商共同经营。（5）BT（Build-Transfer，建设—转让）。发展商在项目建成后即将项目资产以一定的价格转让给政府，由政府负责项目的运营和管理。（6）BOOST（Build-Own-Operate-Subsidy-Transfer，建设—拥有—经营—补贴—转让）。发展商在项目建成后，在授权期限内直接拥有项目资产，经营管理项目，但由于可能存在相当的风险或经营效益不佳，政府可以提供一定的补贴，发展商在授权期满后将项目的资产转让给政府。（7）FBOOT（Finance-Build-Own-Operate-Transfer，融资—建设—拥有—经营—转让）。这种模式类似于BOOT模式，只是多了一个融资环节，即只有先融通到资金，政府才予以考虑是否授予特许经营权。（8）DBFO（Design-Build-Finance-Operate，设立—建设—融资—经营）。这种模式是从项目设立开始就特许给某一私人部门进行，直到项目经营期满收回投资，取得投资收益。但项目公司只有经营权，没有所有权。（9）BLT（Build-Lease-Transfer，建设—租赁—转让）。发展商在项目建成后即将项目以一定的租金出租给政府，由政府经营，授权期满后，将项目资产转让给政府。

资料来源：王铁军.中国地方政府融资22种模式［M］.北京：中国金融出版社，2006.

2. TOD（Transit Oriented Development）模式。TOD 模式是"以公共交通为导向"进行城市规划和城市经营的模式。其中，公共交通主要是地铁、轻轨等轨道交通及巴士干线，然后以公交站点为中心、以 400~800 米（5~10 分钟步行路程）为半径建立集工作、商业、文化、教育、居住等为一体的城区。以实现各个城市组团紧凑型开发的有机协调模式。TOD 模式是国际上具有代表性的城市社区开发模式。同时，也是新城市主义最具代表性的模式之一。目前被广泛利用到城市开发中，尤其是在城市尚未成片开发的地区。

所谓 TOD 模式是指政府利用垄断城市规划具有的信息与资源优势，对规划发展区的用地以较低的价格征用，导入公共交通，形成开发地价的时间差，进行基础设施的建设，使土地升值；然后，出售基础设施完善的"熟地"，政府从土地升值的回报中回收公共交通先期投入的一种融资模式。

TOD 模式具有以下优点：第一，这种以公交车站为中心的布局形态有利于大盘社区的交通组织。第二，社区中心有利于吸引商业和各种服务性配套设施集中布置，同时有利于提高居民公交出行效率。第三，宜人的空间和尺度更有利于创造宜居环境。第四，TOD 布局可以提供不同类型、密度、造价混合的住宅，有利于解决置业成本和生活成本之间的矛盾。

在当前社会经济迅猛发展的背景下，我国的城市规模和城市人口急剧增加，截至 2019 年末，我国总人口已达 14 亿，其中，城镇人口达到 8.4 亿，城镇化率为 60.1%。预计到 2030 年，城镇人口将达到 10 亿，城镇化率为 70%。① 这些都表明，我国的城市化进程已经进入城市加速发展阶段。城市化过程有两种基本形式：一种是在原有城市边缘"摊大饼式"扩展；另一种是发展新城或在原有的半城市化地区有选择地发展卫星城市。城市以第一种形式发展到一定规模时，会产生一些阻碍城市进一步发展的因素，诸如自然环境、地域结构等，城市规模越大限制性因素越强。从趋势上看，这将给以各类交通枢纽为载体的 TOD 开发提供大量的机会。城市轨道交通是面向城市轨道交通的土地开发战略，即一方面在开展城市交通规划时，以大运量、高效率、环境友好的轨道交通为骨干，配合步行及地面公交，从而减少市民出行对地面交通和私家车的需求；另一方面，在开展城市规划时，要以轨道交通车站为中心，进行高密度的商业、写字楼、住宅等综合开发，使住房、就业集中在车站吸纳范围内，使周边土地价值最大化。我国在世纪交替时期引入 TOD 模式，在北京、广州、南京等城市规划中得到广泛应用，人们对发展城市轨道交通的交通改善作用和经济拉动作用认识将由浅至深。

3. REITs（Real Estate Investment Trusts）模式。REITs 即房地产投资信托基金。其实际上是一种证券化的产业投资基金，是指由房地产投资信托基金公司负责对外发行受益凭证，向投资大众募集资金，之后将资金委托给一家房地产开发公司，负责房地产开发、管理以及未来的出售，所获利润在扣除一

---

① 2019 年中国大陆出生人口数、全国各省人口数量分析及 2020 年中国城镇化人口数量、出生率、死亡率、人口自然增长率预测 [EB/OL]. 中国产业信息网，https：//www.chyxx.com，2020-06-10.

般房地产管理费用及买卖佣金后,由受益凭证持有人分享的一种新型融资模式。

REITs作为一种新型融资模式,具有以下特征:第一,组织形式的混合性。REITs的组织形式较为灵活,可以是信托组织、公司,也可以是未注册团体。同时,它既享有类似合伙组织的税收优惠政策,它的股东又享有公司制的有限责任和股份高度流通性的优势。第二,税收优惠。REITs可以获得有利的税收待遇,避免双重纳税。如果信托的收入分配给受益人的话,信托是不需要交税的。REITs免交公司所得税和资本利得税,但股东要对自己所得的分红按照自己的适用税率交纳所得税和资本利得税。因此,REITs凭借税率较低,配息较高受到欢迎。当经济景气时,REITs股价可望受惠;当景气衰退时,REITs仍有稳健收益。第三,资产证券化。吸收投资者资金采取股票或受益凭证等证券化的形式,可上市交易,流通性较强。

根据收入来源不同,REITs分为三种类型:权益型REITs、抵押型REITs、混合型REITs。权益型REITs是指投资者拥有房地产并对其进行运用以获得收入,主要业务包括出租、开发和租户服务。每个投资者都是权益型REITs的股东,依其所持有的股份分享投资收益。抵押型REITs是指房地产经营者以该房地产作抵押,从基金投资人处借入长期款项,投资人获取利息收入。因抵押型REITs受利率波动的影响,其收益波动性也较大。混合型REITs是同时拥有房地产和抵押贷款作为其投资资产。其收益比抵押型REITs要稳定,但不如纯粹的权益型REITs的收益高。由于其持有一些抵押贷款,因此收益会在某种程度上受到利率变动的影响。

4. PFI(Private Finance Initiative)模式。PFI模式是一种私人融资活动,起源于英国,是一种公私相互合作提供基础设施服务的公共项目融资模式。政府与私人部门合作,由私营部门承担部分政府基础设施生产或提供公共服务,政府购买私营部门提供的产品或服务,或给予私营部门收费特许权,或采取政府与私营部门以合伙方式共同运营等,来实现政府公共物品产出中资源配置的最优化,效率和产出的最大化。在PFI模式中,公共部门在合同期限内,使用承包商提供的设施需向其付款;在合同结束时,有关资产的所有权或留给私人承包商,或交回公共部门,这些都取决于原始合同条款的规定。

PFI模式的主要优点包括:一是以潜在的巨大市场及利润吸引各种来源的私人资本,投资基础设施建设,弥补资金的不足,减轻政府财政负担;二是政府在特许期内不会出让项目的所有权,但它能控制项目的经营权,可随时检查PFI项目的工作进展。

PFI模式的局限性:对政府而言,如何合理确定合作公司具有一定难度,而且在合作中政府要承担一定的责任,这增加了政府的风险负担。同时,该模式下组织形式比较复杂,增加了管理协调的难度,对参与方的管理水平要求较高。

5. BT(Build Transfer)模式。BT模式即"建设—移交",是当今国际基础建设项目建设领域中被普遍采用的投资建设模式,是指根据项目发起方通过对选定的投资者予以授权，由投资者负责进行项目投资的建设（包括筹措资金），并在规定时限内将建成后的符合质量要求的项目移交项目发起人，项目发起人根据事先签订的回购合同，在一定时期内分期向投资者支付项目总投资成本并加上合理的资金回报。

（1）BT模式的适用范围：第一，政府有必要统一经营的公共基础设施项目。有些公共基础设施项目不适宜通过市场进行商业化运营，而最好是由政府统一运作，政府可采取BT模式。这类项目包括城市重大交通枢纽、道路和桥梁、国防基础设施、公路、水运等，因关乎国计民生，对保证城市正常运转具有战略意义或者政治意义，以规避隐含危及城市安全运作的潜在风险或重大事故。第二，不存在现金流或现金流不充分的政府投资项目。对于广大居民需求日益多样化的城市基础设施项目，包括城市公共绿地和公园、文化体育设施、图书馆、教育、卫生、社会福利等，不能为经营者带来稳定的现金流，或者很少。第三，有较好现金流但投资方一般不愿涉入的政府投资项目。一些政府投资的基础设施项目，虽然可以具有良好的现金流，但是项目经营本身需要强大的商业经营能力和丰富的行业管理经验，如城市客运站和地铁站，一般投资方不具有客运和地铁行业所需的强大的运营和管理经验，也不能在短时间内获得这种专属能力，通过经营收回投资成本也需要较长时间而不得不承担较大的经营风险，因此投资方不愿涉足经营。政府和投资方适宜采用BT模式合作。

由于BT模式具有融资建设—移交的特性，建设条件的具备性，建设标准的确定性，工程造价的可控性至关重要。总的来说，BT模式适用于简易、普通、无经济收益且具有一定投资规模的基础设施或公用事业类项目，不适用结构复杂、装修标准高、不确定因素多的项目。

（2）BT模式的优点包括：第一，BT模式能有效缓解政府投资财政性资金压力。BT模式可以有效缓解政府进行公共基础设施项目建设的财政资金压力。政府一般都存在公共基础设施投资财政性资金的缺口，迫于财政资金和项目资本金的约束，BT模式通过对政府投资项目融资模式的创新，引进民间资金参与公共基础投资，增强了政府短期内的项目建设能力和财政支出实力，社会经济基础设施得以提前建成，改善了经济发展环境，反过来又刺激了经济增长和财政税收的增加。BT模式、经济增长和财政收入三者实现良性循环，发挥政府财政性资金的经济乘数效应。第二，BT模式能有效锁定项目建设成本，提高建设效率。以往政府投资项目建设模式至少存在两个根本问题：一是没有引入社会资金；二是没有引入市场竞争机制。在传统政府投资项目建设模式中，一般由政府制定业主单位或组建指挥部进行建设管理，缺乏建设管理经验，加上项目资金又来自财政，缺乏外在压力和内在动力提高建设效率。同时，随意提高建设标准和扩大建设规模的现象时有发生。BT模式则可以同时解决这两个问题。规范运用的BT模式则通过招标充分引入投资人竞争，政府和投资人事前在BT合同中约定投资总额和奖惩机制，可以有效锁定项目总投资和项目建设进度，实现良好的项目进度控制、投资控制和质量控制。投资人则凭借丰富的建设管理经验，以及先进的工程技术，不仅可以为地方政府节约财政投资，而且也可提高项目建设效率。第三，BT 模式催生新的业务链，增强企业的综合竞争力。BT 模式客观上催生了原项目总承包公司新的业务链，增强地方企业综合竞争力。在 BT 模式中，承包商作为投资人，一般既要承担工程建设和管理任务，同时也要担当融资任务。因而，通过 BT 项目，投资人的业务向产业链上下游延伸，综合管理能力得到提高。投资人做大做强可以提升国内工程企业的综合竞争力，有利于扩展国际工程 BT 市场。

由于 BT 模式在进入 21 世纪后才开始应用，对政府投资项目投融资建设模式来讲，尚属探索中的新事物，实施的法律环境仍在完善之中，国内外对 BT 模式的合同文本、索赔争端解决方案等均没有形成通用的国际公认框架，也为 BT 模式更为广泛的推广构成了潜在的制度障碍。因此，BT 模式的推广和应用必须视政府财力量力而行、谨慎运作。

6. BLT（Build Lease Transfer）模式。BLT 模式即私建公营的"建设—租赁—转让"模式，是由私人投资者投入项目建设所需的全部资金，在建设完成后租赁给政府经营与管理，政府每年付给私人投资者相当于租金的回报，租赁期结束后，整个项目完全归政府所有。

BLT 模式，是国家或者地方政府部门通过特许权协议，授予签约方包括外商投资企业承担公共性基础设施项目的融资和建造工作，在项目建成后，由政府租赁使用建设项目，项目公司负责项目的日常维护工作。同时，项目公司以向政府收取租金回收项目投资和维护成本并获得合理的回报。特许期满后，项目公司将设施无偿地移交给签约方的政府部门。

（五）资产（资源）融资模式

资产（资源）融资模式是指政府利用公共资产（资源）所进行的融资活动。各级政府一般都会加大对公共资源的统一管理，按照市场经济运行模式，引入市场机制，委托或授权政府性投资公司进行融资、建设、运营，并给予相关政策支持和相应的投资政策补偿，在税收、财政等方面给予优惠，弥补项目资金不足，使公共资产更多地转化为价值形态和货币形态，使基础设施建设由简单的生产过程转变为资本运营过程，提高再融资能力和偿还能力。

资产（资源）融资既包括存量资产（资源），也包括未来资产性收益；既包括有形资产（资源），也包括无形资产（资源）；既包括不动产，也包括动产。不动产融资是指利用城市空间中的空地、房屋等进行融资，如利用国有土地、行政事业单位办公用房、单位住房、招待所和铺面等资产，城市道路、防洪排涝、广场街道、公共照明、生态环境、公园等公共基础设施，科教文卫体项目支出以及停车场、公厕等城市资源进行融资。动产融资主要是利用具有资金流的基础设施和水、电、气、公交等公用设施等进行融资。许多地方政府通过土地批租和使用权转让，取得土地等资源收益，进行大规模的融资。

三、政府投融资模式选择

(一) 公益性融资领域(财政资金模式+债权融资模式+资产(资源)融资模式+项目融资模式)

纯公益性产品或服务,主要涉及关系重大国计民生、国家战略等领域,具有显著的非排他性和消费边际成本为零,不能实现市场化、完全由政府供给,政府在综合考虑经济发展总体水平及增长性、财政收入及增长性、财政支出的刚性支出及增长性的基础上确定投资纯公益性产品或服务的规模目标,原则上不对外融资。

由于义务教育、生态环境、卫生防疫等纯公益性部门完全体现外部效益,是"市场失效"而"政府有效"的领域,应当由各级财政部门承担投融资职责,通过强制性财政渠道(包括全额拨款)提供资金保障。坚决根除政府出资不足,通过向社会乱收费方式弥补资金缺口,向社会转嫁财政负担的机制。同时,政府也应当鼓励社会社团和私人力量捐助公益事业,缓解财政筹资的压力。

1. 中央政府承担重点公共服务投资职能。中央政府主要提供全国性公共需要,如国防、外交、国家级行政管理、涉及全国的资源开发与保护等;提供受益范围虽不是全国的但与国家整体利益密切相关的公共事务,如教育、环境保护、科学研究、卫生与保健、社会保障等;承担具有全国性的能源、交通、原材料等基础设施等方面的投资与建设。此外,将由地方政府承担的公共科技、基础教育、公共卫生、公共文化、社会救济与社会福利的职责中,属于全国统筹办法由中央政府承担,形成以中央政府为主、地方政府共担出资职责的机制。尤其在基础教育、基层医疗、基层文化、农村科技、社会救济和社会福利方面支出职责应由中央与地方政府共同承担。同时,实行省管县体制,将基础教育、公共卫生等公共服务领域的支出重心适当向省政府上移。对于县乡政府来说,这是公共服务职责得到合理分担的重要制度安排。

2. 适当增加公益性事业领域的财政经费投资。从构建和谐社会的长远目标出发,应当逐步降低财政用于经济建设方面、行政管理方面的资金比重,相应增加对社会事业的投资支出比重。也就是说,政府部门应把更多的财力用于社会事业经费,增加社会急需的公共产品和服务的投入,如重点保障义务教育、科学、卫生、文化、环保等领域的支出需要,新增财力主要用于保障关系国计民生的重点建设项目,保障社会稳定和解决困难群众生产生活问题,加大社会公共投入等,推动财政支出结构向公共财政方向转变。

3. 中央政府发行国债。中央政府发行国债筹集资金,一方面是为了弥补财政赤字,另一方面是为了满足公益性领域的资金需求。

4. 拓展用于公益性建设的资金渠道。采用资产(资源)融资模式,一是通过出售国有资产所得收入进行融资活动。可出售的国有资产包括:国有企事业单位的股权、矿产及其他资源的开发权、使用权等。二是无形资产开发。政府可以充分利用国有无形资产的开发收入支持社会事业发展,比如利用奥运电视转播权、奥运标志产品开发权等途径实现国有资产收入,用于支持公益性体育设施建设。三是将土地置换、批租和使用权出让收益的一部分用于支持社会事业发展。

5. 支持资产证券化投资公用事业。政府可以与专门从事资产证券化业务的金融机构合作,将未来能够产生稳定现金流的公共服务设施,如体育馆、影剧院等进行商业化包装,并以未来经营收入为支撑在金融市场上公开发行证券筹集资金,然后用于社会公共事业的开发和建设。

通过分析,针对公益性融资领域,既可以采用财政资金模式+债权融资模式,也可以运用债权融资模式+资产(资源)融资模式+项目融资模式。在实际运用过程中,可以根据实际情况,采用多种模式相结合的渠道进行融资。

(二) 准公益性融资领域(财政资金模式+债权融资模式+股权融资模式)

准公益性产品或服务尚未形成市场化定价机制,价格实施政府指导价,成本超过政府指导价部分由财政贴补。政府投资建设准公益性产品或服务,根据未来经营性现金流与市场风险波动确定对外融资规模目标。

准公益性融资领域主要涉及市政设施以及高等教育、医疗服务等公用事业。准公益性领域不同于公益性领域和一般竞争性领域,有收费机制和资金流入,承担部分公共职能,具有明显的外部性与一定的经营性,政府定价且不足以补偿成本的建设项目,属于市场失效或低效的部分,市场主体运行的结果将不可避免地形成资金供给的诸多缺口。因此,上述领域可以由政府资助、企业和非营利组织提供,主要融资渠道由政府补贴、服务收费和社会资金构成。

1. 可以通过政府提供的形式筹集资金。事实上,多数准公益性领域如高等教育、应用性科学研究、社会保障、城市供水、交通运输、邮政通信等,具有一定的排他性和外部效应性。再如桥梁、交通运输,它们作为社会共同的生活条件和生产条件,在为特定使用者提供好处的同时,同样还有相当一部分利益通过使用者外溢给社会,使社会再生产活动得以顺利进行,使综合国力得以提高。因此,准公益性领域并非一定适合采用市场提供方式,而要依据外部效益大小、社会需要情况和市场反应相机选择合适的提供方式。当外部效益大到足以使社会成员普遍受益时,宜采用政府提供方式。对于外部效益较小或收费负作用小的准公益性领域,如城市供电、供水等服务,可采用收费方式提供;对于外部效益较大、社会急需的准公益性领域或私人投资不足的准公益性领域,可选择一部分由政府提供,另一部分向接受需要的人收费。

2. 允许发行市政债券融资。市政债券融资是地方政府筹措资金的主要渠道之一。地方政府投资修建公路、桥梁、自来水厂、学校和医院等准公益性领域时,一般借助发行市政债券来筹资。从国际上来看,地方政府发行市政债券筹集公共服务发展资金已经较为普遍。债券的购买者可以免交联邦或州的利息税。所以,未来应当允许资信能力强、还债有保障的地方政府发行市政债券,用于地方发展城乡基础设施和公共服务事业的资金需求。

3. 通过参股或控股等方式吸引社会资金。基础设施等准公益性领域资本投资大、资金周转慢，单靠政府投资肯定满足不了建设的需求，这就需要政府采取灵活有效的投资方式，更多地吸引民间资本参与。在城市基础设施等公用工程项目中，目前民间资本看中的是政府资本背后的政府信誉和行政手段，能够更好地解决征地拆迁、环境保护、劳动保障、配套设施等方面的问题，使得民间资本普遍愿意投资有政府参与和一定市场前景的建设项目。只要政府出少量资本参股就可以吸引更大股份额的民间资本的介入，不仅解决了基础工程投资来源的不足，而且大大减少了政府投资的负担与民间投资的风险。这种运作方式也被称为"政府搭台、民间唱戏"或"政府引导、市场化运作"。

因此，针对准公益性领域的融资，可以采用财政资金模式+债权融资模式+股权融资模式，灵活地运用这几种融资模式的结合，实现融资渠道的多元化。

（三）经营性融资领域（债权融资模式+股权融资模式）

经营性产品和服务具有明显的竞争性和营利性。经营性项目与公益性项目、准公益性项目不同，经营性基础设施和基础产业项目的最大特点就是投资的社会效益较低，经济效益较高，因而投资主体主要由非政府来承担。但是，基础设施和基础产业也关系到国计民生，具有一定的正外部性或效益外溢，也需要政府投资的支持。政府投入财政资源的目的是为了更好地发挥市场在资源配置中的基础作用。

1. 建立产业化基金扩大资金来源。从发展前景来看，建立经营性产业投资基金是个不错的选择。投资基金为具有产业属性的建设项目提供资本支持，通过向社会（开始可以面向机构投资主体私募，条件成熟时转为公开募集）发行基金股份，设立社会发展基金公司，由基金公司委托基金管理人管理基金资产，委托基金托管人托管基金资产，投资收益按投资者的出资股份共享，投资风险由投资者共担。构建产业化投资基金是地方政府融资体制的重大突破。因为它不仅有利于将募集来的资金满足经营性领域企业资本金的保值增值，规避投资风险，实现投资基金资本效益的最大化；而且意味着向社会打开了投资基础设施和社会事业经营性领域的大门，使各类社会资本可以利用投资基金的平台进入相关行业的产业化过程，有效扩大投资来源。

2. 通过产权交易市场寻求财源。目前，我国国有资产存量十分庞大，其中包含了相当一部分经营性资产。由于资产的产权制度与经营制度的缺陷，使得很大一块经营性国有存量资产利用效率不高，难以实现保值增值。现在要在新的体制框架下筹集建设资金，就不能把眼光只盯在吸引外部增量资金的流入上，还可以利用产权交易市场等渠道对国有存量资产变现与置换，扩大融资途径。比较常见的办法是，可以对一部分经营性不良资产或闲置资产进行租赁、转让与销售，取得相应的收入，也可以拿出一部分优良资产进行拍卖、置换与合并（如可以地产换房产、以动产换不动产、以实物资产换货币资产），实现扩大融资的目的。目前许多极为优良的经营性资产分散掌握在政府行政部门名下，只要运作得当，这些经营性资产将会引来巨大的增量投资。

3. 银行贷款或发行债券募集资金。经营性基础设施和基础产业项目属于市场运营领域，应当最大限度地由市场主体筹措资金，如能源、电信、交通、竞技或商业体育、文化产业等应当交予市场主体，政府对经营性领域的介入应通过银行贷款或发行债券等形式参与。政府管理部门应当为其创造条件，帮助有实力的非政府主体获得银行贷款、企业债券、政府债券融资等外部融资的机会，拓宽经营性领域的融资渠道。

因此，对经营性领域的融资，应主要依靠债权融资模式+股权融资模式。

第二节　政府与社会资本合作

一、PPP 的内涵

政府与社会资本合作（PPP）

PPP 模式，即公共部门与私营部门合作模式，也称为"公私合作"模式。这种模式是政府、营利性企业和非营利性企业基于投资项目而形成的相互合作关系，合作各方参与项目时，政府并不把项目的责任全部转移给私营部门，而是由参与合作的各方通过适当的资源分配、共同承担责任和融资风险、利益共享。在这种模式下，充分利用私人资源，设计、建设、投资、经营和维护公共基础设施，并提供相关服务以满足公共需求，私营部门的投资目标是寻求既能够还贷又有投资回报的项目，政府的社会经济目标是通过投资给社会带来最大的经济效益。

一般而言，PPP 模式主要应用于基础设施等公共项目。首先，政府针对具体项目特许新建一家项目公司，并对其提供扶持措施。然后，项目公司负责进行项目的融资和建设，融资来源包括项目资本金和贷款。项目建成后，由政府特许企业进行项目的开发和运营，而贷款人除了可以获得项目经营的直接收益外，还可获得通过政府扶持所转化的效益。

PPP 模式运行程序包括：选择项目合作公司、确立项目、成立项目公司、招投标和项目融资、项目建设、项目运营管理、项目移交等环节。

PPP 模式的优点包括：一是贷款人以政府给予的有限承诺作为贷款的安全保障；二是该模式下，政府部门对于项目的建设工作拥有一定的决策权和控制权；三是项目的风险和责任分配更合理，因此项目融资成功的可能性更大。

◆ **拓展阅读**

PPP 模式有广义和狭义之分

PPP（Private-Public Partnership）即公共部门与私营部门在基础设施及公共服务领域以某个项目为基础而形成的合作模式。PPP 模式于 20 世纪 90 年代从英国兴起，目前已在全球范围内被广泛接受和应用。

按范围界限划分，PPP 有广义和狭义概念之分。广义的 PPP 泛指公共部门和私营部门为提供公共产品和服务而建立的各种合作关系，是一系列项目融资模式的总称，可分为外包、特许经营和私有化三大类。狭义的 PPP 是众多项目融资方式中的一种，类似于 BOT，但两者在操作方式上有较大的不同。较为典型的狭义 PPP 模式表现为：政府与私营部门组成特殊目的机构，一般指项目公司（Specia Purpose Vehicle，SPV），针对特定项目或资产，与政府签订特许经营协议，并由 SPV 负责项目设计、融资、建设、运营等全过程管理，待特许经营期满后注销 SPV 并将项目移交给政府或其指定部门。狭义的 PPP 由政府和社会资本共同出资，政府参与度较高，企业承担的风险相对较低。

按照付费机制划分，PPP 包括"政府付费""使用者付费""政府付费和使用者付费相结合"三种模式。(1)"政府付费"是指由政府对项目设施或服务进行付费，包括可用性付费、使用量付费和绩效付费三类；(2)"使用者付费"是指由最终消费用户直接付费购买公共产品和服务；(3)"政府付费和使用者付费相结合"又称为"可行性缺口补贴"，是指使用者付费不足以满足项目公司成本回收和合理回报时，由政府给予项目公司一定的经济补助，以弥补使用者付费之外的缺口部分。

狭义的 PPP 与 BOO、BOT、BT 等模式比较如表 3-1 所示。

表 3-1　　　　狭义 PPP 与 BOO、BOT、BT 模式比较

模式	资金方	政府参与度	私企风险承担	资产归属
BOO	企业	非常低	高	企业
BOT	企业和政府	低	较高	政府
BT	私企	低	较高	政府
狭义 PPP	企业和政府	共同参与	较低	政府

资料来源：肖志光．PPP 模式在中国基础设施建设中的应用和发展［J］．现代企业，2017（3）．

二、PPP 的特征

（一）伙伴关系

伙伴关系是 PPP 的首要特征，可以说所有成功实施的 PPP 项目都是建立在伙伴关系之上的。政府购买商品和服务、给予授权、征收税费和收取罚款，这些事务的处理并不必然表明合作伙伴关系的真实存在和延续。PPP 中私营部门与政府公共部门的伙伴关系与其他关系相比，一个显著的独特之处就是目标一致。公共部门之所以和私营部门合作并形成伙伴关系，核心问题就在于二者存在一个共同的目标：在某个具体项目上，以最少的资源，实现最多的产品或服务。私营部门是以此目标实现自身利益的追求，而公共部门则是以此目标实现公共福利和利益的追求。

（二）利益共享

PPP 中公共部门与私营部门并不是简单分享利润，还需要控制私营部门可能的高额利润，即不允许私营部门在项目执行过程中形成超额利润。其主要原因是，任何 PPP 项目都是带有公益性的项目，不以利润最大化为目的。如果双方想从中分享利润，其实是很容易的一件事，只要允许提高价格，就可以使利润大幅度提高。不过，这样做必然会带来社会公众的不满，甚至还可能会引起社会混乱，最终还会损害公共利益。既然形式上不能与私营部门分享利润，那么，如何与私营部门实际地共享利益呢？在此，共享利益除了指共享 PPP 的社会成果，还包括使作为参与者的私营部门、民营企业或机构取得相对平和、长期稳定的投资回报。利益共享显然是伙伴关系的基础之一，如果没有利益共享，也不会有可持续的 PPP 类型的伙伴关系。

（三）风险共担

利益与风险具有一定的对应性，风险分担是利益共享之外伙伴关系的另一个基础。如果没有风险分担，也不可能形成健康而可持续的伙伴关系。无论是市场经济还是计划经济、无论是私营部门还是公共部门、无论是个人还是企业，没有谁会喜欢风险。即使最具冒险精神的冒险家，其实也不会喜欢风险，而是会为了利益千方百计地避免风险。

在 PPP 中，公共部门与私营部门合理分担风险的这一特征，是其区别于公共部门与私营部门其他交易形式的显著标志。例如，政府采购过程，之所以还不能称为公私合作伙伴关系，是因为双方在此过程中是让自己尽可能小地承担风险。而在 PPP 中，公共部门却是尽可能大地承担自己有优势方面的伴生风险，而让对方承担的风险尽可能小。一个明显的例子是，在隧道、桥梁、干道建设项目的运营中，如果因一般时间内车流量不够而导致私营部门达不到基本的预期收益，公共部门可以对其提供现金流量补贴，这种做法可以在"分担"框架下，有效控制私营部门因车流量不足而引起的经营风险。与此同时，私营部门会按其相对优势承担较多的、甚至全部的具体管理职责，而这个领域，却正是政府管理层"官僚主义低效风险"的易发领域。由此，风险得以规避。

如果每种风险都能由最善于应对该风险的合作方承担，毫无疑问，整个基础设施建设项目的成本就能最小化。在 PPP 管理模式中，更多是考虑双方风险的最优应对、最佳分担，而将整体风险最小化。事实证明，追求整个项目风险最小化的管理模式，要比公私双方各自追求风险最小化更能化解准公共领域内的风险。在 PPP 管理模式中，更多是要突破简单化的"融资模式"理解，上升到管理模式的创新层面。

◆ **拓展阅读**

我国 PPP 规范立法的历史沿革

自 2013 年起至今，针对 PPP 模式的立法一直在持续，相关规范性文件呈现出较为清晰的历史沿革脉络。

1. 2013年之前PPP时期，随着《关于加强土地储备与融资管理的通知》《关于加强地方政府融资平台公司管理有关问题的通知》《国务院关于加强地方政府性债务管理的意见》《国务院关于深化预算管理制度改革的决定》等大量关于地方债管控、土地资金使用以及税收管理权限、强化预算管控的规范性文件的出台，过去实施的会导致增加政府负担的平台公司融资、BT、不规范招商引资以及地方政府税收优惠承诺被限制，提出疏堵结合，修明渠、堵暗道，推广使用政府与社会资本合作模式即PPP模式，鼓励社会资本通过特许经营等方式，参与城市基础设施等有一定收益的公益性事业投资和运营。

2. 2014~2015年，主要是为PPP模式建章立制和培育推广时期，这个阶段树立了向社会资本开放基础设施和公用事业领域的PPP理念，厘清了PPP模式下政府实施机构、社会资本以及项目公司各主要参与主体的资格和权利、义务和责任，制定了PPP模式涉及识别、准备、采购、执行、移交五大环节和项目发起、筛选等十九个小步骤的全流程操作指南，编制了物有所值评价和财政承受能力论证指引，编制了PPP通用合同指南。住建部、交通部、文旅部、环保部等多个职能部门在各自主管行业领域推广实施PPP模式。

3. 2016~2017年，随着PPP项目的迅猛增长，产生了大量违规操作乱象，PPP模式在推广方向上出现了偏差，过于注重新增项目，社会资本推崇央企，地方政府借PPP名义违规融资。此时期的立法主要围绕着完善PPP模式精细化管理规范、推动示范项目建设、存量项目PPP改造、鼓励民间资本参与、项目信息披露、区别PPP项目与违规融资、PPP项目管理库入库项目核查出库、PPP项目再融资等方面展开，PPP模式推行进入规范期。

4. 2018年至今，PPP模式推行渐趋理性，新增项目减少，PPP项目管理上一方面进行核查清淤，即将不适宜按PPP模式实施的项目转变合作模式、提前终止PPP合同；另一方面注重优质PPP项目的运营、绩效考核和再融资等安排。相关规范性文件围绕进一步规范PPP项目实施、列举PPP项目负面清单、强调执行PPP投资建设程序规范而展开，同时也关注社会资本准入、项目产出绩效考核和项目再融资。

总而言之，在上述五年里，PPP管理库入库项目总投资额快速增长，2017年末已达10万亿元，2019年5月末增加至13.6万亿元，PPP模式在规范管理上经历了理念培育、鼓励推广、规范管控，相应项目推行也由萌芽、高潮到目前的理性推广期，这是一个较为完整的规范发展周期。

面对PPP乱象丛生、PPP规范又政出多门、繁杂不一的局面，不少人呼吁尽快从国务院、甚至人大立法层面出台统一明确的PPP规范。2017年国务院也确实将其列入国务院2017年立法工作计划，当年7月，国务院法制办、国家发展改革委、财政部起草的《基础设施和公共服务领域政府和社会资本合作条例（征求意见稿）》及其说明向社会公布，征求各界意见。2018年，该条例再次列入国务院立法工作计划，至今尚未出台正式文件。

资料来源：李兵. 我国PPP规范立法的历史沿革和总体特点 [EB/OL]. 中国律师网，http://www.legaldaily.com.cn, 2019-09-29.

三、PPP 模式的类型

世界银行、欧盟等多个国际机构均对 PPP 模式有具体的分类和研究，结合中国国情，在理论界分类中，PPP 模式一般分为三大类：外包类、特许经营类、私有化类。

（一）外包类

外包类 PPP 项目一般是由政府投资，私营部门承包整个项目中的一项或几项职能，例如，只负责工程建设，或者受政府之托代为管理维护设施或提供部分公共服务，并通过政府付费实现收益。在外包类 PPP 项目中，私营部门承担的风险相对较小。

（二）特许经营类

特许经营类 PPP 模式是应用最为广泛的一种模式。特许经营类项目需要私人参与部分或全部投资，并通过一定的合作机制与公共部门分担项目风险、共享项目收益。根据项目的实际收益情况，公共部门可能会向特许经营公司收取一定的特许经营费或给予一定的补偿，这就需要公共部门协调好私营部门的利润和项目的公益性两者之间的平衡关系。因而，特许经营类项目能否成功在很大程度上取决于政府相关部门的管理水平。通过建立有效的监管机制，特许经营类项目不仅能充分发挥双方各自的优势，而且能节约整个项目的建设和经营成本。同时，还能提高公共服务的质量。项目的资产最终归公共部门保留，因此一般存在使用权和所有权的移交过程，即合同结束后要求私营部门将项目的使用权或所有权移交给公共部门。

（三）私有化类

私有化类 PPP 项目需要私营部门负责项目的全部投资，在政府的监管下，通过向用户收费收回投资实现利润。由于私有化类 PPP 项目的所有权永久归私人拥有，并且不具备有限追索的特性，因此私营部门在这类 PPP 项目中承担的风险最大。

四、PPP 的主要模式

一般情况下，PPP 模式是通过公私合作方式在项目设计、建设、运营、维护、移交等各环节安排融资方案和实现融资的总称。其中，又包括 BOT、BT、PFI 等具体模式（具体内容详见本章第一节）。

1. BOT 和 PFI 的区别。两者的不同之处在于政府着眼点的不同。BOT 模式是政府就某个基础设施项目与非政府部门的项目公司签订特许权协议，授予项目公司来承担该项目的融资、建设、经营和维护。特许期届满后，项目公司将该基础设施项目无偿地移交给政府部门。政府最主要的目的是公共设施的最终拥有；而 PFI 模式的目的在于公共服务的私人提供，它能够使私营机构直接参与到公共服务的提供中，为公众提供更好、更优质的服务。如果私人企业通过正常经营未达到合同规定的收益，可以继续拥有或通过续租的方式获得运营权。一般情况下，BOT 比较适用于大规模、高收益、经营性的基础设施，如电厂、水厂等。PFI 项目非常多样，大的项目可能来自国家重点领域，如军事飞行培训计划、机场服务支持等；小的如公共服务设施建设，如教育或民用建筑物、警察局、医院能源管理或公路照明。

2. BOT 和 BT 的区别。BOT 模式是投资者在项目建成后的一定期限内，通过经营收回投资取得盈利，授权期结束后，再将项目无偿转让给政府。BT 模式采取企业投资建设、政府一次回购、资金分期支付的办法。

BOT 模式较之 BT 模式，显著的区别就是 BOT 模式多了一个主办人的营运环节。在 BOT 模式中，主办人通过特许经营协议获得对 BOT 项目的一定期间的特许经营权，并在特许期限内负责项目的营运和管理。而在 BT 模式中，BT 模式项目主办人在工程竣工后，就按 BT 模式投资建设合同的约定直接移交给 BT 模式项目发起人，BT 模式项目主办人没有经营 BT 模式项目的权利，因此不存在主办人营运环节。换句话说，BOT 收回资金的方式是向使用者收取，BT 收回资金的方式是向政府收取。

综合实训

一、关键概念

政府投融资模式　内源融资　外源融资　直接融资　间接融资　股权融资　债权融资　BOT 模式　PFI 模式　BT 模式　PPP 模式

二、不定项选择

1. 西方市场经济发达国家大多采取的融资模式是_____。
   A. 市场主导型　　　　　　　　B. 政府主导型
   C. 市场主导、政府督办　　　　D. 公司主导型
2. 政府可以获得的国内银行贷款主要包括_____。
   A. 国家政策性银行　　　　　　B. 商业银行
   C. 中央银行　　　　　　　　　D. 亚洲开发银行
3. 根据融资过程中资金来源的不同，融资模式可分为_____。
   A. 直接融资　　B. 间接融资　　C. 内源融资　　D. 外源融资
4. 根据融资是否通过金融等中介机构，融资模式可分为_____。
   A. 直接融资　　B. 间接融资　　C. 内源融资　　D. 外源融资
5. 准公益性融资领域可采用的融资模式主要有_____。
   A. 财政资金模式　B. 债权融资模式　C. 股权融资模式　D. 产权融资模式
6. PPP 模式的类型有_____。
   A. 外包类　　B. 特许经营类　　C. 私有化类　　D. 产权融资类

三、判断正误

1. 银行信贷融资是政府间接融资的主要渠道之一。（   ）
2. 发行国债是中央政府主要的融资工具政策。（   ）
3. 国家开发银行的政策性贷款优先委托中国银行办理。（   ）
4. 目前与我国形成良好合作关系的国际金融机构包括国际复兴开发银行、国际开发协会、亚洲开发银行等。（   ）
5. BOT融资模式是一种债权融资模式。（   ）

四、简要问答

1. PPP融资模式的特征有哪些？
2. 内源融资和外源融资的特点有哪些？
3. 直接融资和间接融资有哪些不同之处？
4. 准公益性领域中可以采用的融资模式有哪些？
5. 为什么BOT融资模式已被广泛地应用在发展中国家和发达国家的基础设施建设中？

五、案例思考

用心做真的PPP，多方共赢可期
——以杭州奥体PPP项目为例

一、项目介绍

为举办2022年第19届亚洲运动会，杭州市萧山区政府于2017年发起并完成了杭州奥体项目。该项目位于杭州市萧山区钱江世纪城，静态总投资约45.88亿元，建设内容包括主体育馆（18000座）、游泳馆（6000座）以及综合训练馆（含五大中心），总建筑面积约58万平方米，既是杭州2022年第19届亚运会的主场馆，也是奥体博览城的核心建筑群以及杭州市的新地标。

杭州奥体项目于2017年6月启动咨询机构招标，9月启动社会资本方招标，10月政府和社会资本方顺利签约。虽然工作周期较紧，但是成果显著，获得各方一致赞誉。首先，招标结果符合亚运会工期的时间要求。其次，前期工作扎实，两评一案不走过场，为招标工作的顺利进行奠定了坚实的基础。最后，也因为招标文件专业、严谨，招标程序公平、公正，吸引了国内顶级的体育运营商几乎全部参与投标，亦有多家央企和民企参与角逐，最终为政府节约超过30亿元的财政支出。

二、项目难点

1. 场馆类项目盈利难。本项目属于大型体育场馆类项目，除为亚运会赛事使用之外，还承担一定的全民健身需求，而国内目前现存的大型体育场馆，绝大多数都面临运营亏损、设施老化、管理落后等问题，能够实现盈利的项目可谓凤毛麟角。如何解决大型体育场馆的收益问题，同时又能够让大型体育场馆服务于大众，是本项目需要解决的最大难题。

2. 业主要求节约政府支出，同时看重运营效果。本项目实施机构（杭州市萧山钱江世纪城管委会）在和咨询团队沟通项目边界条件和方案时，强调希望本项目能够尽量降低政府方的财政负担，引入具有丰富经验的运营方，在亚运赛事结束后，通过提升项目自身运营，实现政府尽量少补或者不补的效果。

3. 亚运会周期倒排工期。本项目需要考虑亚运赛事的周期，根据亚组委的要求，倒排工期后项目需要在2017年10月份落地开工，因此留给咨询团队的工作周期只有短短的3个月，与PPP项目的常规周期（6个月）相比，直接缩短了一半。工期紧、要求高，咨询机构面临不小的挑战。

三、做真PPP的关键要素

面对本项目的特殊要求，咨询团队经过和业主充分沟通、讨论，制订了详细的工作计划，最终确保本项目顺利落地。总结整个项目的咨询过程，关键因素有以下几点。

1. 充分的市场调研。为了了解国内大型体育场馆的现状，吸取教训，总结经验，咨询团队在全国范围内选取了11家大型体育场馆并逐一进行现场调研，在业主的协助下，咨询团队和这11家场馆的运营方通过面对面访谈、实地考察、问卷调查等方式，对其建设、投资及经营情况进行了全面的调查，同时也和项目方就运营中的难点、痛点进行了尽可能全面的沟通，并根据调研情况将国内体育场馆的运营划分为三种类别：

类别一：传统模式是指由政府主导体育场馆的设计、投资、建设、赛事服务期的服务管理以及赛后运营期的运营维护工作。即政府投资建设、政府主导运营管理的模式。细化可分为纯粹的传统模式和改良的传统模式。

纯粹的传统模式是指场馆建设全部由政府投资，运营由政府下属的事业单位进行，项目的收益绝大多数来源于政府补贴，没有附加商业配套设施收益。

改良的传统模式是指体育场馆由政府投资、建设完成后，先由政府下属的事业单位负责运营管理，后经"两权分离"改革，由政府平台公司负责运营，以公益化和全民健身为主，市场化为辅助的传统运作模式。收入来源包括大型活动、酒店、体育培训、商铺出租等。

类别二："公益性+市场化"的运作模式是指大型体育场馆由政府主导设计、投资和建设，政府同时负责赛事期的服务和管理；赛事结束后，交由专业的运营管理公司负责赛后运营的一种模式。这种模式的最大特点是，既承担全民健身等公益性职能；又在一定程度上进行市场化开发，并争取做到政府不补贴或者少补贴。

类别三：市场化的运作模式。这种模式下，项目全生命周期均贯彻以运营为核心的理念，实行设计、建设和投资一体化，在项目设计阶段就充分考虑运营需求，并提前制定出全面、多样化的运营方案，实现项目运营收益最大化。

咨询团队经过调研发现，传统模式的优点主要在于可以集中资源办大事，有利于全民健身运动的推广。但其劣势也十分明显：行政管理机制僵化，管得过多、过死，给市场化开发带来很大的障碍。以市场化模式运作体育场馆，最大的优势在于可将运营为核心的理念一以贯之，对设计、建设和运营进行一体化的整合，为其后续市场化运作奠定基础。其劣势就是社会公益效应不足。考虑到本项目的特殊性及业主需求，咨询团队最终推荐本项目采用"公益性+市场化"的运作模式。

"公益性+市场化"的运作模式兼顾传统模式和市场化模式的优点，既可以满足大型赛事对于体育场馆的要求，又可以有效减轻政府财政负担，并通过PPP模式项下合理的交易结构设计，增加项目对社会资本方的吸引力，充分激发社会资本的主观能动性，挖掘场馆后续运营潜力。

2. 精准的回报机制。PPP项目财务模型及回报机制的搭建是做好PPP项目的核心之一。把账算好、把账算清，才能使方案真正具有吸引力，招来最有实力的投资人。杭州奥体项目在设计方案阶段，吸取了国内大型体育场馆建设的经验，也对PPP项目主流的财务测算方式进行了梳理，结合项目实际情况，确定本项目采用"可行性缺口补助"的方式进行。

在此前提下，咨询团队对于政府如何补、怎么补的问题也做了大量工作，并和业主进行了充分的沟通。总体而言，国内体育馆类PPP项目的补贴方式可分为两类：

类别一：政府补建设不补运营。此类方案的优点，一是操作较为简单，竞争标的明确；二是权责边界明确，政府仅承担建设期内的支出义务，运营期完全由项目公司按照市场机制承担风险和享受收益，运营期没有补贴压力、全生命周期的支出总额最小。

此类方案的缺点，一是政府前期一次性投资压力较大；二是运营期内难以对项目公司提供的公共服务产出形成有效的经济手段约束，不利于公益性目标的合理引导；三是在时间较长的运营期内项目公司承担了所有的市场风险，不利于实现风险的合理共担和风险分配最优化，增加了社会资本方潜在的风险，降低项目的吸引力。

类别二：传统的"可用性+运营绩效付费"方式。采用此类方案的优点，一是风险在项目合作的全生命周期内都得到了较为合理的分担，有利于项目的长期可持续合作；二是社会资本方的风险成本相对较为可控，增加了项目对社会资本方的吸引力；三是政府支出责任主要体现在运营期内，有利于对项目公司形成绩效约束和激励；四是支出责任较为平滑，能够实现代际公平，有利于在中长期财政预算中进行规划。

此类方案的缺点，一是考虑到资金的时间成本，政府方在全生命周期内的累计投入较大；二是和体育场馆项目经营收益的特点（市场培育期较长，稳定后收益将逐步增长）匹配度不高；三是风险分担机制更倾向于对社会资本方的保护，不利于激发社会资本方的主观能动性。

通过对上述方案的分析，咨询团队提出了尝试以运营为导向的"可用性+运营绩效付费"模式，最终获得了业主的认可。

在该模式项下，政府同样支付项目公司可用性服务费和运营维护费，可用性付费采用静态回收方式计算，运营维护费根据体育场馆类项目的经营收益特点，分为固定费和变动费两部分，其中固定费由政府逐年支付，用于覆盖项目公司根据政府方要求进行的公益性活动支出；变动费仅在项目运营期的一定阶段内支付。同时可用性服务费和运营维护费均要和项目的运营绩效相挂钩。

采用此类方案有利于促成建设和运营部分的有机结合。使得社会资本方对于前期投资的回报更多要依赖运营服务水平来实现，社会资本方为了获得预期回报，必须充分发挥其主观能动性，建设商和运营商能够为了一致的商业目标形成合力；同时通过固定费部分确保本项目引导大众体育健身、体育培训、公益活动、体育产业发展等公共利益目标的实现。

3. 合理的风险分担机制。PPP 项目的核心理念之一即风险共担。本项目在风险分担机制的设置过程中，没有满足于大而化之的笼统划分，也没有简单粗暴地利用政府方的强势地位将所有风险强加于社会资本和项目公司。咨询团队根据前期调研的成果，结合本项目及类似项目的特点，对各项风险进行详细分析与分解，并通过不同层级合同的不同条款分别落实到本项目各方，真正实现了科学、合理、符合各方共同利益的风险分担。

4. 快速高效的审批通道。为了确保亚运赛事的如期举办，本项目通过倒排工期的方式，将 PPP 项目实施程序的各个环节的周期都尽量做了缩减。特别是在政府批准环节，预留的时间也非常有限。本项目的实施机构借鉴 G20 杭州峰会的经验，在涉及政府方审批的环节，采用了联席办公、快速审批通道等机制，确保在合法合规的前提下，促成本项目以最快的速度落地。同时，对于本项目方案设计过程中出现的需要政府方决策的事项，实施机构均以最快的速度做出反馈，并给予充分的支持，协调各个政府部门积极配合，使得本项目如期落地。

5. 物有所值的咨询团队。本项目的咨询机构是由清华大学、北京市君合律师事务所、青岩咨询三方组成的联合体。清华大学 PPP 中心原主任助理王少华、北京市君合律师事务所原合伙人刘世坚为本项目总负责人。团队成员共二十余人，其中国家发改委和财政部的入库专家近十人。

联合体三家机构充分发挥各自的资源优势，在工作过程中充分尊重政府部门及行业专家意见，并开展了广泛细致的调研工作，确保咨询工作成果扎实、可行。在最终方案确定之前，咨询团队多次聘请业内知名专家、学者对本项目的核心边界条件进行论证、优化，将核心财务数据进行反复计算和讨论，对合同文本的起草和修改精益求精，最终将本项目打造成为行业标杆，不仅受到了业主及投标人的充分肯定，也获得了良好的社会效益。尽管咨询费用高于国内同类项目，但为业主节省了几十亿元的财政支出，真正做到了物有所值。

资料来源：以杭州奥体 PPP 项目案例分析 [EB/OL]. 无锡市发展和改革委员会，http://dpc.wuxi.gov.cn, 2018 - 04 - 13.

仔细阅读上述材料，思考并回答下列问题：

1. 分析该项目成功的原因是什么？
2. 根据该项目调研情况，如何划分国内体育场馆的运营？
3. 该项目的难点问题有哪些？应该如何解决？谈谈你的看法。

第四章

政府投融资项目

知识目标
1. 掌握政府项目管理组织模式。
2. 熟悉政府项目建设实施模式。

技能目标
1. 能识别常见的政府项目管理组织模式。
2. 能熟练掌握主要的项目实施模式的特点,并对各种具体项目实施模式进行分析和运用。

▶▶ **导入案例**

创新项目建设实施模式

俄罗斯太平洋酒店项目位于俄罗斯萨哈林州南萨哈林斯克市区。其业主是俄罗斯一家私营股份公司。工程的总建筑面积为11526平方米,地下1层、地上8层、局部9层。酒店共有149套客房,还设有厨房、餐厅、酒吧、健身中心、会议中心等。

本项目采用EPC模式(工程设计采购建造),要求按欧洲三星级酒店标准设计施工,工程内容包括酒店土建、装修、机电系统的设计和施工,全部酒店家具、设备以及营业用品的采购和安装。项目工期为19个月。

近年来,国际工程承包市场中的EPC项目逐渐增多。EPC项目的实施运作,也越来越受到业内重视。如何运作好国际EPC项目,成为许多国际工程承包商的一个重要课题。你知道什么是EPC模式吗?除了EPC项目以外,项目实施模式还有哪些呢?

资料来源:彭松,杨涛. 投融资规划理论与实务 [M]. 北京:中国金融出版社,2018.

第一节　项目管理组织模式

一、项目管理组织模式的含义与意义

（一）项目管理组织模式的含义

项目管理组织模式是指以何种形式选定业主并使其对项目进行管理和负责。项目的内部参与方主要有业主、设计单位、施工单位，大型或复杂工程项目还包括管理咨询单位，他们构成了现代工程建设项目内部不可或缺的四个参与方，在项目中他们都在做着各自相对独立又相互关联的管理工作，并相互进行协调，经过长期的项目管理实践，逐渐形成了界定四方管理关系的若干约定俗成的规则，这些规则组成了不同的项目管理组织模式。

（二）项目管理组织模式的意义

项目管理组织模式的产生对工程项目管理具有重大意义。首先，通过对工程建设项目管理组织方式的科学归纳，对其进行分类，并找出其中的规律。其次，基于已经确定的管理模式，可以总结出不同类型的规范性工作文件，如国际咨询工程师联合会（FIDIC）在 DBB 模式下总结形成的"施工合同条件"、在 EPC 模式下总结形成的"工程设计—采购—建造合同条件"等，再将其用于日常的项目管理工作，使项目的各个参与方的工作及相互沟通变得高质、简洁、有效，大大降低了交易的成本。

二、项目管理模式的产生与发展

项目管理模式的产生与发展

伴随着我国经济从计划经济向社会主义市场经济转型的过程，受宏观政治、经济体制改革的影响，我国政府投资项目管理组织模式也经历了从计划到市场的历史发展过程。由过去的将投资决策权、资金筹集权、项目选择权、项目投资的管理权集于中央政府机关的集权制，开始尝试着将资金筹集、项目选择权、项目投资实施权和监督权逐渐向政府的代理人和社会中介机构过渡。

（一）建设单位自营

1949～1957 年，我国面临着恢复和发展国民经济的任务，需要大量的基本建设投资，但当时设计和施工力量十分薄弱和分散，国家只能把生产单位和建设施工单位合为一体，采用建设单位自营模式（见图 4-1）组织工程建设。

所谓自营模式就是建设单位自己组织设计人员、施工人员，自己招募工人和购置施工机械，采购材料，自行组织工程项目建设。这一模式在当时的历史和经

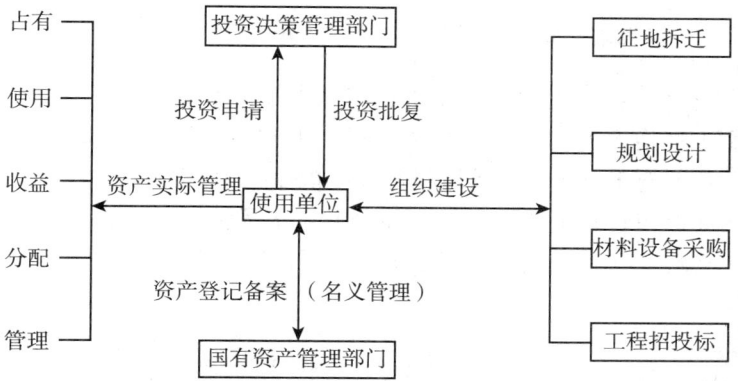

图 4-1 建设单位自营模式

济条件下,使建设与生产结合紧密,可充分利用建设单位现有资源和有利条件,尤其是在边生产边建设的情况下,可减少建设与生产部门之间的矛盾,对自属设计单位、施工队调动灵活,加快了建设速度。同时,该模式可增强建设单位的责任感,有利于提高投资效益。但在这种模式下,企业集生产单位、建设单位两种职能于一身,往往无法核算生产和建设的效益,在项目建设完成时,如建设任务不足,设计、施工人员就成为企业的包袱,也不利于积累建设经验。

(二) 甲、乙、丙三方制

1953~1965 年,我国学习苏联模式,实行以建设单位为主的甲、乙、丙三方制(见图 4-2)。甲方(建设单位)由政府主管部门负责组建,乙方(设计单位)和丙方(施工单位)分别由各自的主管部门进行管理。建设单位自行负责建设项目全过程的具体管理。设计、制造、施工任务分别由各自的政府主管部门下达,项目实施过程中的许多技术、经济问题,由政府有关部门直接协调和负责解决。因与当时资源紧缺、任务重、工期紧的经济条件相适应,这种模式在"一五"期间取得了较好的经济效益。但由于当时体制的局限性,各方自成体系、利益各异、互相扯皮,影响了工程建设的整体效益。

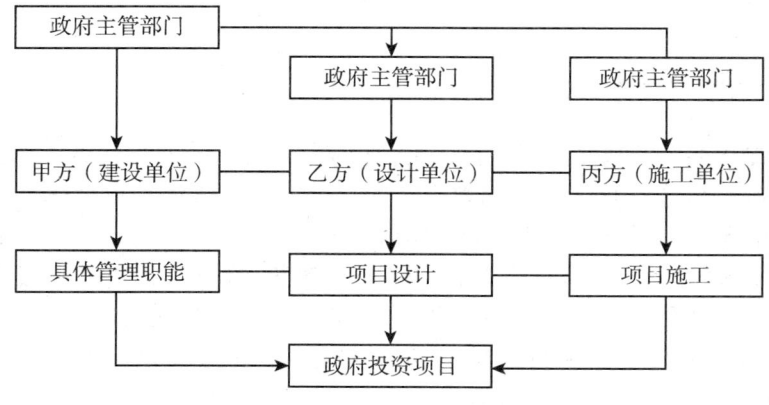

图 4-2 甲、乙、丙三方制模式

（三）工程指挥部

1958年之后，我国出现工程指挥部形式的管理体制。许多大、中型项目的建设，采用工程指挥部模式（见图4-3），由政府主管部门牵头，组织建设单位、设计单位、施工单位针对具体项目成立指挥部、筹建处、办公室等，把管理建设项目的职能与管理生产项目的职能分开，工程指挥部负责建设期间的设计、采购、施工管理。项目建成后移交给生产管理机构负责运营，工程指挥部即完成使命。

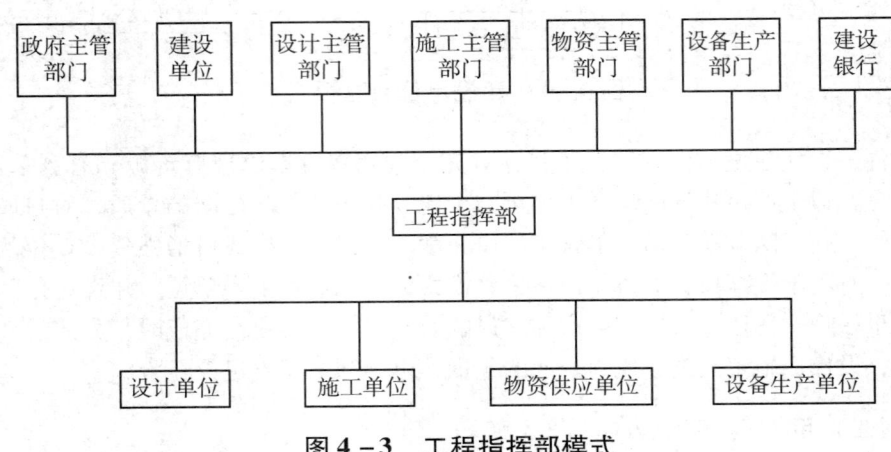

图4-3 工程指挥部模式

在这种管理模式下，由于指挥部是政府主管部门的派出机构，因而在行使建设单位职能时有较大的权威性，决策、指挥直接，可以依靠行政手段协调各方面关系，调配项目建设所需要的设计单位、施工队伍和材料、设备等，在特定的经济和政治条件下，发挥了积极作用，一批关系国计民生的基础项目及"三线"建设等，都是在指挥部模式下建成的，为我国的经济发展奠定了基础。但该模式的主要缺陷在于未解决工程项目建设各环节相互脱节的问题，加之领导小组和指挥部是临时组建的，缺乏组织建设的经验和手段，管理水平和效率低，工程工期、投资仍然得不到有效控制，形成"只有一次教训、没有二次经验"的局面。

（四）基建处室型

该模式产生于20世纪50年代，至今仍是一种比较常见的模式。其主要特点是自建自用，各个行政部门（如教育、文化、卫生、体育）以及一些工程项目较多的单位均设有基建处，由其负责具体项目的实施，而行政部门主要进行常规性的行政性管理。这种模式的最大问题是"道德风险"，由于政府投资的无偿性，项目管理主体一般都会想尽一切办法争取投资，不断地增加工程预算，最大限度地获取财政资金，为自己单位谋取利益，从而造成政府投资得不到有效控制。

(五) 专业机构型

该模式是我国各省市、地区探索的新型政府投资项目管理模式，常见于市政工程建设领域。按管理机构的性质分为政府机关型、事业单位型、企业型。

政府机关型，即由政府主管部门直接负责工程项目建设管理。如陕西省设立了"陕西省统一建设管理办公室"（简称"统建办"）。统建办的任务是负责全省政府投资项目的统一建设与管理，把原属于各厅局（除水利、交通等行业外）的建设项目统一管理、建设，并撤销设在上述厅局的基建处。

事业单位型，即政府设立专门的事业单位，从事建设工程的管理。如上海市浦东新区建设局下设专门的工程建设管理公司，该公司为非营利性机构，专门负责政府投资的市政基础设施项目的实施管理。

企业型，即在项目计划确定以后，由有关政府部门委托一家企业代行业主职能。如重庆市的城市建设发展有限公司，该公司类似于国外的项目管理公司，其任务就是负责政府委托的工程项目的建设，即政府把由政府投资的工程项目委托给该公司，由其负责全过程的建设实施。

这种形式的缺点主要有：一是由于建设管理一体化，难以控制工程投资规模、标准，项目实施完工以后，经常出现投资"三超"现象（即投资超规模、预算超概算、决算超预算）；二是不能有效地引入市场竞争机制、提高效率低等。

(六) 项目法人责任制

项目法人责任制，是指对于营利性基础设施项目，由投资人，包括政府和私人投资者共同组建项目公司，对项目筹划、建设、运营的全过程负责。对一般营利性项目而言，业主的趋利本性决定了此类项目以营利为目的，市场可以形成其投资控制与风险约束的机制，项目的业主由于承担获得预期投资收益的风险，必然会对项目投资控制负责，因此对于少数营利性的政府投资项目应当推行项目法人负责制，由项目法人担当业主，对项目获得预期投资效益负全部责任。

项目法人责任制的实施也存在一些不足：对项目法人责任制的适用范围盲目扩大，非营利性项目没有收益，不能成立公司来运作；项目公司名义上独立于政府，实际上易受政府的控制；项目公司负责人一般由政府官员兼任，使之不能灵活管理，易滋生腐败；分散管理，不利于经验的积累和专业化水平的提高。

(七) 代建制

我国近年开始尝试和推行代建制。代建制即政府通过招标等方式，选择专业化的项目管理公司负责项目的建设实施，严格控制项目投资、质量和工期，建成后移交给使用单位。

政府选择具有相应资质的项目管理公司，作为项目建设期的法人，负责项目建设的全过程组织和管理，政府通过合同而非行政权力来约束代建单位。代建单位具有项目建设阶段的法人地位，拥有法人权利，包括在业主监督下对建设资金的支配权，同时承担相应的责任，包括投资保值责任。

代建制的实行使现行政府投资体制中"投资、建设、管理、使用"四位一体的管理模式各环节彼此分离，互相制约，可有效遏制政府投资项目中的腐败现象，对治理全国范围内普遍存在的工程项目"三超"现象具有示范意义。

◆ 拓展阅读

代建制的适用范围

代建制的实施主要是针对我国政府投资的公益型、非经营性工程项目。政府投资项目工程是指政府财政的投资、发行国债或地方财政债券，利用国外政府赠款以及国家财政担保的国内外金融组织的贷款等方式，独自或合资兴建的固定资产项目。政府投资工程按照建设项目的性质可分为经营性和非经营性两种。前者如铁路、水利、电力工程。非经营性政府投资项目一般是指政府投资的非营利性的公益性建设工程项目，主要包括：党政机关及社团等公共设施；科学、教育、文化体育、医疗卫生等社会事业项目；看守所、劳教所、监狱、消防设施政法设施；生态环境保护、市政道路、水利设施等公用事业项目，以及其他公用事业项目。

资料来源：杨大楷. 投融资学（第三版）[M]. 上海：上海财经大学出版社，2017.

第二节　项目建设实施模式

一、项目建设管理的实施方法

项目建设管理实施方法是项目建设实施模式的基础。工程建设项目从最初提出项目概念到完全建成，要经过项目立项、方案设计与可行性研究、工程设计、采购与施工等一系列渐进的复杂过程。在这其中，必然要受到项目技术构成复杂程度及管理风险判断的影响，从而产生了线性顺序法与快速路径法两种主要的管理实施方法。

（一）线性顺序法

线性顺序法也称作传统的项目实施过程，如图 4-4 所示。

这一实施过程的特点是明确划分工程项目设计、招标采购与施工过程，在全部完成前项工作后，再进行下一步工作。采用这一方法实施项目的技术与管理基础是：第一，工程建设项目技术构成比较简单，项目在技术上没必要进行分割。第二，虽然项目技术构成复杂，但业主打算用充分的时间逐一解决设计的几乎全部技术问题，避免因"边设计边施工"或设计留有尾巴给项目管理带来的风险。

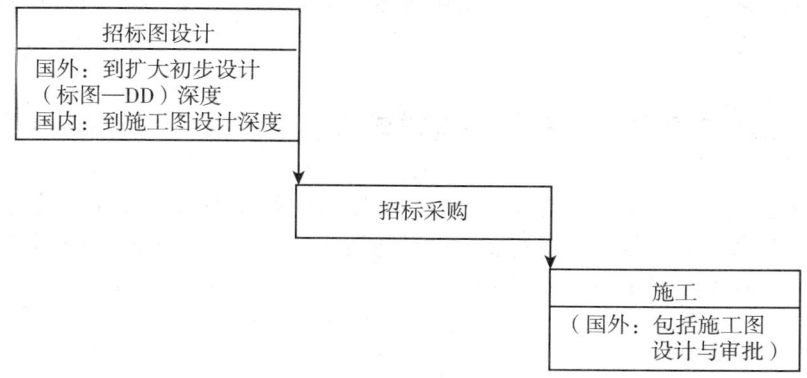

图 4-4 线性顺序法

应该说，如果上述过程能够得以实现，项目实施中工程管理的压力及风险能够减轻，因设计不留尾巴将减少招标图纸的错误，施工合同界面也较清晰，只要在现场施工中能够按时按量达到设计所要求的技术标准与细节即可顺利完成。但是，这种方法也有缺陷：一方面，项目的技术构成非常复杂，一些工程需要先确定材料设备品牌型号再进行二次设计才能完成，而另一些专业工程的设计只能由专业设计单位甚至是设计施工一体化单位来完成，使得由业主委托的原设计单位一次性完成全部设计工作不可行；另一方面，业主由于市场竞争及社会责任的原因，没有充分时间一次性完成项目施工招标的全部设计图纸，因而无法采用线性顺序法。于是就产生了第二种项目实施方法——快速路径法。

（二）快速路径法

快速路径法也称作复杂的项目实施过程，如图 4-5 所示。

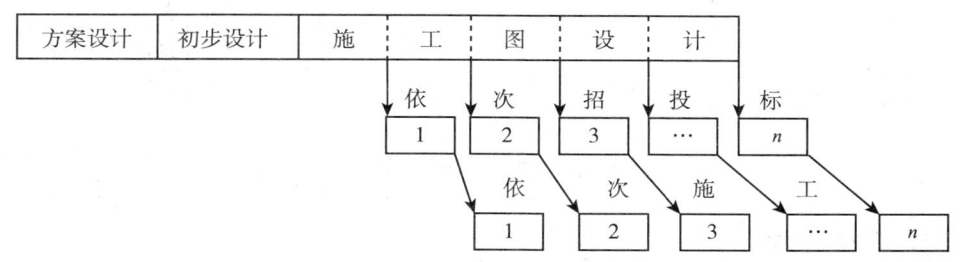

图 4-5 快速路径法

这一实施过程的特点是考虑到了项目初步设计/扩大初步设计（深化设计）或施工图设计过程在技术上的可分割性，因此相应工程的采购与施工可以分步骤实施，这就可以较好地利用能在早期完成的设计成果并立即开展相应工程的招投标与施工，从而明显缩短项目总的实施周期。

但其风险与弊端也是显而易见的：由于设计过程被分割，往往是先期施工已经开始，后期设计仍在进行，一旦产生设计错误，造成设计的调整与变更，必然

线性顺序法与
快速路径法的
联系及区别

导致经济洽商与合同索赔。所以采用快速路径法加大了工程实施管理的风险,其运用是有约束条件的。

二、常见的工程项目建设实施模式

项目建设实施模式是指建设市场中不同主体间的交易活动方式以及他们所形成的经济法律关系。经过长期发展,项目建设实施模式及相应的合同形式不断创新和完善,形成以下几种主要形式。

(一) 传统模式

传统模式是目前最为通用的项目管理模式,又称设计—招标—建造(Design-Bid-Build,DBB)模式(见图4-6)。在该模式下,项目业主首要委托建筑师或咨询工程师进行项目前期工作,如立项分析、可行性研究等;其次进行项目评估和项目设计。在设计阶段进行施工招标文件准备,之后是项目施工招标,业主与承包商签订工程施工承包合同。工程的分包、材料和设备的供应由承包商与分包商和供应商直接签订合同并组织实施。部分供应商也可由业主指定,但必须与承包商签订合同。在项目实施过程中,业主通过其代表与咨询方和承包方联系,负责项目管理,或授权建筑师、咨询工程师、监理工程师进行项目管理。

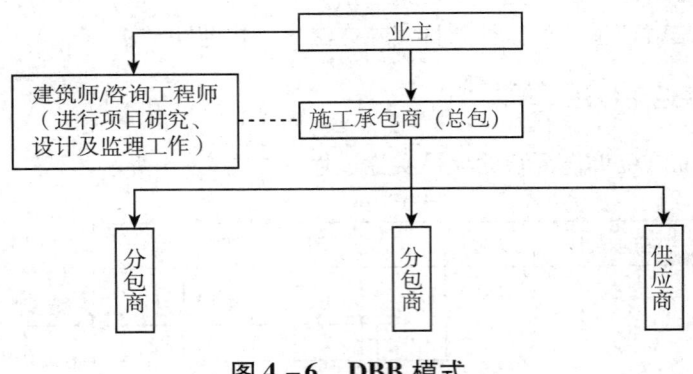

图4-6 DBB模式

DBB模式的特点有:

1. 业主只进行一次施工招标并与一个施工单位签订施工总承包合同,如有其他施工与供货单位参与项目,则它们均将由前述施工单位自行确定并成为它的分包商。

2. 该模式管理的技术基础是线性顺序法,所以具有该方法固有的缺陷,即耗时较长。

3. 项目施工阶段的管理协调已作为一种专业独立出来,以确保项目管理达到较高水平。国外在工地现场多采取管理公司派出驻地工程师方式,国内则为委托施工监理方式。

4. 由于国外多基于扩大初步设计深度的招标图进行施工招标并由承包商在驻地工程师指导下进行施工图设计，而承包商在安排各专业施工图设计时，可根据计划进度的要求分轻重缓急依次进行，这就在一定程度上运用了快速路径法，缩短了项目建造周期，弱化了该模式的缺陷。国内项目亦可将部分专业工程分割出来做设计施工一体化招标，缩短整体设计及工程的周期。

5. 该模式工作界面清晰，特别适用于项目各个阶段需要严格逐步审批的情况。如政府投资的公共工程、国际金融机构资助的工程以及世行、亚行等国际多边援助银行资助的工程等多采用此模式。

可见，DBB模式具有管理方法成熟、合同文本标准化程度高、程序运行规范性强等优点。参与项目管理的各方人员对合同条件、运用程序十分熟悉。业主也可分阶段自由选择咨询设计人员、监理人员。项目管理的风险相对较小。其缺点是项目周期长，业主管理成本较高，项目前期投入较大；因咨询、设计、施工人员不一致可能导致较多的设计变更和工程索赔的现象出现。

(二) 工程项目管理模式

工程项目管理是指从事工程项目管理的企业受业主委托，按照合同约定，代表业主对工程项目的组织实施进行全过程或若干阶段的管理和服务。其主要形式有以下几种：

1. PMC模式。项目管理承包（Project Management Contract，PMC）模式，是指项目业主聘请一家公司（一般为具备相当实力的工程公司或咨询公司）为业主提供项目咨询服务或代表业主进行项目整个过程的管理。

根据工作性质的不同，PMC公司在项目中被称为"项目管理咨询商"（Project Management Consultancy）或"项目管理承包商"（Project Management Contractor）。管理承包商作为业主代表或业主的延伸，帮助业主在项目前期策划、可行性研究、项目定义、计划、项目预算、融资方案、分包方案以及设计、采购、施工、试车等整个实施过程中有效地控制工程质量、进度和费用，保证项目的成功实施，达到项目全生命期技术和经济指标最优化。管理承包商一方面与业主签订合同，另一方面与施工承包商签订合同。在一般情况下，管理承包单位不参与具体工程施工，而是将施工任务分包给施工承包商。

国内工程建设项目管理承包模式因近几年来政府投资主管部门大力推动的管理承包型代建制而得到较为广泛的应用。该模式有如下的特点：

(1) 鉴于国内的工程设计属于建设工程承包行为，设计单位在管理承包模式下，其合同关系建立在设计单位与管理承包商之间，而非在设计单位与业主之间。

(2) 鉴于鼓励对建筑工程实行总承包，国家的建设行政管理体系在办理建设工程施工许可证时对同一个工程建设项目也实行单一的设计与施工单位责任认证制，在国内的管理承包模式下，管理承包商往往在其下分别设立设计总承包与施工总承包体系，即以合同约定专业工程的设计方及施工方或设计施工一体化承包方作为设计总承包与施工总承包的分包方。具体来说，工程建设项目代建制所广泛采用的管理承包方式基本关系如图 4-7 所示。

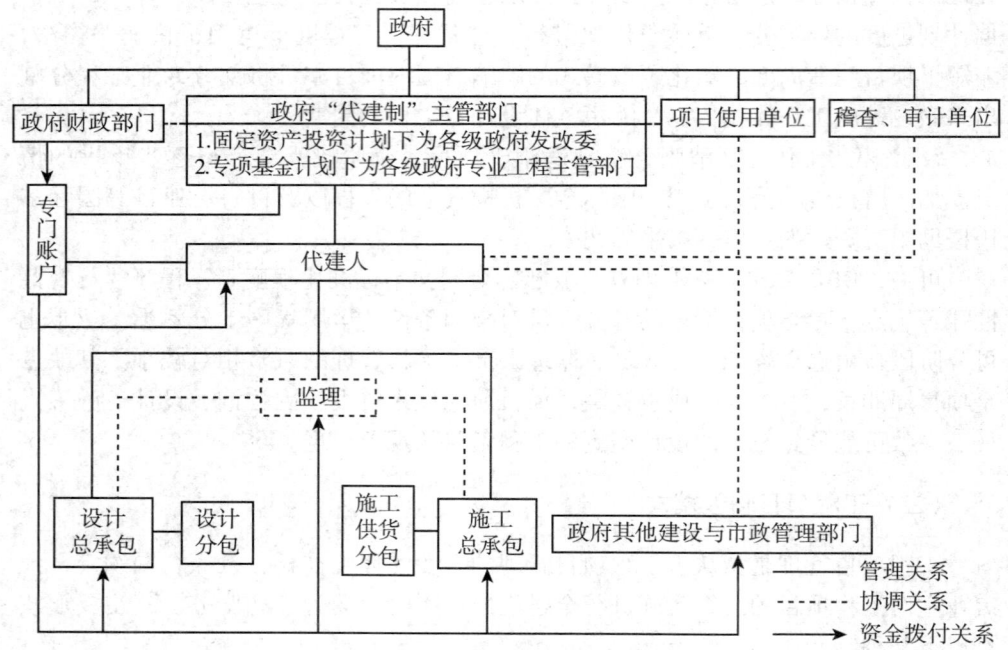

图 4-7 政府投资工程建设项目代建模式

2. PM 模式。项目管理服务（Project Management，PM）模式按照合同约定，由业主委托专业机构全过程代表业主进行管理。

PM 模式从 20 世纪 50 年代末 60 年代初开始逐步在美国、联邦德国和法国等国家广泛应用。如今许多工程日益复杂，特别是一个业主在同一时间内有多个工程处于不同阶段实施时，所需执行的多种职能超出了建筑师以往主要承担的设计、联络和检查的范围，就需要由一家项目管理公司派出具有丰富工程项目管理经验的项目经理（及其助手）对一个工程项目进行全过程的管理咨询和服务。

PM 模式提供的项目管理服务通常包括项目前期的咨询和实施期间的管理服务。它虽然与 PMC 模式类似，但是项目管理公司与承包商不订立合同，两者只是管理协调关系。这种模式服务的范围可能更广，因而也可以叫作项目管理一体化模式。从本质上说，该模式属于管理型的模式，而不是风险承包型的模式。

3. CM 模式。建造管理（Construction Management，CM）模式，又称阶段发包模式（Phased Construction Method）或快速轨道模式（Fast Track Method）。它是由业主和业主委托的 CM 经理与建筑师组成的一个联合小组，共同负责组织、管理工程规划、工程设计和工程施工。当主体设计方案确定后，一方面进行分项工程设计，另一方面对已完成设计的分项工程进行招标。业主直接就各分项工程与承包商签订合同，如图 4-8 所示。

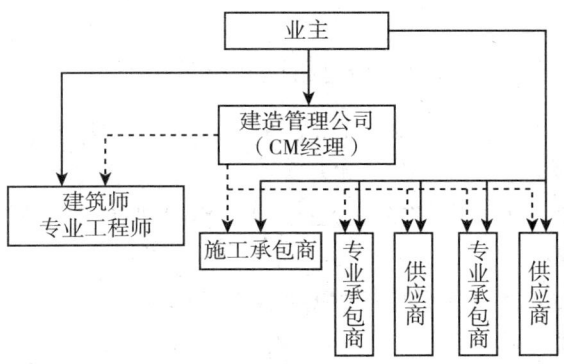

图 4-8　CM 模式

(1) CM 模式有两种常用形式：一种为代理型模式（Agency CM），另一种为风险型模式（AtRisk CM）。采用代理型模式时，CM 公司是业主的咨询和代理机构，业主和 CM 公司的服务合同采用固定酬金加管理费用的方法，业主在各个施工阶段和承包商签订工程施工合同。采用风险型模式时，CM 公司同时担任施工总承包商的角色。一般业主要求 CM 公司提出保证最大工程费用（Guaranteed Maximum Price，GMP）以保证业主的投资控制。如果最后结算超过 GMP，则由 CM 公司赔偿；如果低于 GMP，则节约的投资由业主和承包商按约定比例分成，一般业主方分成较多。GMP 包括工程的预算总成本（包括工程的直接成本、间接成本和不可预见费）和 CM 公司的酬金（包括管理费、风险费、利润、税金等）。

(2) CM 模式的特点主要有：第一，与过去那种招标用设计图纸全部完成之后才集合进行一次性招标的 DBB 模式不同，CM 模式将全部工程按专业分割为若干子项工程，并对有关子项工程采取依次性发包，其技术基础是快速路径法。第二，由业主及业主委托的 CM 经理（即管理公司派出的项目管理部或业主专门聘用职业经理人）与建筑师（或业主委托的项目设计单位）组成一个联合小组，共同组织和管理项目建造期的规划、设计和施工。在项目总体规划、布局和设计时，要考虑控制项目的总投资。在设计方案确定后，随着设计工作的进展，完成一部分分项工程的招标图纸设计后，即对相应部分分项工程进行招标，发包给一家承包商，由业主直接就每个分项工程与专业承包商签订平行的承包合同，即不设施工总承包。第三，CM 经理在工程设计阶段就参与项目的管理，按子项工程实施的次序安排设计分解与进度计划，对设计的可建造性、材料的可获得性、新施工工艺与方法的采用等向设计方向提出建议和要求。第四，现场监理工作由 CM 经理承担，CM 经理在施工阶段负责工程施工的监督、协调及管理工作，并定期与各个设计与施工承包商沟通，对成本质量和进度进行监督，预测和监控成本与进度的变化。第五，业主与各个设计、施工承包商、设备供应商、安装单位等签订合同，是承包合同关系；业主与 CM 经理、建筑师之间是咨询合同关系；而业主任命的 CM 经理与各个施工、设计、设备供应、安装等承包商之间则只是业务上的管理和协调关系。

◆ 拓展阅读

CM 模式在国内与国外的运用

在国外，业主采用建造管理（CM）模式，一方面使建造管理工作的承担人由施工总承包转移为业主聘用的 CM 经理（项目管理公司），同时使部分管理风险的承担人由施工总承包商转移为业主自身，而管理造成的损失与收益亦将由业主直接承担或享有。

在国内，政府建设行政管理体制要求所有工程建设项目需确定一个总承包单位，所以建造管理模式必须进行变通才能在国内采用，具体办法是业主方既委托专业的项目管理单位承担建造管理的主要工作，又确定由项目总承包商承担一定的工地现场总体管理工作。

资料来源：杨大楷. 投融资学（第三版）[M]. 上海：上海财经大学出版社，2017.

(3) CM 模式的最大优点是可以缩短工程从规划、设计到竣工的周期，节约投资，减少风险。竣工一段，运营一段，可提早获取收益。如房地产开发、高速公路建设等都可采用这种模式。其缺点是 CM 模式下的合同方式多为平行发包，管理协调困难，对 CM 经理（项目管理部）的管理协调能力有很高的要求，往往均由具有相当管理水平的专业工程顾问公司派出 CM 经理（项目管理部）来担任。此外，分项招标可能导致承包费用较高。

4. 工程总承包模式。工程总承包是指从事工程总承包的企业受业主委托，按照合同约定对工程项目的勘察、设计、采购、施工、试运行（竣工验收）等实行全过程或若干阶段的承包。其主要形式有以下几种：

（1）EPC 模式。EPC（Engineering, Procurement and Construction）模式是指总承包商按照合同约定，承担建设工程项目的设计、采购、施工等工作，且对工程的安全、质量、进度、造价全面负责，并可根据需要将部分工作分包给分承包商。分承包商向总承包商负责。业主代表可以是设计公司、咨询公司、项目管理公司或不是承包本工程的另一家工程公司，如图 4-9 所示。

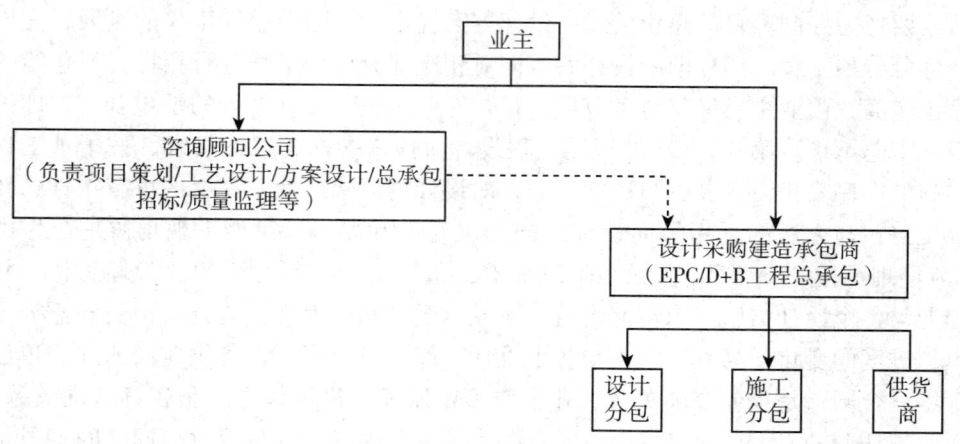

图 4-9 EPC 模式

EPC模式的特点如下:

第一,减少了设计与施工在合同上的工作界面,从而解除了承包商因招标图纸出现错误进行索赔的权利,同时排除了承包商在进度管理上与业主及咨询公司可能产生的纠纷,因而在包干总费用及总工期上非常确定。

第二,业主一般包括生产工艺设计在内的方案设计图纸招标,在选定EPC总承包商时,将其投标时所做方案设计优化的水平及扩大初步设计(标图设计)的优劣作为主要评估因素,这样可利用投标人的资源进行设计优化,从而大大降低总的工程造价。

第三,由于工程设计单位就是施工单位,所以可以在工程设计中采用更多先进可行的施工技术与标准建筑材料,从而提高质量,缩短工期,降低成本。

第四,EPC合同一般均为"总价包干合同",除非业主提出基于方案设计的变更,承包商如发现设计错误,则只能在业主的监督下进行设计变更,而无权提出经济的洽商与索赔,此点对业主更为有利,所以近年来在民用建筑领域EPC模式的应用越来越广泛。

(2)"交钥匙"模式。"交钥匙"模式(Turn Key)是指承包商与业主签订一套包括项目融资、设计、施工、设备采购、安装调试直至竣工移交的全过程承包模式。业主获得的是一个设施配套、可以完整运行的工程。它是在EPC模式的基础上,业主既向设计施工总包进行更大的放权,但亦由其承担包括项目施工期内融资责任的模式。

(3)DB模式。DB(Design–Build)模式即设计—建造模式,是一种简练的项目管理模式。在这种模式下,业主首先招聘一家专业咨询公司为其拟定项目建设的基本要求、基本方案,授权一个具有较高专业水平和管理能力的专家为业主代表。然后进行项目设计、施工总承包招标,并与总承包商签订总价合同。总承包商对整个项目的成本负责。总承包商既可以凭自己的力量完成工程的设计和施工,也可以委托咨询设计公司进行设计并以招标方式选择分包商。在这种模式下,设计与施工搭接紧密,时间和资金都有一定程度节约。业主也因签订总价合同从而减少了因物价上涨所造成的投资风险。

(4)其他工程总承包模式。根据工程项目的不同规模、类型和业主要求,工程总承包还有设计—采购总承包(Engineering Procurement,EP)、采购—施工总承包(Procurement Construction,PC)等形式。

综合实训

一、关键概念

工程指挥部　基建处室型　代建制　DBBM模式　EPC模式　DB模式

二、不定项选择

1. 我国现行政府投资项目工程管理模式是_____。
A. 项目法人型　B. 工程指挥部型　C. 基建处型　　D. 专业机构型
2. 代建制管理模式有_____。

A. 委托政府组织代建　　　　　　B. 委托公司组织代建
C. 代建总承包　　　　　　　　　D. 使用单位

3. 代建制是由具有独立法人资格的专业项目管理公司代理业主（政府）行使业主的项目管理任务，使政府投资_____。
A. 项目管理社会化　　　　　　　B. 代建单位职业化
C. 运作模式商业化　　　　　　　D. 政府职能民主化

4. 专业机构型按照机构性质可以分为_____。
A. 项目法人型　B. 政府机关型　C. 事业单位型　D. 企业型

5. 总承包商按照合同约定，承担建设工程项目的设计、采购、施工等工作，且对工程的安全、质量、进度、造价全面负责，并可根据需要将部分工作分包给分承包商的模式为_____。
A. DB　　　　　B. EPC　　　　C. PMC　　　　D. DBBM

三、判断正误

1. 代建制的实行使现行政府投资体制中"投资、建设、管理、使用"四位一体的管理模式各环节彼此分离，互相制约，该模式避免了权力的集中。
（　　）
2. DBBM模式是工程总承包模式的重要类型。（　　）
3. 工程指挥部中的指挥部往往是政府主管部门的派出机构。（　　）
4. 专业机构型模式是指通过招标等方式，选择专业化的项目管理公司负责项目的建设实施，严格控制项目投资、质量和工期，建成后移交给使用单位。
（　　）
5. 传统的DBBM模式下，因咨询、设计、施工人员不一致可能导致较多的设计变更和工程索赔。（　　）

四、简要问答

1. 简述项目管理组织模式的主要类型。
2. 在项目建设实施模式中，工程项目管理模式有哪些优点？其主要形式有哪些？

五、案例思考

国际EPC项目实施中的要点

近年来，国际工程承包市场中的EPC项目逐渐增多，EPC项目的实施运作，也越来越受到重视。正如本章导入案例中涉及的俄罗斯太平洋酒店项目，其业主是俄罗斯一家私营股份公司。EPC项目的实施要点为：

一、详细的前期市场调研和整体实施方案的确定

对于国际EPC项目，开始阶段的市场调研非常重要，它直接影响以后项目的实施方案、设计以及成本等。当地市场情况的调研主要包括工程实施及交验标准、相关的法律法规、当地和国际经济状况以及地材供应和价格情况等。

1. 掌握工程实施及交验标准。太平洋酒店项目实施前期，通过业主等渠道参观了一个接近完工的酒店项目工地、一个已完工的酒店、一个在建的办公楼项

目，聘请了两个当地的工程师。通过这种方法，很快掌握了当地酒店项目实施中规范要求的重点和应该注意的问题，为下一步的设计施工确定了依据，奠定了基础。

2. 相关法律法规的了解。太平洋酒店项目在实施过程中，聘请了一个当地会计师，也找了一家律师事务所作为法律咨询，解决了项目运作过程中的对外财务和公司运作中的不少问题。

3. 当地和国际经济状况以及地材供应和价格情况的掌握。在运作太平洋酒店项目时，通过市场调研了解到，俄罗斯的年通货膨胀率在13%~15%，南萨哈林市的通货膨胀率尤其高；卢布兑美元的汇率因俄罗斯经济复苏的影响，使得卢布一路走强；南萨哈林因地理位置原因（俄罗斯东部的大岛屿），物资匮乏，价格较高，订货周期长；人民币面临升值，国际材料价格有上涨趋势。所有这些原因，促使项目部做出了尽量使用中国材料、及早从中国进口施工用材料设备的正确决定。

通过前期调查，要在工程设计开始之前，确定整体的实施方案（包括整体施工方案、材料设备的选购途径、劳动力的来源等），给设计提供一个符合当地实际情况的标准，给施工组织设计提供合乎当地实际情况的详细资料。太平洋酒店项目由于工期较紧，合同签约后即开始按照欧洲三星级标准进行设计。后来通过实地考察，发现许多设计方案存在问题，便在设计过程中进行了调整。比如设计开始时确定的酒店入口采用平开式两翼旋转门，后来调查时发现，当地从未使用过这类旋转门，运行期间的维护在当地很难解决，于是改成了在当地已有使用且便于维护的三翼旋转门。这不但去除了平开式两翼旋转门方案的隐患，而且降低了造价。设计前进行详细的市场调查，有时可以用更低的成本，交出一个让业主更为满意的产品。

二、施工设计

施工设计是在市场调研的基础上进行的另一个EPC项目实施要点，EPC项目实施的成功与否，很大程度上取决于设计是否成功。EPC项目施工设计的突出问题是要将业主的功能性要求、当地的设计规范、项目的实施成本三者进行成功的融合，同时，要为施工过程提供尽可能多的细节依据，尽量减少施工过程中的不确定因素，避免业主"找后账"。在施工设计时，既要满足功能和当地规范的要求，又要尽可能地使用调研阶段确定的施工和材料采购方案，以求在满足规范要求和使用功能的前提下，有利于施工和降低造价。

EPC项目施工设计时遇到的问题主要包括：

1. 设计单位的选择。目前，一些工程承包公司有自己的设计力量和设计队伍，但对于国际EPC项目，不能单纯从成本等因素考虑完全依靠自身的设计力量，要根据市场调研情况具体研究分析后，慎重确定设计人。

太平洋酒店项目在前期确定了使用中国材料和设备，采用在中国通用的施工方案，所以项目部选择了中国的设计院进行设计。如果选用俄罗斯当地的设计院，会在设备选型、各类参数确定、施工材料和施工工艺确定等方面浪费大量的时间，设计周期较长，而且设计出来的施工图不一定合乎中国通常的作业习惯和工艺。

2. 与当地规范的接轨。为了解决中国设计院的设计与当地规范接轨的问题，太平洋酒店项目采用了中国设计院设计、当地设计院核查，并提交技术监督部门审批的办法。此办法虽然可行，但存在着设计修改较多、设计来回沟通浪费时间等诸多问题。最好的办法应该是把中国与当地的设计院联合在一起，共同设计，把分歧和不同在设计的初级阶段通过协商解决掉，而不是在中国的设计院完成设计，并在当地设计院发现问题之后再修改。

3. 与调研阶段确定的实施方案的接轨。由于EPC项目一般根据当地的市场等情况，先确定实施方案，再进行施工设计，所以在设计时，要考虑怎样向确定的实施方法和施工方案靠拢，在满足功能要求的情况下，尽可能地为施工提供便利。

4. 设计中材料设备的确认。EPC项目的施工设计要得到业主或业主授权单位的认可和确认。由于是设计施工一体化，一般在设计确认的同时也要进行材料设备的确认，把材料和设备在图纸中确定下来。这是决定项目成本和造价的一个关键步骤，一般在做设计方案和设备选型时，需要有懂得国际工程预算的人员参与。

三、物资采购

物资采购是EPC项目实施的重要步骤之一，直接影响项目的实施和成本。EPC项目物资采购的关键程序包括：采购计划的制订、物资设备质量标准的确定、供应商的选择、物资设备的到场。

太平洋酒店项目的物资设备的标准和品质要求基本在设计阶段和业主一起进行了敲定，对于许多总价较高或比较关键的设备材料，如钢材、电梯、锅炉、空调机组、电气开关、消防系统、外立面铝塑板、幕墙和铝合金窗等，在确定品质的同时，也确定了品牌。把材料设备的选型和设计紧密结合在一起，既节省了时间，提高了工作效率，还为以后项目的现场实施带来了便利。

四、实施过程中的质量控制

工程质量方面，由于EPC项目是承包商设计实施一体化，业主虽然也有监理的班子，相对于施工总承包项目，留给了承包商更多"钻空子"的空间。所以对于EPC项目的实施，要更多地从自身把好质量关。项目部要制定完善的质量管理体系和制度，从设计到施工，都要有完备的自我检查和自我监督体系，以责任制的形式把质量问题落实到人。为了保证质量，施工时可以在项目部内部，分成相对独立的两个部门，一个设计兼内部监理部门（沿用一些西方国家设计兼监理的模式），一个施工部门，这样更有利于项目施工中的质量保证。太平洋酒店项目，正是采用了这种方式，才卓有成效地完成了项目的内部质量管理。

五、项目的索赔

国际EPC项目的索赔，主要体现在以下几个方面：业主对于工程功能的变更，业主对于工程等级（或档次）的变更，业主对于已确认的施工设计的变更，由于以上变更而引出的其他费用。

对于国际EPC项目的索赔，承包商要从设计阶段开始做工作，注意收集资料，保存原始记录。设计阶段是索赔中不同于施工总承包项目的关键阶段。设计阶段本身会有一些功能上的变更，同时其原始资料也是以后变更和索赔的重要依据。

综述：由于EPC项目是把设计和施工放在一起交给承包商进行实施，可以将设计和施工更好地融合在一起，进而降低造价。既然如此，在EPC项目的实施中，就应该在传统施工总承包项目的基础上，突出设计和施工的协调一致性，充分利用这一有利因素，用最经济的方案，交最优秀的作品。特别是要把项目实施的前期工作做好，要在项目的初始阶段开好头，打好基础。

资料来源：彭松，杨涛. 投融资规划理论与实务［M］. 北京：中国金融出版社，2018.

仔细阅读上述材料，思考并回答下列问题：
1. 你认为EPC模式与传统的DBB模式有哪些区别？
2. 你对该国际项目中采用的EPC管理模式有什么看法？

第五章

政府投融资绩效

知识目标
1. 了解项目预算绩效管理机制。
2. 掌握项目绩效目标管理的主要内容。
3. 熟悉绩效运行监控程序。
4. 明确绩效评价工作程序。

技能目标
1. 编制绩效跟踪监控方案。
2. 设计 PPP 项目绩效评价指标体系。

▶▶ 导入案例

首都地区环线高速公路（通州—大兴段）引入社会投资项目

项目概况（识别）：北京兴延高速公路全长约 42.2 千米。该项目是服务于 2019 年延庆世园会及申办 2022 年冬奥会的市中心与会场的重要交通快速联络通道。本项目预计总投资约 143 亿元。项目资本金 25% 约 35 亿元由政府投资，融资 107 亿元。本项目建设期约 39 个月，计划 2018 年 12 月建成通车。

项目合作范围（识别）：项目预备建成一条位于京藏高速公路以西，南北走向，南起西北六环路土城立交，北至京藏高速营城子立交收费站的公路。道路全长约 42.2 千米，采用一级公路标准建设。社会资本主要负责筹集兴延高速公路建设所要求的资金投入，保证建设资金按时足额到位；参与项目公司的组建，参与完成项目公司章程的制定等，依照国家相关法律法规以及按正常的商业运行模式对项目公司行使股东权利；按照政府方要求，按时、足额缴纳建设保证金、运营保证金、质量保证金。

合作期限（识别）为 28 年，项目运作方式（识别）选择 BOT。

资料来源：首都地区环线高速公路（通州—大兴段）引入社会投资项目 [EB/OL]. 北京市发展和改革委员会，http://fgw.beijing.gov.cn.

第一节　PPP 项目绩效目标管理

一、PPP 项目绩效目标管理的内涵

绩效目标是指财政预算资金计划在一定期限内达到的产出和效果。绩效目标是建设项目库、编制部门预算、实施绩效监控、开展绩效评价等的重要基础和依据。按照时效性划分，包括中长期绩效目标和年度绩效目标。中长期绩效目标是指预算资金在跨度多年的计划期内预期达到的产出和效果。年度绩效目标是指预算资金在一个预算年度内预期达到的产出和效果。

PPP 绩效目标管理是指财政部门、预算主管部门及其所属单位以绩效目标为对象，以绩效目标的设定、审核、批复、调整和运用为主要内容所开展的预算管理活动。PPP 项目绩效目标管理体系如图 5-1 所示。

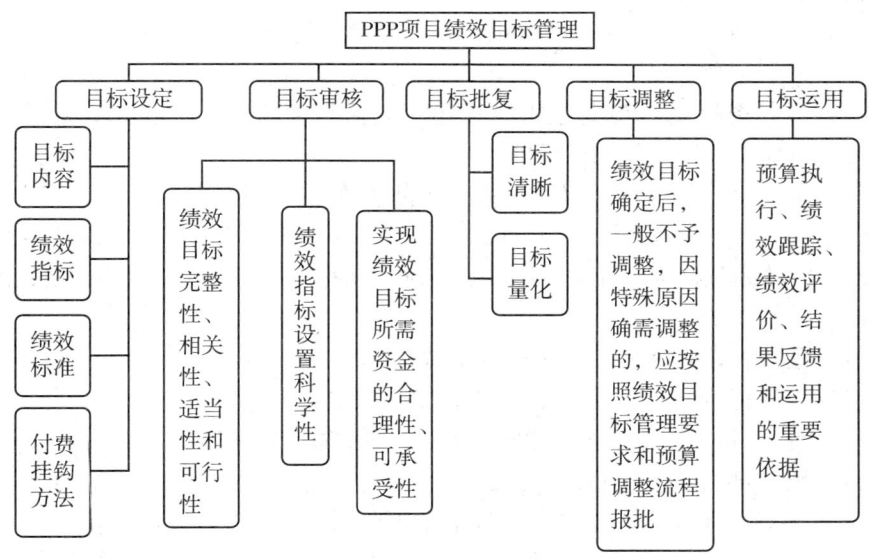

图 5-1　PPP 项目绩效目标管理体系

二、绩效目标设定

（一）PPP 项目绩效目标设定的含义

PPP 绩效目标设定是指项目行业主管部门或实施机构按照部门预算管理和绩效目标管理的要求，编制绩效目标并向财政部门和相关部门报送绩效目标的过程。PPP 项目绩效目标首先来源于项目前期可研报告编制和批复阶段。在报告

中，对项目总目标包括预期产出、预期效益和效果要做出论证。在引入PPP模式开展项目识别、准备阶段工作中，通过物有所值评价进一步细化和修正绩效目标，并在PPP实施方案中加以明确。

按照"谁申请资金、谁设定目标"的原则，绩效目标由各部门及其所属单位设定。PPP项目支出绩效目标在该项目纳入各级政府部门预算项目库之前编制，并按要求随同各部门项目库提交财政部门；部门（单位）整体支出绩效目标，在申报部门预算时编制，并按要求提交本级财政部门。

（二）项目绩效目标与绩效指标的主要内容

1. 绩效目标要能清晰反映预算资金的预期产出和预期效果，并以相应的绩效指标予以细化、量化描述。主要包括：

（1）预期产出，是指预算资金在一定期限内预期提供的公共产品和服务情况。

（2）预期效果，是指上述产出可能对经济、社会、环境等带来的影响情况，以及服务对象或项目受益人对该项产出和影响的满意程度等。

2. 绩效指标是绩效目标的细化和量化描述，主要包括产出指标、效益指标和满意度指标等：

（1）产出指标是对预期产出的描述，包括数量指标、质量指标、时效指标、成本指标等。

（2）效益指标是对预期效果的描述，包括经济效益指标、社会效益指标、生态效益指标、可持续影响指标等。

（3）满意度指标是反映服务对象或项目受益人的认可程度的指标。

3. 各部门（单位）设定项目或部门（单位）的绩效目标时，可以参考相关历史或横向的绩效标准。绩效标准是设定绩效指标时所依据或参考的标准。一般包括：

（1）历史标准是指同类指标的历史数据等。

（2）行业标准是指国家公布的行业指标数据等。

（3）计划标准是指预先制定的目标、计划预算、定额等数据。

（4）财政部门认可的其他标准。

4. 各部门（单位）设定绩效目标的依据包括：

（1）国家相关法律法规和规章制度，以及国民经济和社会发展规划。

（2）部门（单位）职能、中长期发展规划、年度工作计划或项目规划。

（3）部门（单位）中期财政规划。

（4）财政部门中期和年度预算管理要求。

（5）相关历史数据、行业标准、计划标准等。

（6）符合财政部门要求的其他依据。

（三）绩效目标设定的方法

项目支出绩效目标的设定方法包括：

1. 对项目的功能进行梳理，包括资金性质、预期投入、支出范围、实施内

PPP项目物有所值评价

容、工作任务、受益对象等，明确项目的功能特性。

2. 依据项目的功能特性，预计项目实施在一定时期内所要达到的总体产出和效果，确定项目所要实现的总体目标，并以定量和定性相结合的方式进行表述。

3. 对项目支出总体目标进行细化分解，从中概括、提炼出最能反映总体目标预期实现程度的关键性指标，并将其确定为相应的绩效指标。

4. 通过收集相关基准数据，确定绩效标准，并结合项目预期进展、预计投入等情况，确定绩效指标的具体数值。

三、绩效目标审核

（一）绩效目标审核的内涵

绩效目标审核是指财政部门或各部门对相关部门（单位）报送的绩效目标进行审查核实，并将审核意见反馈给相关部门（单位），指导其修改完善绩效目标的过程。按照"谁分配资金、谁审核目标"的原则，绩效目标由财政部门或各部门按照预算管理级次进行审核。根据工作需要，绩效目标可委托第三方予以审核。财政部门要依据国家相关政策、财政支出方向和重点、部门职能及事业发展规划等对单位提出的绩效目标进行审核，包括绩效目标的完整性、绩效目标与部门职能的相关性、绩效目标的实现所采取措施的可行性、绩效指标设置的科学性、实现绩效目标所需资金的合理性、可承受性等。

绩效目标审核是部门预算审核的有机组成部分。绩效目标不符合要求的，财政部门或中央部门应要求报送单位及时修改、完善。审核符合要求后，方可进入项目库，并进入下一步预算编审流程。各部门对所属单位报送的项目支出绩效目标进行审核，并据此提出资金分配建议。经审核的项目支出绩效目标，报财政部门备案。

（二）绩效目标审核内容

绩效目标审核的主要内容包括：

1. 完整性审核。绩效目标的内容是否完整；绩效目标是否明确、清晰。

2. 相关性审核。绩效目标的设定与部门职能事业发展规划是否相关；是否对申报的绩效目标设定了相关联的绩效指标；绩效指标是否细化、量化。

3. 适当性审核。资金规模与绩效目标之间是否匹配；在既定资金规模下，绩效目标是否过高或过低；要完成既定绩效目标，资金规模是否过大或过小。

4. 可行性审核。绩效目标是否经过充分论证和合理测算；所采取的措施是否切实可行，并能确保绩效目标如期实现；综合考虑成本效益，是否有必要安排财政资金。

（三）绩效目标审核程序

1. 各部门及其所属单位审核。各部门及其所属单位对下级单位报送的绩效目标进行审核，提出审核意见并反馈给下级单位。下级单位根据审核意见对相关绩效目标进行修改完善，重新提交上级单位审核，审核通过后按程序报送财政部门。

2. 财政部门审核。财政部门对各部门报送的绩效目标进行审核,提出审核意见并反馈给各部门。各部门根据财政部门审核意见对相关绩效目标进行修改完善,重新报送财政部门审核。财政部门根据绩效目标审核情况提出预算安排意见,随预算资金一并下达各部门。

(四)绩效目标审核结果

PPP 项目绩效目标审核结果分为"优""良""中""差"四个等级,作为项目预算安排的重要参考因素。审核结果为"优"的,直接进入下一步预算安排流程;审核结果为"良"的,可与相关部门或单位进行协商,直接对其绩效目标进行完善后,进入下一步预算安排流程;审核结果为"中"的,由相关部门或单位对其绩效目标进行修改完善,按程序重新报送审核;审核结果为"差"的,不得进入下一步预算安排流程。部门(单位)预算绩效目标设定、审核、批复管理流程如图 5-2 所示。

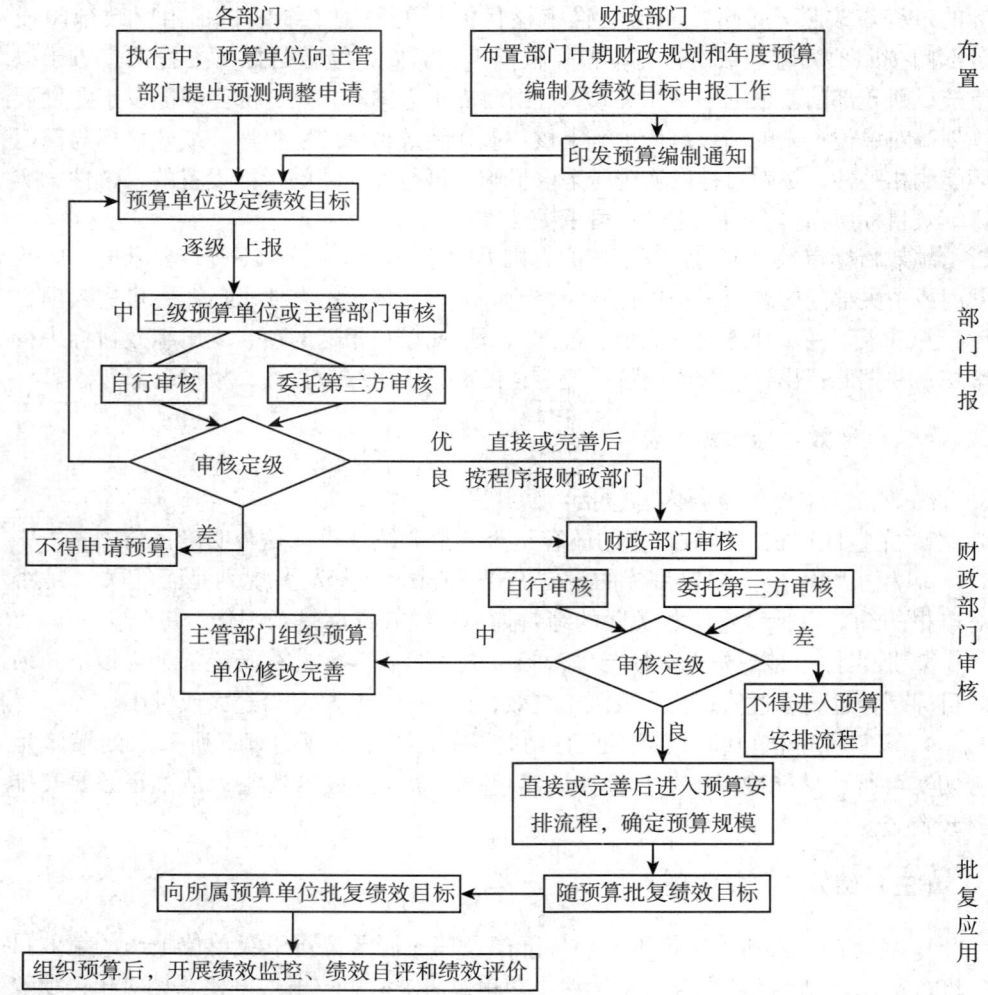

图 5-2 部门(单位)预算绩效目标管理流程

四、绩效目标批复

按照"谁批复预算、谁批复目标"的原则,财政部门和各部门在批复年初部门预算或调整预算时,一并批复绩效目标。批复的绩效目标应当清晰、可量化,以便在预算执行过程中进行监控和预算完成后,实施绩效评价时对照比较。原则上,各部门(单位)整体支出绩效目标、纳入绩效评价范围的项目支出绩效目标和一级项目绩效目标,由本级政府财政部门批复;部门所属单位整体支出绩效目标和二级项目绩效目标,由各部门(单位)按预算管理级次批复。

绩效目标确定后,一般不予调整。预算执行中因特殊原因确需调整的,应按照绩效目标管理要求和预算调整流程报批。各部门及所属单位应按照批复的绩效目标组织预算执行,并根据设定的绩效目标开展绩效监控、绩效自评和绩效评价。

第二节 政府投融资项目绩效运行监控

一、绩效运行监控的含义

在政府投融资项目执行阶段,绩效管理最为突出的两大工作内容:一是预算执行中的绩效运行监控,专注过程跟踪;二是预算执行后的绩效评价,专注效果评价。政府投融资项目进入实施阶段以后,绩效目标实现程度的阶段性考核周期很长,贯穿整个项目建设期和运营期,绩效运行监控将是绩效管理的重中之重。绩效运行监控,也叫绩效运行监测,是指在政府投融资项目执行阶段,各部门(单位)对资金运行状况和绩效目标实现程度开展过程跟踪监控,及时发现并纠正绩效运行中存在的问题,促进绩效目标如期实现。

二、绩效运行监控的作用

绩效运行监控处于全过程预算绩效管理的中间环节,在预算执行和监督过程中起到承前启后的作用,是连接绩效目标与绩效评价的关键"链条",具有重要的地位。实施绩效运行监控管理,有助于及时纠正偏差,促进绩效目标的实现,帮助部门完善预算管理,以更有效的方式改进预算绩效。同时,也为绩效评价和预算执行提供可靠的依据和保障,发挥着重要的作用。

(一)保障绩效目标的实现

绩效运行监控主要是反映绩效运行及进展情况,跟踪绩效目标以确认其实现的程度。通过实施绩效运行监控,有助于分析和预测绩效运行的趋势,及早发现问题，进而确定和判断绩效运行是否偏离既定的绩效目标。同时绩效运行监控也有助于提供充足的数据和反馈信息，以找到偏离绩效目标的原因和症结，从而及时做出调整，采取针对性措施予以纠正，有效改进绩效目标实现路径，确保绩效目标如期实现，因而成为完善绩效目标管理的重要手段。通过对事中预算执行的绩效运行监控，从而建立一种"过程考核"机制，加强从投入到产出的绩效过程监督，强化事中管理，有助于克服预算执行事后"发现问题相对滞后、整改问题难度增加"等弊端，解决绩效评价"结果考核"所不能解决的问题，防患于未然，也为绩效评价奠定良好基础。对于处于营运期的政府付费 PPP 项目而言，也成为财政部门付费的重要依据。

（二）促进形成绩效评价结论

对于绩效运行监控过程中所采集的数据信息和形成的绩效运行监控报告，能够作为绩效评价的重要资料，也可以作为判断部门管理水平的依据，进一步发现绩效管理中存在的问题，并做出公正的评价。

（三）加强预算执行管理

绩效运行监控结果，反映了预算绩效计划的执行进度，可以作为预算执行进度分析和用款计划下达的依据，帮助财政部门合理估计部门支出需求，发挥用款计划的管理作用，有利于减少部门的不合理支出。同时，督促加快项目支出的预算执行进度，提高预算执行的均衡性，规范项目结余管理。

三、绩效运行监控的主要内容、实施方式及基本要求

（一）绩效运行监控的主要内容

1. 项目实施情况。包括具体工作任务实际开展情况及趋势、项目实施计划的实际进度情况及趋势、实施计划的调整情况等，主要是从项目实施角度进行监控。

2. 资金管理情况。包括资金用款计划的时效性、专项资金支付方式、拨付效率、资金安全性等，主要关注预算执行情况的监控。

3. 项目管理的情况。包括执行政府采购、项目公示、工程招投标和监理、项目验收等情况，财务管理和会计核算情况，相关资产管理情况等，主要是从制度管理角度进行监控。

4. 保障措施情况。包括相关支出或项目的实施管理办法、有关操作规范及参与人员等，主要是监控相关保障措施的配套与实施情况。

5. 绩效目标预期完成情况。包括计划提供的产品和服务的预期完成程度及趋势，计划带来效果的预期实现程度及趋势，社会公众满意率预期实现程度及趋势，达到计划产出所需要的财力、物力、人力等资源的完成情况等，主要是立足于绩效趋势判断的角度进行监控。

（二）绩效运行监控的实施方式

预算绩效管理的实施主体是各级财政部门和预算部门。因此，绩效运行监控的实施主体也应是各级财政部门和预算部门。根据监控主体不同，一般可将绩效运行监控分为预算部门自行监控和财政部门重点监控两种方式。

1. 预算部门自行监控。由预算部门按照预算绩效管理的相关规定，对照预算中设定的绩效目标，对本部门及所属预算单位的支出及项目的执行过程进行跟踪，监控绩效目标实现程度和预算执行情况。在此过程中，预算部门要健全预算执行管理制度，健全预算绩效管理体系提高支出的及时性、均衡性和有效性，做好绩效基础上的预算执行分析；加强对预算资金管理及项目实施情况的监督，及时了解绩效目标的完成情况、项目实施进程和预算进度，做好预算执行基础上的绩效信息收集和分析；围绕设定的绩效目标进行检查，当实际绩效与绩效目标发生偏离时，要及时采取措施进行防范或予以纠正，必要时应向财政部门报告，做好绩效信息分析基础上的监督和控制。

2. 财政部门重点监控。在预算部门自行监控的基础上，财政部门根据批复的部门预算及绩效目标，结合国库管理等预算管理要求，对部门预算执行进度及绩效目标实现程度进行有针对性的重点监控管理。在此过程中，财政部门可通过设定关键节点报告制度、进行实地调查核查，以及完善绩效运行信息采集、汇总分析系统，对预算部门支出及有关项目进行重点抽查，确认绩效目标进展及预期实现情况，并查找资金使用管理以及项目执行过程中的薄弱环节，以发现问题和风险，督促预算部门完善措施和改进管理，防止预算绩效运行偏离原定目标，以确保实现既定绩效目标。

（三）绩效运行监控的基本要求

1. 合理可行。绩效运行监控不同于绩效评价下有明确的方法和固定的手段，它涉及内容广泛，与预算执行又存在一定交叉，主要目的是防患于未然，寻求对问题的解决和潜在风险的控制，着重于修正目标而非评价目标。在具体监控开展上，需要财政部门、预算部门以及具体项目实施单位的充分沟通和共同努力，为此，要科学设计绩效运行监控分析框架，建立有效的信息收集系统，完善绩效运行监控管理制度，注重可操作性，以保证绩效运行监控得到切实实施。

2. 突出重点。绩效运行监控要突出重点，找准部门业务活动的切入点和项目实施的关键点，明确影响绩效运行的关键环节，围绕绩效目标的实现过程开展分析检查，重点判定绩效目标的实现过程、实现程度及实现趋势。

3. 适时适度。绩效运行监控要适时进行，以对绩效运行情况进行掌控。同时，要注意把握绩效运行节点及时间点的控制，设计适当的报告及信息反馈时间间隔。过于紧密，会加重具体实施单位的负担；过于疏松，不能及时发现风险和问题，弱化监督控制功能，使绩效运行监控失去应有的管理价值。

4. 及时纠偏。在绩效运行监控中，发现外部条件发生变化或绩效运行情况未与绩效目标相一致时，要认真分析问题原因，寻找相应的对策，加强执行管理，完善绩效措施，做到及时纠正和调整，保证绩效目标如期实现；对于情况严重的或明显不适宜完成的绩效目标，要做出预算调整，暂缓或取消相关项目的执行。

四、绩效运行监控的一般流程

绩效运行监控流程即绩效运行监控的实施程序，结合预算部门自行监控和财政部门重点监控方式的做法，一般其流程可分为布置计划、跟踪监控、报送信息、审核反馈、重点抽查五个步骤。

（一）布置计划

在绩效目标随着部门预算批复后，财政部门应结合财政支出和具体项目实施情况，选取部分或全部目标进行绩效跟踪监控，明确对绩效运行监控工作进行布置，提出绩效运行监控的实施要求，包括监控的主要内容、方式、工作要求、反馈格式、时间节点等。

（二）跟踪监控

预算部门根据财政部门关于绩效运行监控的实施要求，分析财政支出及绩效目标的保障性制度、措施建立和执行情况，以及其合规性、适用性和有效性，完善有关绩效运行监控管理的基础。同时，要按照绩效运行环节的关键点，汇总搜集相关绩效运行信息，跟踪监督绩效目标进展及相关内容，确保绩效目标得到有效执行。这一过程主要是以部门为主自行监控。

（三）报送信息

预算部门在开展绩效运行监控过程中，要全面反映财政支出和项目计划的完成情况、与目标的偏差情况，分析原因，预计目标实现的可能性，按照时间要求向财政部门报送绩效运行情况，包括绩效表格和文字报告等形式的资料，以证明其绩效运行监控活动的及时开展，从而使财政部门及时掌握有关绩效运行及绩效目标实现情况，为重点监控奠定基础。

（四）审核反馈

对预算部门报送的绩效运行信息及监控资料，财政部门要加强审核，特别是对于跨部门的项目支出或各部门同类性质的支出，要综合各部门报来的绩效运行数据，进行横向比较和分析，从总体上研判绩效目标进展趋势，并从中发现影响绩效目标的问题及因素，明确改进措施和方向，及时反馈预算部门，实现对绩效运行的动态纠正和调整。

（五）重点抽查

根据各预算部门跟踪监控情况和反馈的管理信息，结合审核中发现的问题，财政部门在预算部门开展自行监控的过程中,有重点地选取部分部门进行抽查,以确保预算部门报送监控情况的真实性与准确性,提高绩效运行监控的质量,防范问题与风险。同时,通过重点抽查也可发现预算部门未注意到的共性问题,督促预算部门及早采取措施,提高管理水平。这一过程基本上以财政部门为主进行重点监控。

五、绩效运行监控的主要环节

绩效运行监控主要集中在对绩效运行的分析、监督与报告上,包括绩效运行监控方案编制、绩效运行信息收集、绩效运行信息加工处理、形成绩效运行监控报告四个主要环节。

(一)绩效运行监控方案编制

1. 绩效运行监控的主体设置。政府投融资项目绩效管理的主体设置问题,需要综合考虑绩效管理各阶段工作属性的不同和各部门参与的便利程度,分别考虑不同阶段的主体设置问题。在政府投融资项目实施过程中,实施机构参与了项目过程管理工作,熟悉项目实施过程中的细节问题,参与绩效过程监测比较有优势,适合作为政府投融资项目绩效运行监控的主体。考虑到在实践中有些政府投融资项目涉及多个行业主管部门。在具体绩效运行监控过程中,需要建立项目实施机构作为牵头单位、相关部门参与的绩效运行监控工作组,共同领导和组织推进项目绩效运行监控工作。

2. 绩效运行监控频率的设置。根据预算绩效管理的有关规定,按照绩效运行监控、评价结果安排预算支出是基本的规范性要求。从程序上看,在实施机构通知财政部门向项目公司付费时,应同时将年度绩效运行监控结果报送财政部门备案,作为支付依据。但实际上,这种程序性规定与政府投融资项目付费的及时性需求之间可能存在一定矛盾。为此,在政府投融资项目绩效运行监控频率设置上,应尽量根据在一年内政府付费支付次数和时点设置绩效运行监控的频次。例如,有不少污水处理项目在合同中约定按季度甚至按月付费。在这种情况下,需要同步细化绩效运行监控年度内的工作安排,在做好日绩效运行监控记录的基础上,至少按月出阶段性月报,作为按月付费的依据。在依据月度、季度绩效运行监控阶段性成果付费的同时,也可考虑本年度付费直接以暂定值(例如取本年度项目支出预算的一定比例)在年底先行一次性支付给项目公司,待本年度运营结束后再根据绩效运行监控结果核算准确的应付费额,差额部分从第二年的政府付费中调整回来。

3. 复杂项目包应考虑采用"1+N"的绩效运行监控体系。对于构成复杂的政府投融资项目包,在绩效目标体系上,既存在项目包整体绩效目标,也存在各子项目具体绩效目标。因此,在绩效运行监控方案编制过程中,需要统筹考虑项目包整体绩效运行监控和子项目绩效运行监控之间的关系。基本处理如下:

(1)项目包整体绩效运行监控与子项目绩效运行监控同步进行,互为补充。

（2）项目包整体绩效运行监控体系是子项目绩效运行监控的大框架，要在项目包整体绩效运行监控体系内明确各子项目绩效运行监控的具体要求或编制子项目绩效运行监控子方案，指导各子项目绩效运行监测。

（3）子项目绩效运行监控是项目包整体绩效运行监控的依据和组成单元。要及时汇总各子项目绩效运行监控的过程记录，做出宏观上的整体分析，在做好子项目绩效运行监控之外，同步据此了解项目包总体绩效目标偏差情况。

4. 绩效运行监控方案的编制流程。

（1）成立绩效运行监控工作组。组建由实施机构、财政部门和其他有关行业主管部门参与的绩效运行监控工作小组。工作组内部建立各部门联系人台账，建立定期例会和阶段性成果会审制度，明确日常工作沟通协调机制。

（2）委托第三方专业机构。根据相关规定做好绩效运行监控第三方专业服务机构采购，按规范流程签订咨询服务合同。

（3）收集和研究项目相关信息资料。收集截至现阶段项目已有的所有过程资料和相关政策，主要包括：一是国家和地方的相关法律、法规及规章制度。二是项目所在地的国民经济与社会发展规划、方针政策。三是相关预算管理制度、资金及财务管理办法、财务会计资料。四是相关行业政策。五是项目立项文件和报告，主要包括：项目立项、核准报告及批复文件；项目可行性研究报告、评估报告；项目绩效目标申报表及财政部门对项目绩效目标审核意见书。六是政府投融资推进的相关资料，主要包括：政府投融资决策相关会议纪要、批复文件，政府投融资项目实施方案、物有所值评价报告、财政承受能力论证报告及批复，项目采购文件，政府投融资项目合同及谈判记录等。七是其他通过实地调研、座谈会及问卷调查等方法收集的相关数据资料。

（4）编制绩效运行监控方案。绩效运行监控方案需要在充分研究项目概况，做好绩效运行监控相关工作规划的基础上拟定，考虑到后续建设期绩效运行监控和运营期绩效运行监控实施的主要需求。

5. 绩效运行监控方案的主要内容。

（1）绩效运行监控目的，明确为什么开展项目绩效运行监控，绩效运行监控结果如何使用。

（2）绩效运行监控事项，对项目内容、项目目标、项目投入产出活动、实施情况等方面进行简要描述。

（3）绩效运行监控范围，对项目的纵深范围进行说明，包括项目内容范围、时间范围、地域范围和受益群体范围等。

（4）绩效运行监控内容，包括：绩效目标的设定情况，资金投入和使用情况，为实现绩效目标采取的措施，绩效目标的实现程度及效果以及绩效运行监控的其他内容。

（5）绩效运行监控依据，绩效运行监控工作开展所依据的主要内容。

（6）绩效运行监控的指标体系，根据绩效运行监控对象的特点，设计相应的绩效运行监控指标，确定相应的绩效运行监控标准，并对绩效运行监控指标的内容做出说明，对绩效运行监控指标的使用做出规定等。绩效运行监控指标和标准的确定,一般应事先与被监测单位进行沟通,根据实际情况修改完善后确定。

(7) 绩效运行监控的方法选择,说明拟采用的绩效运行监控方法,并对绩效运行监控方法的运用做出明细规定,如采用调查问卷法,需设计完备的调查问卷,并对所调查的对象做出界定,对调查的方式予以明确等。

(8) 绩效运行监控的工作组织,说明绩效运行监控人员的选择、安排、分工及各自的职责,需要选聘专家的具体安排等;与项目执行单位的协调与沟通方式等。

(9) 绩效运行监控的计划安排,包括绩效运行监控工作的总体起始时间,每个实施阶段的具体工作任务及具体实施时间,绩效运行监控活动的关键时间节点和责任人。

(10) 有关工作条件,包括监测工作开展所必需的场地、设备等,以及要求被监测单位所提供的资料、必要工作条件等。

(二) 绩效运行信息收集

绩效运行监控以围绕绩效目标的预期实现程度进行判断,就需要全面、翔实、针对性强的数据信息为基础。绩效运行信息涉及面广,收集的工作量大,需要提高收集的效率,更要确保相关数据的正确性。

1. 广泛收集数据和信息。一是以设定的绩效目标为核心,紧紧围绕绩效目标的要求来收集信息,只有目标明确,才能从大量的预算数据和信息中快速地识别与决策和管理相关的信息。二是以绩效指标的完成情况为信息收集的重点,并根据实际需要对收集信息的内容进行必要扩展,使其并不仅仅局限于绩效指标,以解决绩效指标不能对绩效目标进行全面表达的问题。三是尽可能对数据和信息进行量化处理,为进一步的分析和判断奠定基础。量化的数据信息有助于客观上进行比较衡量,为此,需要将收集的信息和情况尽可能地量化处理。但是,现实中很多影响因素和结果是难以量化的,或者量化的过程中的成本代价太高,这时需要在量化处理的成本和收益间进行权衡。

2. 提高信息收集的效率。建立信息化的数据处理系统,一是帮助工作人员更加快捷地处理数据,提高工作效率,二是培养有丰富经验的工作人员。依据管理学界所熟知的"二八法则",重要决策来自重要数据,如何识别这重要的数据,依赖于一线工作人员的丰富经验。

3. 确保信息的正确性。信息的真实性是绩效分析的前提和基础,需要采取措施确保数据信息的真实性。一是要避免对数据信息的扭曲处理。在实际工作中,有些数据信息往往因不可控制因素等主客观原因导致不能反映实际绩效,需要采用其他相对稳定的信息来代替。二是扩大数据来源渠道,建立数据制衡机制。数据是对行为活动结果的反映,行为之间的逻辑关系,必然会表现为数据之间的逻辑关系,从不同渠道获取的数据,可以相互验证,有利于防止个别的造假行为。三是建立事后惩罚机制。在绩效运行监控和监督检查中,一旦发现了部门的数据造假行为,要有相应的惩戒措施,建立责任机制。

（三）绩效运行信息加工处理

在核实所收集的绩效数据信息基础上，要做好绩效运行信息分析工作，重点是分析绩效计划是否得到较好的执行，行动是否按照预先计划那样有利于绩效目标的实现；要分析内外部环境的变化因素，预测计划可能产生的各种结果，判断绩效目标的实现程度。对于预算执行过程中的绩效运行监控分析和预算完成后的绩效评价，两者采用的方法基本相同，如成本效益分析法、比较法、因素分析法、最低成本法等方法。它们的区别在于：绩效运行监控中对信息分析的目的是确保实现预期的绩效目标，主要是监测绩效运行的节点环节和预算执行中的关键问题，重点关注下阶段工作及目标实现程度的预测；而绩效评价的目的是分析预算所产生的绩效，评价绩效执行情况，是对各方面问题的全面、详细分析，重点关注前阶段工作及绩效目标实际完成情况的评判。

（四）形成绩效运行监控报告

绩效运行监控报告的主要内容包括：关键点的绩效运行数据信息，对相关数据的核实和分析情况，围绕绩效目标的绩效运行和预算执行情况，对预期产出和预期绩效实现程度的判断，根据绩效运行情况已采取的改进措施，进一步完善和改进预算执行的建议等。

第三节 PPP项目绩效评价与结果应用

PPP项目绩效目标管理活动贯穿于项目全生命周期。经过PPP项目采购阶段后，在政府与中标社会资本签约的合同文本中，项目总目标要由双方共同努力完成。项目进入执行阶段后，项目总目标要逐年分解到建设期、运营期和移交期，作为项目绩效评价、结果反馈和运用的重要依据。

一、PPP项目绩效评价内涵

PPP项目绩效评价是指财政部门、行业主管部门和相关单位根据设定的绩效目标，运用科学、合理的绩效评价指标、评价标准和评价方法，对财政PPP项目支出的经济性、效率性和效益性进行客观、公正的评价。

行业主管部门会同相关部门及项目实施机构按照事先约定的绩效目标和指标体系组织实施本部门政府投融资项目绩效评价，财政部门根据需要对区域内政府投融资项目实施评价或再评价。

评价内容包括绩效目标设定情况、资金投入和使用情况、为实现绩效目标制定的制度采取的措施、绩效目标实现程度等。

提示 根据PPP项目实施进度及绩效跟踪监控纠偏完成情况确定绩效评价时点。项目竣工决算后及移交完成后应分别开展绩效评价。项目运营期每个完整财政年度应开展一次。

二、PPP项目绩效评价方法

绩效评价具体方法包括成本效益分析法、比较法、因素分析法、最低成本法、公众评判法等。绩效评价方法的选用，需要坚持定量优先、简便有效的原则，不能以客观的量化指标评价的，可以在定性分析的基础上，根据绩效情况予以评价，以提高绩效评价质量。根据评价对象的具体情况，可以采用一种或者多种方法进行绩效评价。

1. 成本效益分析法是指将一定时期内的支出与效益进行对比分析以评价绩效目标实现程度，它适用于成本、效益都能准确计量的项目绩效评价。
2. 比较法是指通过对绩效目标与实施效果、历史与当期情况、不同部门和地区同类支出的比较，综合分析绩效目标实现程度。
3. 因素分析法是指通过综合分析影响绩效目标实现、实施效果的内外部因素，评价绩效目标实现程度。
4. 最低成本法是指对效益确定却不易计量的多个同类对象的实施成本进行比较，评价绩效目标实现程度。
5. 公众评判法是指通过专家评估、公众问卷、抽样调查等对项目实施效果进行评判，评价绩效目标实现程度。
6. 其他评价方法。

◆ **拓展阅读**

平衡计分卡

适应PPP项目的特殊要求，可采用平衡计分卡绩效评价方法。

1990年，哈佛大学教授罗伯特·卡普兰和波士顿公司管理咨询师大卫·诺顿基于12家公司的研究发现了一种能够改变传统绩效评估体系缺陷的方法，该方法便是"平衡计分卡"。1992年，卡普兰和诺顿在《哈佛商业评论》上发表了这项研究成果——《平衡计分卡：企业绩效的驱动》。随着研究的深入，两位学者进一步改进和拓展了平衡计分卡，于1996年出版了《平衡计分卡》一书，自此之后平衡计分卡的相关理论逐渐发展和成熟起来。平衡计分卡在实践中被企业广泛采用，鉴于该方法的运用范围影响程度，《哈佛商业评论》将其列为20世纪最有影响力的75个理念之一。

平衡计分卡改变了单一使用财务指标衡量组织绩效的传统绩效评估模式，将顾客因素、内部流程、组织学习与成长等未来驱动因素引入其中，为组织提供了一种更加全面且多元的评估体系，且该方法高度重视组织战略目标的一致性。因此，从总体上来说平衡计分卡将组织的战略目标及愿景在各个层面中体现出来，主要包括财务维度、顾客维度、内部流程维度、学习与成长维度。平衡计分卡的战略与四个维度之间的关系如图 5-3 所示。

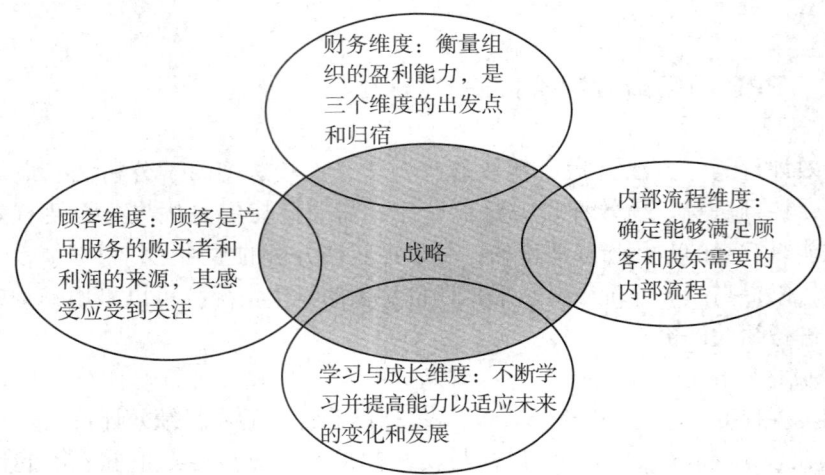

图 5-3　平衡计分卡的战略与四个维度之间的关系

资料来源：[美] 罗伯特·卡普兰，大卫·诺顿. 平衡计分卡——化战略为行动 [M]. 刘俊勇，孙薇，译. 广东：广东经济出版社，2013.

三、PPP 项目绩效评价的程序

PPP 项目绩效评价工作通常按照以下程序进行：

1. 确定绩效评价对象及开展方式。绩效评价可由绩效评价主体（各级行业主管部门、项目实施机构、财政部门）自行开展，或委托第三方专业机构开展。

2. 下达绩效评价通知。绩效评价主体确定绩效评价工作开展时间后，应至少提前 5 个工作日通知项目公司及相关部门（单位）。

3. 科学制订绩效评价工作方案。绩效评价主体应根据 PPP 项目合同中约定的绩效目标和指标体系，结合最新政策要求及项目实际编制绩效评价工作方案。内容通常包括项目背景、评价目的和依据、评价对象和范围、绩效目标和指标体系、评价方法、数据收集方法、评价人员分工、工作计划、管理控制等。项目建设期、运营期及移交期各阶段首次开展绩效评价，应对工作方案进行专家评审。

4. 组织实施绩效评价。绩效评价主体应根据绩效评价工作方案对 PPP 项目实施情况进行客观、公正的评价。项目公司及相关部门（单位）应积极配合。

5. 绩效分析及报告编制。绩效评价主体通过综合分析、意见征询，形成客观、全面的绩效评价结果，按绩效评价相关规定及要求编制绩效评价报告，绩效评价报告应当依据充分、真实完整、数据准确，内容通常包括项目的基本情况、绩效评价的组织实施情况、绩效目标的实现程度、存在问题及原因分析、评价结论及建议、其他需要说明的问题。

6. 报告报送与归档。各级行业主管部门、项目实施机构应将 PPP 项目绩效评价报告报送同级财政部门，同时将绩效评价过程中收集的全部有效资料，主要包括评价依据、绩效评价工作方案、专家论证意见和建议、实地调研和座谈会记录、调查问卷、绩效评价报告等一并归档，并按照国家有关档案管理的法律法规妥善管理。

四、PPP 项目绩效评价指标体系的构建

通常来说，PPP 项目绩效考核指标是对绩效目标的细化和量化，一般围绕产出、效果、可持续性和满意度几个维度构建指标体系。在构建 PPP 项目绩效指标体系过程中，首先，要根据绩效管理的主体、目标、内容，设置不同维度的绩效指标体系。其次，是在构建绩效考核指标体系中需要做充分的前期调查和资料收集、整理及研究工作，如明确 PPP 项目参与各方性质、合作内容、合作周期内各方职责权限；确定 PPP 项目具体提供的公共产品或服务的内容、功能、特性和产出标准；确定 PPP 项目建设、运营、移交各阶段设定的技术标准和对项目公司内部管理具体要求。一般来说，建设、运营、移交技术标准应该以行业或地区标准作为硬性指标，对项目公司人、财、物内部管理的要求则以 PPP 合同约定条款作出相应考核指标，根据项目可研报告及 PPP 合同细化项目预期效益、效果，确定用户满意度指标和项目可持续性指标的相关内容。

绩效评价指标体系设计

（一）政府层次绩效考核指标体系的构建

政府层次根据不同部门职能职责、在 PPP 项目中的参与程度和绩效管理与监督职能，可进行较为灵活的指标体系构建。政府层次绩效管理评价指标参考体系框架如表 5-1 所示。

表 5-1　　政府层次绩效管理评价指标参考体系

序号	一级指标	二级指标	三级指标	分值	备注
1	项目决策	项目立项	项目前期决策程序合规性		
			项目立项的科学性、合理性		
		引入 PPP 模式的前期论证	项目识别、筛选合规性		
2	项目运行及执行效能	项目运行合规情况	项目入库程序合规性		
			信息填报及时性、准确性		
			社会资本采购程序合规性和签约有效性		
		项目执行效能	政府监管框架设计及制度建立的严密性		
			部门对 PPP 项目监督与管理效能		

续表

序号	一级指标	二级指标	三级指标	分值	备注
3	项目产出及效益效果	项目产出物	建设期产出物达标情况		
			运营期产出物达标情况		
		项目效益是否达到预期	社会效益		
			生态效益		
			经济效益		
			其他效益		
4	满意度和可持续性	项目满意度			
		可持续性			

（二）项目层次绩效考核指标体系的构建

PPP项目层次绩效考核指标体系构建应分为建设期绩效考核指标体系、运营期绩效考核指标体系和移交期绩效考核指标体系三个维度。

1. 建设期绩效考核指标体系的构建。PPP项目建设应当遵循基本建设程序，在建设期绩效考核指标构建上，需根据项目管理及基本建设程序要求，将进度、安全、成本、质量、资金管理作为主要控制目标，按照投入、产出、效果、满意度、可持续性维度梳理一级指标，然后对一级指标进行分解，构建二级、三级绩效考核指标体系。以高速公路PPP项目为例，建设期主要绩效指标设置如表5-2所示。

表5-2　　项目层次建设期绩效管理评价指标参考体系

序号	一级指标	二级指标	三级指标	分值	备注
1	项目投入	融资管理	资本金及时足额到位		
			融资资金及时到位满足项目建设需要		
		资金管理	资金使用合规性		
			建立健全的财务（资产）管理制度和财务监控系统，并实现有效控制		
			工程费用按实审核、结算，不拖欠工程款		
		合同管理	参建各方能按照合同约定履行责任、义务		
			建立完善的合同台账并及时更新和保管		
			合同变更必要且符合法律法规规定		
		信息管理	信息收集、整理及时，并与工程进度同步		
			信息填制规范、清晰，信息反馈及时、有效		

续表

序号	一级指标	二级指标	三级指标	分值	备注
2	项目产出	项目进度	项目编制进度计划，并按照计划执行		
			根据外部情况变化，及时优化、调整进度，采取有效控制措施，保证工期目标		
		项目质量	建立完善质量保证体系及管理制度		
			工程质量满足设计要求		
			质量事故、问题处理符合规定		
		项目安全	建立安全管理制度及安全生产应急预案		
			现场安全施工措施得当，安全隐患采取了相应预防、整改措施		
			发生安全事故及时采取有效措施，防止事态扩大		
		项目成本	建立系统、完善的成本管控体系		
			建立成本预测、计划、执行和超支情况分析，将成本控制在约定范围		
			建立成本风险预警应对措施等		
3	项目效益及可持续性	社会效益	安全、文明施工		
			项目实施对区域经济带动情况		
		生态效益	水土保持和环境保护因地制宜，做到技术可行，经济合理		
		经济效益	项目收益达到预期效果		
		可持续性	项目发展规划设计合理性、可行性		
			项目公司与各方的沟通协调能力		
4	项目满意度	满意度	沿线居民满意度		
	合计				

2. 运营期绩效考核指标体系的构建。PPP项目运营绩效考核指标构建上，需根据PPP项目合同投标文件运营方案及项目公司进入运营期前报政府审核或备案的细化运营方案相关要求，将成本、质量、资金管理、安全作为主要控制目标，针对项目公司组织机构、制度建设和人员配备、主要运维项目技术标准等梳理一级指标，然后对一级指标进行分解，构建二级、三级绩效考核指标体系。

考虑到项目竣工交付运营，前期产能不能马上达标以及初始运营不稳定性，一般运营期考核指标先设定3~5年考核指标，待项目运营正常，且经过3~5年绩效考核，依据考核结果对指标进行测试后，对运营期考核指标再进行修正、完善。以高速公路 PPP 项目为例，运营期主要绩效指标设置如表 5-3 所示。

表 5-3 项目层次运营期绩效管理评价指标参考体系

序号	一级指标	二级指标	三级指标	分值	绩效考核标准
1	综合维护质量	路基路面	路面平整、无坑槽，路面清洁无杂物，路拱适度，路肩边缘线流畅、顺适、鲜明，路肩坚实，路基边坡稳定，边坡挡墙无破损	6 分	有坑槽扣 2 分/处，路面有杂物、路肩松散、有杂草、不整洁扣 1 分/处，边坡、挡墙破损扣 1 分/处
		桥涵等构造物	桥涵等构造物维护完好，排水通畅，外观整洁，桥面铺装坚实平整，栏杆完好，桥头涵顶连接顺适，无跳车现象，桥涵桥梁锥坡等砌体无破损	6 分	桥梁栏杆损坏、桥涵等排水堵塞、涵洞有杂物阻塞，桥头有明显跳车、锥坡砌体、基础有损坏，有杂草树木扣 1 分/处
		沿线设施	标志、里程牌、百米桩、防护栏栅等附属设施齐备，维护良好、完整、洁净，功能发挥正常	6 分	标志、里程牌、百米桩、防护栏栅等附属设施齐备，维护良好、完整、洁净，功能发挥正常。标志牌、里程牌、百米桩缺损扣 0.5 分/处
		生态绿化	路树整齐，绿化美观，路肩种植边缘草，设计绿化路段不留空白	6 分	设计绿化路段不绿化的空白段扣 0.5 分/处，枯树未清理、花草灌木不修剪扣 0.2 分/处，路肩不种植边缘草扣 1 分/处
		边沟设施	要及时修复砌体边沟损坏部位，保持完好状态。排水沟截面标准，常年保持畅通、整洁	6 分	砌体边沟损坏、排水沟截面不标准扣 0.5 分/处，排水沟不畅通每 100 米扣 1 分
2	制度及设施情况	机构及设施完善	养护管理部门设立健全，分工明确，各种工程、养护设施等均处于良好状态	15 分	设立的养护管理部门人员不到位扣 1 分；分工混乱扣 1 分，最多扣 5 分；养护机械、设施无法正常使用，扣 1 分/台，最多扣 5 分
		制度健全	各类养护管理制度健全	15 分	运营养护手册、养护实施细则等内容制定完善，每发现一处不完善事项，扣 1 分，扣完为止

续表

序号	一级指标	二级指标	三级指标	分值	绩效考核标准
3	财务管理	资金使用合规	财务核算体制完善，资金使用合规，专款专用	20分	建立了完善的财务核算体制，项目资金专款专用。支出依据合规，无虚列项目支出情况。财务核算体制不完善扣5分；虚列支出扣3~7分；依据不合规扣3~7分；扣完为止
4	路政管理	路产路权维护	安排专职人员巡查公路安全工作，及时发现、制止及向公路路政管理机构报告各种违法利用、侵占、污染、损坏和破坏路产的违法行为，配合路政执法人员查处各类路政案件，维持路产路权	20分	安排专职人员巡查公路安全工作，及时发现、制止及向公路路政管理机构报告各种违章利用、侵占、污染、损坏和破坏路产的违法行为，配合路政执法人员查处各类路政案件，维持路产路权得10分，反之扣分

3. 移交期绩效考核指标体系的构建。PPP项目移交阶段绩效考核指标构建上，需根据PPP项目合同、项目公司进入移交期前报政府审核的移交方案相关要求，将资产完整性、资金管理规范性、价值评估合理性作为主要控制目标，针对移交要求和技术标准梳理一级指标，然后对一级指标进行分解，构建二级、三级绩效考核指标体系。以高速公路PPP项目为例，移交期主要绩效考核指标设置如表5-4所示。

表5-4　　项目层次移交期绩效管理评价指标参考体系

序号	一级指标	二级指标	绩效考核标准
1	恢复性修缮	核查项目设施；消除实际存在的缺陷和隐患；检修、探伤、检测及易损易耗件更换等；政府方合理要求的其他检修项目	如未按期按照移交内容进行移交前修复，扣除移交保函中相当于恢复性修缮的金额
2	移交前审计	在特许经营期满至少十二个月前，项目公司应接受政府方按《中华人民共和国审计法》等有关法律法规规定对项目公司进行全面审计	如因项目公司或社会资本方原因未按期按计划完成移交前审计，扣除移交保函1%的金额
3	债务、担保等责任的处理	在特许经营期满至少三个月前，项目公司及社会资本方应解除和清偿项目中的任何债务、留置权、抵押、质押及其他请求权（政府方同意保留的除外）。政府不承担社会资本方及项目公司在项目建设期及运管期内形成的任何债务、担保以及应向任何第三方负有的责任	如未按期按计划完成债务、担保等责任的处理，扣除移交保函中相应全额

续表

序号	一级指标	二级指标	绩效考核标准
4	相关技术、权利的转让	社会资本方及项目公司应积极主动履行移交义务，移交内容以移交清单为准，包括但不限于项目及其附属设施，附属于运营和维护的机械、设备、库存和植被，以及所有的无形资产等资产。移交的项目资产应无任何抵押、质押等担保权益或产权约束，亦不得存在任何种类和性质的索赔权	如未按期按计划完成项目及相关资产的移交，扣除移交保函中相应价值的金额
5	备品备件	项目公司应向政府方无偿移交或提供半年内项目正常需要的消耗性备件和事故修理备品备件	如不按期移交或提供备品备件，扣除移交保函1%的金额
6	员工安置	项目移交前，项目公司应对项目公司人员进行妥善安置，政府方不承担任何责任	如未按期按计划完成员工安置，扣除移交保函1%的金额
6	接收人员培训	项目公司应向政府方报批对项目接收人员开展使用、养护、维修的培训计划，并严格按培训计划进行培训	如未按期按计划完成人员培训，扣除移交保函1%的金额
	移交验收	政府方应在接收人和项目公司代表在场时对项目设施进行移交验收。如果不能达到验收标准，项目公司应修正项目设施的任何缺陷，并重新进行验收	如两次不进行修正，从第三次起每次扣除移交保函的0.5%

五、PPP 项目绩效评价报告的审核

财政部门对绩效评价报告进行审核，重点关注绩效评价工作方案是否落实、引用数据是否真实合理、揭示的问题是否客观公正、提出的改进措施是否有针对性和可操作性等，必要时可以组织开展再评价。

六、PPP 项目绩效评价结果应用

PPP 项目绩效评价结果是按效付费、落实整改、监督问责的重要依据。财政部门、行业主管部门、项目实施机构、项目公司（或社会资本）应根据绩效评价结果，结合 PPP 项目合同约定应用绩效评价结果。

（一）按效付费

政府付费和可行性缺口补助项目，政府支付的费用应与绩效评价结果完全挂钩，具体挂钩方式和比例按照财政部门相关规定规范执行。对于绩效评价达标的项目，财政部门应当按照合同约定，向项目公司（社会资本）及时足额安排相关支出。

对于绩效评价不达标的项目，应分析原因并严格区分责任承担方。属于项目公司（社会资本）责任的，项目实施机构应督促项目公司（或社会资本）限期整改，评价结果和整改结果报送财政部门，财政部门应当按照合同约定扣减相应费用或补贴支出。不属于项目公司（社会资本）责任的，项目实施机构应明确责任主体并督促限期整改，评价结果和整改结果报送财政部门，财政部门应当按照合同约定向项目公司（社会资本）及时足额安排相关支出。

（二）使用者付费

使用者付费项目绩效评价结果须与项目公司（或社会资本）获得的项目收益挂钩。项目公司（或社会资本）须达到相应绩效评价标准与要求，才能全额获得合同约定的合理收益。未达到约定标准的，项目实施机构应执行项目合同约定的违约条款，可通过设置影响项目收益的违约金、项目展期限制或影响调价机制等方式实现。

（三）绩效奖励

项目实际绩效优于约定标准的，项目实施机构应执行项目合同约定的奖励条款，并可将其作为项目期满合同能否展期的依据。

综合实训

案例思考

"一带一路"PPP 项目案例——哥伦比亚马道斯（Mar2）高速公路

一、项目摘要

哥伦比亚马道斯（Mar2）高速公路项目位于哥伦比亚安提奥基亚省。该项目全长约 245 千米，包括 118.3 千米修复和完善路段，17.7 千米新建路段，另外与项目相连的 109 千米路段纳入经营维护范围内。

该项目通过公开招标方式选择合作方，2015 年 9 月 22 日中国港湾工程有限责任公司牵头的联合体中标。中国港湾以技术标、经济标总体满分的优势赢得该项目，成为中资企业在美洲地区中标的第一个 PPP 项目。2015 年 10 月 22 日成立项目公司，中国港湾作为牵头方，为单一大股东，其他五家合作伙伴占股 5%～20% 不等。项目现处于建设期。项目基本信息如表 5-5 所示。

表 5-5　　　　　　　　　　项目基本信息

项目名称	哥伦比亚马道斯（Mar2）高速公路 PPP 项目
项目意义	马道斯（Mar2）项目是哥伦比亚"4G 路网项目"的一部分；项目建成后将主要出口货物公路运输距离由 700 千米缩短到 300 千米，时速由每小时 30 千米提升到 80 千米，全面降低哥伦比亚进出口商品成本，极大改善和促进周边沿线经济发展；通过该项目，有益于中国港湾公司扩大哥伦比亚市场经营规模，进一步拓展哥伦比亚及周边地区市场
所属行业	交通运输——高速公路建设
运作方式	BOT
设计内容	设计标准为双向双车道，设计时速最高 80 千米/小时
建设内容	南段 136 千米公路，包括 118.3 千米修复和完善路段，17.7 千米新建路段
总投资额	6.56 亿美元
合作期限	29 年（准备期 1 年，建设期 5 年，运营期 23 年）
项目公司	中国港湾牵头，与哥伦比亚 5 家合作方组成的联营体注册项目公司，由项目公司负责该项目的融资、建设和运营

二、项目实施要点

（一）项目背景

项目所在的安提奥基亚省人口约 650 万，现有公路水平亟待提高。该省的主要出口港位于省会 700 千米外的巴兰基亚。本项目将打通省会至 300 千米外出海口图尔博港的通道。

本项目是哥伦比亚"4G 路网项目"的一部分，"4G 路网项目"由哥伦比亚交通部下属的基础设施局（ANI）负责招标，计划包括超过 40 个以 PPP 方式实施的超过 8000 千米的公路；包括 1370 千米的双向四车道公路和 159 条隧道。项目总投资预计 240 亿美元。

（二）投融资方案

项目建设期总投资为 6.56 亿美元，资本金最低为 1.50 亿美元。根据招标文件要求，按居民消费价格指数调整后初步估计资本金投入为 1.65 亿美元，剩余部分通过贷款解决。考虑当地对中国贷款利息预提税较高，中国港湾拟优先考虑使用美国或日本金融机构的美元贷款并在当地银行进行融资，以降低融资成本。

此外，由于当地货币近年来汇率波动较大，中国港湾初步拟定充分利用政府还款中的锁定汇率部分，用于偿还美元贷款本息，剩余部分贷款使用当地货币解决，以求降低汇率风险和融资成本。日本三井住友银行和国家开发银行已分别出具了融资承诺函，住友银行提出可联合当地银行组成银团为项目提供美元和当地货币融资的一揽子方案。

（三）建设与运营方案

项目由中国港湾作为总承包方负责建设，由 AECOM 和当地设计公司组成联合体负责设计。项目公司聘请独立第三方监理负责监督项目实施。工程承包采用总价合同,根据市场定价原则,由各合作伙伴和中国港湾共同比价并按照各自股比确定各自承包比例,确保项目合理收益。

(四)投资回报

本项目政府提供了较充分的补偿及担保形式,设立了较公平的风险分担机制,确保项目具有合理收益。建设投资部分政府每年还款额以社会资本方投标的固定金额为基数测算,运营维护部分政府承诺给予最小交通量保证,运营收益有政府最低保障。

资料来源:全国PPP综合信息平台项目库。

仔细阅读上述材料,思考并回答下列问题:

1. 设定绩效目标。
2. 构建项目运营期绩效评价指标体系。

第六章

政府投融资风险

知识目标
1. 了解政府投融资规模的定义和影响因素。
2. 理解政府投融资的融资风险和投资风险的内容。
3. 掌握政府投融资风险的防范措施。
4. 了解地方政府债务风险评价方法。

技能目标
1. 掌握政府投融资的衡量标准。
2. 能够根据政府投融资实际情况,灵活判断政府投融资的风险所在。
3. 能从具体事例中,辨别出政府的债务风险。

▶▶导入案例

目前我国地方政府债务风险的新特征

2015 年《预算法》修订以来,我国对迅速增长的地方政府债务进行了严格管控,取得一定成效。2018 年,我国地方政府债务余额达 183862 亿元,其中,一般债务 109939 亿元、专项债务 73923 亿元。地方政府债务余额超过了国债,政府债券成为债券市场第一大品种。同时,各类隐性债务形式不断出现,投融资平台债务继续增加。目前,地方政府债券等显性债务风险以及投融资平台等隐性风险出现了一些新特征。

1. 短期风险,以投融资平台隐性债务为主。2015 年对投融资平台债务进行了甄别,一部分划为地方政府债务,另一部分留在平台成为企业债务,要求其停止为地方政府融资功能,并转型发展。但从目前的实际情况看,转型发展缓慢,债务在持续增长,据 Wind 统计,到 2018 年底,城投债的余额为 7 万多亿元,已在债务市场出现个别投融资平台债务违约的案例。在银保监会统计的投融资平台仍在 9000 家以上。如这种趋势继续发展,短期内出现较大规模违约,需要政府救助的可能性较大。因此，投融资平台隐性债务风险，就成为我国地方政府短期债务风险的主要特征。

2. 长期风险，以债券发行制度改革后的债券债务风险积累为主。在2018年地方政府债券发行办法中规定，地方政府可以通过发行债券方式筹集资金，偿还当年到期债券本息，即借新债还旧债。2018年地方政府一般债券和专项债券增加了15年和20年两个长期债券品种。在当年还本付息压力较大的情况下，通过借新债还旧债，可以把债务负担延后15~20年，大大降低了债券债务现阶段大规模违约的风险。但是，这种借新还旧的方式，并不减少政府债务负担总额，只是调整了债务结构，将偿还债务本息的期限后移，形成以后年度债务风险的积累，即长期的债务风险。同时，专项债券风险的核心是项目收益能否满足还本付息的需要，如项目收益与债券期限不匹配，也可能发生债务违约，形成债务风险。

3. 区域风险，以极化和区域经济社会发展差距的进一步扩大为特征。从地方政府债务的存量和债务率来看，我国目前地方政府债务区域风险存在两个明显的特征：一是发达地区债务余额绝对量大，如江苏、浙江和广东等地区，其中江苏省2017年债券债务余额达1万亿元以上，是全国各省、市、自治区之首；二是贵州、云南、内蒙古等中西部地区的债务余额绝对量小于东部地区，但由于财政经济实力较差、债务率较高，有的地区越过了财政部划定的100%的红线。地方政府债务风险在区域之间的表现，尽管全国地方政府债务率为76.6%，但个别地区风险较大，一些市县仅靠自身财力偿还到期债务有困难，有可能出现债务违约。同时，地方政府债券的发行和使用，又进一步加剧了地区间经济社会发展的不平衡，陷入经济社会发展差距与债务风险的恶性循环之中。

4. 财政金融风险相互交织出新形态。由于财政金融问题的内在关联性，地方政府债务风险，同时也是金融风险。这一问题可通过财政货币政策协调、配合来解决。而2016年后，我国实行货币政策与宏观审慎政策双支柱调控框架，解决地方政府债务风险，不仅要和货币政策协调，还要和宏观审慎政策相协调。地方政府债务风险与金融风险相互交织的情况就更为复杂。国家采用宏观审慎监控工具调节金融机构信贷活动时，就影响到投融资平台的融资，以及地方政府债务的发行，就可能导致还本付息的违约。

资料来源：温来成. 当前我国地方政府债务风险控制的政策选择[J]. 清华金融评论，2019（9）.

第一节 政府投融资规模

一、政府投融资规模的含义

政府投融资规模是指各级政府在财政年度内通过预算安排的政府投融资资金

运用的总额。它是衡量一定时期政府用于投资方面的资源数量，同时也反映了政府对社会经济发展的影响力。

二、影响政府投融资规模的因素

（一）经济发展阶段

一般而言，一国的经济发展大致经历三个阶段：经济发展早期阶段、经济发展中期阶段、经济发展成熟阶段。经济发展的不同阶段，政府投融资资金运用的侧重点和投资规模范围会有所不同。

1. 经济发展早期的政府投资规模。在经济发展早期阶段，政府的主要职能是促进经济增长、加快经济建设，进而提高国民收入水平，改善国民生活质量，而收入分配问题处于次要地位。因此，政府在财政支出中往往会加大投资支出的比重，政府投融资资金运用规模也比较大、范围也较广，主要侧重于经济领域。如基础设施、支柱产业的投资。

2. 经济发展中期的政府投资规模。在经济发展中期阶段，政府的职能依然侧重于经济的发展，但同时也注重社会的安定、收入的公平分配以及国民素质的提高等。政府尽管还要对基础设施、支柱产业等经济领域进行投资，但投资的比重逐步下降。与此同时，由于经济发展，人们生活水平不断提高，在满足基本生活需要的同时，对教育、医疗、安全等方面开始关注。因此，政府会逐渐增加在这些方面的投资。这一时期，政府对经济领域和社会公共领域的投资并重。

3. 经济发展成熟时期的政府投资规模。到了经济发展水平较高阶段，政府职能开始侧重于社会稳定、收入的公平分配方面。其投资的主要目的从促进经济增长转变为社会安定和社会公平。这一时期，基础设施以及支柱产业的发展已经达到相当的高度，使得政府更加侧重于公共领域方面的投资。由于生活水平的大幅提高，人们对提高生活层次的这种需求迅速增加，同时由于这些公共领域的投资也有助于社会安定和社会公平的实现，因而政府用于这方面的投资大为增加。随着基础设施的不断完善和私人资本的日益壮大，政府投融资资金运用的重要性下降，投资数量和规模也会相对减少。可见，政府投融资资金运用规模与经济发展水平之间存在一定的关系，即经济发展水平越高，政府投融资资金运用量占社会总投资的比重就越小，尽管政府投融资资金运用的绝对规模可能上升，但相对规模一般而言是逐渐下降的。

◆ 拓展阅读

经济发展理论的重大创新

党的十九大报告对中国经济发展阶段的最新判断，既是对中国经济发展总任务的最新认识，也是中国经济机制体制改革的最新要求，更是立足于中国自身发展经验、发展战略以及发展成就基础上的系统性经济发展理论创新。

正确理解党的十九大报告所提出的全局性的经济发展新理论体系，就必须深入理解党的十八大以来中国经济改革和发展所探索出的一系列发展经验和改革举措。这既有利于我们认清党的十九大提出的新发展理念的传承脉络和形成机制，深刻理解全面建设现代化经济体系的内涵价值和改革重点，也有利于我们认清在中国经济社会发展到新高度、新局面和新阶段，中国社会主要矛盾已经转化为人民日益增长的美好生活需要和不平衡不充分的发展之间的矛盾的总体战略判断的内在逻辑和基本立足点。

在全面实现社会主义现代化和中华民族伟大复兴总任务的指引下，在全面建成小康社会阶段性目标的激励下，党的十八大以来中国所取得的一系列举世瞩目、前所未有的经济发展成就，核心在于对符合中国现实国情和发展阶段的经济规律的科学认识和把握基础上的多次经济发展理论创新。

这些理论创新和诸多新发展理念集中到一点，就是形成了党的十九大提出的"全面建设现代化经济体系"的全局性理论体系和重大理论创新。其中的关键创新点就表现在：一是对中国经济发展阶段的新判断，由高速增长阶段全面转向高质量发展阶段，处于转变发展方式、优化经济结构、转换增长动力的攻关期；二是对中国经济发展目标的新认识，强调必须坚持"质量第一、效益优先"的发展原则和发展目标，强调创新是引领发展的第一动力，是建设现代化经济体系的战略支撑；三是对中国经济发展改革任务的新使命，在坚持和延续供给侧结构性改革和全面建设创新型国家分阶段战略任务的基础上，突出了"三大变革"重点任务，即经济发展质量变革、效率变革、动力变革，通过建设实体经济、科技创新、现代金融、人力资源协同发展产业体系这个根本途径，最终将中国建设成为"科技强国、质量强国、航天强国、网络强国、交通强国、数字中国、智慧社会"全面新形态的中国。

资料来源：张杰. 经济发展理论的重大创新［N］. 学习时报，2017 – 11 – 01.

（二）经济管理体制

政府投融资资金运用规模和范围的大小不仅受经济发展水平的影响，而且还与一国的经济管理体制存在密切联系。政府投融资资金运用是一种政府行为，经济管理体制则是政府行为的客观制约条件，政府投融资资金运用职能在既定的经济管理体制下进行。不同的经济管理体制意味着政府投融资规模不同。

提示　经济管理体制是指在一定的社会制度下生产关系的具体形式以及组织、管理和调节国民经济体系、制度、方式和方法的总称。它分为宏观经济管理体制和微观经济管理体制两类。

在计划经济体制下，一切经济活动都由政府指令安排，政府掌握了全部的社会资源，全社会的投资活动主要由政府安排。因此，政府投融资资金运用规模显然比较庞大，投资范围也比较广泛。政府不仅参与公益性、基础性领域的资源配置，而且直接从事竞争性领域的经营活动。

在市场经济体制下，社会资源的配置主要通过市场机制来完成，政府的主要职能在于为市场机制的正常运行提供一个良好的外部环境。因此，相对而言，政府投资规模就要小得多。发达的市场经济国家政府对经济的影响是间接的，因此，政府投资在 GDP 中的比重也不会有较大变动。与市场经济体制相适应的财政模式是公共财政模式，财政的攻击范围严格限定在公共性领域，如公共安全、社会秩序、公用事业、科学技术、文化教育、基础设施、社会保障、环境保护等方面。营利性领域、竞争性领域主要通过市场机制来配置资源，相应的政府投融资资金运用规模就小。

（三）偶然性因素

政府投融资资金运用规模的大小还受一些偶然性因素的影响和制约。偶然性因素包括诸如全球金融危机，地震、海啸、泥石流等自然灾害。这些偶然性因素对一国经济乃至全球经济都会带来重大影响。政府作为宏观经济调控者，必须通过各种政策措施来消除偶然性因素所带来的诸多负面影响，其中政府投融资资金运用就是一个重要调节手段。

由美国次贷危机引发的全球金融危机，给世界经济造成巨大冲击，全球经济陷入低迷。在百年难遇的巨大金融风暴面前，美国、欧洲、日本以及发展中国家在这个特殊时期，都在穷其智慧刺激经济以摆脱危机。美国几乎要公开摈弃奉行多年的新自由主义原则，推出了 7890 亿美元的经济刺激方案，向濒临危机的主要金融机构不断注资输血；欧洲则打响了一场声势浩大的金融危机联合"反击战"，各国出台的救市方案资金总额累计超过 2 万亿美元；日本出台了多个经济紧急对策，动员资金超过 75 万亿日元；我国推出了以 4 万亿元人民币投资为代表的一揽子经济刺激计划。① 2010 年中国在全球主要经济体中率先复苏，并且有力地提振了世界经济。2009 年中国对世界经济增长的贡献率达 50%。为应对世界金融危机，各国的政府投融资资金运用规模急剧膨胀，一旦经济走出危机，政府投融资规模必然向正常回归。

◆ 拓展阅读

浅谈美国次贷危机对我国金融市场的影响

对于我国的金融市场改革，应该结合我国金融发展的实际现状，理论联系实际、创新与发展并举，寻找一个适合我国大环境的结构发展模式。然而次贷危机给我国金融市场改革所带来的机遇与挑战远比中国以外的其他国家金融市场所受到的损失重要得多。

一、次贷危机给我国金融市场带来的挑战与机遇

（一）我国金融市场面临的挑战

对于商业银行来说，金融危机发生后，全球的金融网络也将各种各样的负面信息传到了我国。全球的经济网络是一个整体，美国的次级贷款带来的危机也增

---

① 多国巨资救市 欧洲打响金融危机联合反击战［EB/OL］. 新华网，finance. jrj. cn，2008 - 10 - 14.

加了我国商业银行的不良贷款率，不良资产迅速的增加使商业银行的负担增大。同时，金融危机发生后，中国对美国出口最多的个人消费品的需求锐减，个人消费品支出增长放慢，使得中国的出口增幅呈现下滑的趋势，这势必会影响到我国经济的发展，像房地产等一些与经济增长联系密切的行业必定会受到影响，那么银行业对这些企业发放的贷款就有可能成为不良贷款，继而加大了银行业的贷款风险。

（二）我国金融市场面临的机遇

对于商业银行来说，金融危机爆发后，商业银行在金融体系中的地位逐渐显现出来。随着摩根士丹利和美国高盛宣布成为商业银行，银行业在整个金融体系中的地位也得到了巩固和加强。就我国国内情况来看，银行业资金规模庞大，在金融体系中居于主体地位。经历过此次金融危机后，不少银行在全球的排名不但没有下降反而上升了，足以体现我国银行的主体地位不可撼动。在风险可控的范围内，大力发展银行业，与此同时加强保险业、证券业、基金业的综合发展，有益于加强我国金融体系在国际上的竞争力，从而促进我国经济的发展。次贷危机发生后，许多国外金融机构遭受损失，急需资金，也正是由于上述我国银行业的优点，可以抓住这个机会，积极融入国际金融市场中去。

二、我国金融市场完善的思路

第一，鼓励民间资本进入金融业。民间资本进入金融业，对于促进金融机构的股权架构多元化具有重大意义，可以在改革中发展民营企业经济，并且对中小企业融资难的问题有很大帮助。从政府角度来看，已有许多家民营银行的试点已经获准筹建，开始运作了。从民营企业的角度来看，筹办民营银行的申请日益增多。这些资料都表明民间资本进入金融业在以后的发展中将会逐步壮大。

第二，加速利率市场化。我国利率市场化进行了 20 年之久，越是发展到最后，阻力越大。利益格局和改革经验方面的不足都是影响利率市场化的重要因素。未来的发展方向将是全面推进利率市场化，促进市场利率定价制度的健全。

第三，加快实现人民币资本项目可兑换。党的十八大报告提出要逐步实现资本项目可兑换，这是由于资本项目的开放是极具危险性的，应该给予其一个循序渐进的过程。实现人民币资本项目可兑换，丰富了人民币跨境产品和相关金融业务，可以促进外资企业进入我国，也推动了人民币国际化的发展，使人民币在国际市场上居于主导地位，从而推进我国金融和经济的发展。

第四，发展具有中国特色的金融监管制度。首先，应该放松金融管制，由于我国金融市场的管制较为严格，大量资金无法进入资本市场，金融市场无法进一步开放，这对于其发展是极为不利的。其次，随着金融市场的改革，我国新型金融产品如雨后春笋般出现，为了避免一些不法机构趁机找寻监管方面的漏洞，危害到国际经济发展，政府部门应该健全完善金融相关的法律法规，协助我国金融市场稳步发展。最后，中国可以借鉴国外金融中心的一些先进监管方式，再结合我国现阶段金融市场的状态，发展具有中国特色的金融监管制度。

资料来源：李婷．浅谈美国次贷危机对我国金融市场的影响［J］．现代经济信息，2016（27）．

自然灾害，这个偶然性因素往往也会对政府投融资规模带来显著性影响，特别是重特大自然灾害的灾后恢复重建具有紧迫性，而充足到位的资金支持是灾后恢复重建的关键所在。以我国最近几次重特大自然灾害为例，汶川地震灾后恢复重建所需资金总规模达 1 万亿元，玉树地震灾后恢复重建资金总需求约为 320 亿元，甘肃舟曲灾后恢复重建资金总需求为 50 亿元，其投资规模都是巨大的。为此，2003 年中央财政抗击非典财政拨款已超 50 亿元；2009 年，中央财政公共投资安排中，地震灾后恢复重建资金 1305 亿元，2010 年安排 974 亿元；2020 年针对新型冠状病毒肺炎疫情防控补助资金，中央财政安排 252.9 亿元。这几次重特大自然和不可抗力灾害使得我国政府投融资资金运用规模急剧增加。

三、政府投融资规模的衡量标准

（一）总量标准

按照凯恩斯学派的观点，短期宏观经济政策的重要目标是促进总供需均衡。投资需求是总需求的一个组成部分，投资增速是否适宜和投资规模合理与否，只能以总供需是否均衡为前提。从长期来看，前期投资所形成的生产能力又成为总供给增加的重要来源。所以，总需求和总供给是判断政府投融资资金运用适度规模的总量标准。

凯恩斯经济学

1. 总需求与适度投融资规模。在国民经济核算中，总需求 = C + I + G + X，其中，C 为消费，I 为投资，G 为政府支出，X 为出口额。在短期内，投资是一种需求，投资的实现过程，就是不断运用货币资金购买物资和支付工资的过程，就是不断进行购买和建造的过程。这一过程必然引起对生产资料和消费产品的大量需求，进而引起需求的增加，这就是投资的需求效应。投资扩张可能会导致社会总需求扩张，从而形成通货膨胀压力。如果通货膨胀水平已经很高，那么，投资继续扩大就应受到抑制。因此，当期所能供给的社会资本或生产要素能否满足投资需求的扩张，投资扩张是否会引起经济失衡和通货膨胀，就成为判断新增投资是否适度的重要标准。

投资需求与消费需求都是社会总需求的重要组成部分。投资需求的增长，必然要求消费需求相应的增长，因为投资需求是中间性、生产性需求，消费需求是最终性需求，最终性消费需求制约中间性投资需求。投资需求增长过快，就会引起生产资料供不应求、价格上涨；消费需求增长过快，就会引起消费品供不应求、价格上涨，人民生活受到影响。投资需求减少，就会造成生产资料的积压，企业无法进行正常的生产；消费需求减少，又会引起消费品的积压和浪费。可见，投资需求和消费需求的增长及其比例，在客观上要受生产资料和消费资料的增长及其比例的制约。当前，廉价的要素（土地、劳动力、资源）供给在很大程度上刺激了新一轮投资需求的扩张，而在我国人均资源量非常有限的情况下，如此大规模的生产要素低价供给是不可能长期持续的。因此，这样的投资需求扩张明显是不合理的，投资需求必然应当有效抑制。

2. 总供给与适度投融资规模。总供给 = C + S + T + M，其中，C 为消费，S

为储蓄（西方经济学是指当年的国民收入中没有被消费掉的部分，即储蓄等于收入减去消费），T 为税收，M 为进口额。投资也是长期的供给因素，投资的增长必须与消费需求的增长速度保持一致。但是，近些年来，我国的消费扩张速度始终明显落后于投资扩张速度。近年来我国社会消费品零售总额年均增长呈上升趋势，而同期全社会固定资产投资年均增长明显远超消费增长。投资扩张在一定程度上引起生产过剩现象。

中国消费升级过程中存在着消费率偏低、服务型消费供给不足、居民负债率上升过快、消费品工业制造与消费升级之间断层等问题，我国改革开放之初的 1978 年，最终消费支出对 GDP 增长的贡献率仅为 38.3%。[1] 消费率过低，导致生产投资驱动力不足，不利于健康稳定的经济发展。特别是近几年，投资和出口成为我国经济增长的主要推动力，消费需求对经济的拉动作用明显不足，在总需求中，消费和投资的结构失衡较为严重。

由于消费不足，投资过热，导致市场供给远远大于被抑制的需求，直至通货紧缩和经济严重衰退。所以，从总供给的角度分析，适度的投资增长还需要充分考虑消费和出口需求的适应性。

（二）经验标准

由于经济发展阶段、目标、模式、途径不同，不同国家的消费—储蓄（投资）结构存在必然的差异。投资率或消费率在不同国家比较时，不能不考虑本国经济发展的基本条件。随着投资率的上升，经济增长率趋于上升，两者存在明显的正相关趋势。即投资率越高的国家，经济增长率越高；投资率越低的国家，经济增长率也越低，消费率较高不利于保持较高经济增长水平。世界平均投资率为 23.6%，世界平均消费率为 76.3%。按照平均经济增长率的高低将 82 个国家和地区排序，并计算不同经济增长区间内所有国家投资率的均值，其中平均经济增长率达 6% 以上的国家的平均投资率为 30.4%，而其他增长区间或平均投资率则没有高于 24% 的。[2] 可见，要达到相对较高的经济增长水平，较高的投资率是必需的。

如表 6-1 所示，我国投资率偏高已是不争的事实。一国投资率过低还是过高，不能简单围绕投资率本身的同比或环比来判断，也不能简单地用国际平均水平去比较，而应结合本国的国情特点，以储蓄率为参考作出判断。我们知道，宏观经济均衡的条件是储蓄 = 投资。一国经济有多高的投资率，取决于它有多高的储蓄率。如果没有储蓄率的支撑，再低的投资率也是不可取的；相反，如果有储蓄率作为支持，再高的投资率也不可怕。一般来说，一国的投资规模基本上由其储蓄规模决定，但由于经济发展的阶段不同及当前世界经济的开放性不同，一国的投资规模并不完全决定于本国的储蓄规模。相反，它可能利用各国经济发展阶段的差异性，使自身的投资规模与自身的储蓄水平出现阶段性偏离。有的时期，

---

[1] 厉亚，潘红玉. 改革开放以来消费升级与进一步促进消费的对策 [J]. 财经理论与实践，2019 (3).

[2] 王沛沛. 浅析四万亿经济刺激计划之效果 [J]. 商业文化，2010 (8).

投资率可能大于其自身的储蓄率,出现通过对外负债引进外来储蓄补充国内投资所需的情形。而有的时期,投资率可能小于其自身的储蓄率,出现对外资本输出,把自身的储蓄资源借给他国使用的情形。一般来说,在一国工业化城市化尚未成熟的时期,是投资率相对较高、国内储蓄水平不足以供应投资所需的时期,这时一般靠对外负债引进资本,补充国内储蓄,加快现代化进程。当经济进入工业化城市化成熟时期后,国内投资效率低于资本输出效率,这时,国内的储蓄往往倾向于借给别国使用,一国资本往往对外输出。因此,当今世界,总体上是发达国家的资本向发展中国家输出,发展中国家经常通过引进国外储蓄来加快国内发展。从根本上来说,一国的投资率还是要围绕自身的储蓄率来确定,储蓄率成为决定和判断投资率高低及合理与否的根本标准。

表 6–1   2010~2017 年我国固定资产投资演变

年份	固定资产投资额(亿元)	增幅(%)
2010	251684	12.1
2011	311485	23.8
2012	374695	20.4
2013	446294	19.1
2014	512021	14.7
2015	562000	9.8
2016	606466	7.9
2017	631684	4.2

从不同收入国家和地区的工业化进程与投资演变规律来看,随着工业化和城市化程度的上升,投资率的演变呈现先从低到高,再从高到低的倒"U"形趋势。具体来讲,随着工业和服务业增加值占 GDP 比重的上升,不同收入国家的投资率均呈现先上升后下降的过程。我国高投资率的变化趋势符合一国工业化城市化发展过程中投资率演变的基本规律。中国的工业化城镇化对投资的需求是很大的,为尽快实现工业化和城镇化,我国在这一时期保持适当高的投资率是必需的。

(三) 效益标准

政府投融资资金运用增长及其结构变动会对宏观经济效益产生重要影响。因此,宏观经济效益高低可以成为判定适度投资的重要标准。通常用边际资本产出率(ICOR,又称增量资本产出率)衡量宏观经济效益。ICOR 即资本存量变动与产出增量(ΔGDP)的比率,当不考虑固定资产折旧时,资本存量的变动等于投资流量(I),即资本形成总额,所以,ICOR = $I/\Delta GDP$。ICOR 反映一个单位的 GDP 增量需要多少个单位的投资拉动,所以边际资本产出比率越大,表示投资效率越低;反之,边际资本产出比率越小,表示投资效率越高。

(四)外部性标准

适度投资的外部性标准是指投资增长、项目建设和企业投入要符合资源合理利用、生态环境保护、安全生产的基本要求,符合科学发展观与和谐社会的理念。如果相当多的投资是以破坏资源、损害环境和人的生命为代价,再低的投资增长也是过度的。相反,在合理利用资源、保护环境和安全生产的基础上的投资增长,即使增长率高一些,也可以视为适度增长。因此,在衡量政府投融资资金运用适度规模时,也应注重外部性标准的要求。

◆ 拓展阅读

经济转型需要重塑基建投资模式

2008年以来,基建增长长期快于制造业投资,这样的增长模式难以持续。中国经济需要重塑基建及经济增长的动力。国家统计局日前发布的数据显示,1~10月份,基础设施投资(不含电力、热力、燃气及水生产和供应业)同比增长4.2%,增速比1~9月份回落0.3个百分点。今年初,有不少人期望基建较快增长,成为拉动经济增长的动力。但在已经过去的10个月,基建一直维持低位增长,最高增速是1~9月的4.5%,低于固定资产投资的整体增速。与很多其他经济数据一样,基建增速也往往是在季度末达到高点,呈现反弹的迹象,但随后又会下滑,反弹的幅度不高,持续时间不长,显示动力难以持续增强。

纳入国家统计局基础设施投资统计范围的有13个行业,其中,投资规模排前3位的是公共设施管理业、道路运输业、水利管理业,占比超过80%。2018年以来,公共设施和水利的投资增速突然从高位滑落,甚至一度出现负增长,是导致基建增速降至个位数的主要原因。今年1~10月,这两大行业的投资增速分别为0.2%和0.6%。道路运输业的投资增速也大幅下滑,但目前还能维持在8%左右。

电信、广播电视和卫星传输,互联网和相关服务业的投资也属于基础设施投资,由于5G商用等原因,它们的投资增速今年一度比较高。但是,这两个行业的投资额较小,占基础设施投资的比例不到5%,即使较快增长,也难以成为拉动基建的力量。人们对新技术、新业态抱有较大希望,但它们的发展壮大、成为主流是需要一个过程的。在中国经济发展实践中,政府主导的基建也确实发挥过很大的作用,成为稳增长的重要手段。2012~2017年,公共设施管理业、道路运输业、水利管理业投资额的年均增长率都在20%左右。2017年,我国基础设施投资增长率仍然高达19%。但2018年,基建增速断崖式地降到了3.8%。今年有所反弹,但还是增长乏力。

基建增速自去年以来进入低增长,主要有两方面的原因。

首先,地方政府债务更加规范,基建资金来源收窄。2008年之后,地方政府通过融资平台以银行贷款等方式举债,产生了很多隐性债务,隐性债务是基建的主要资金来源。2014年10月以来,"修明渠、堵暗道",制止地方政府违法违规举债，地方政府举债采取政府债券方式，推广使用PPP模式。隐性债务被遏制，但PPP模式迅速发展，填补了基建资金的缺口，因而基建仍然很高。但这也导致PPP中存在明股实债等很多违规行为。于是，2017年11月以来，又开始对PPP进行规范。2018年，全国PPP综合信息平台项目管理库共清退项目2557个，涉及投资额3.0万亿元。这是2018年基建增速下滑的直接原因。交通运输和市政工程对PPP的依赖较大，所以道路运输业和公共设施管理业的投资增速大幅下滑。公共设施由于自身营利性差，受到的影响更大一些。与此同时，地方政府通过债券方式举债的渠道更加畅通。2018年12月，全国人大授权国务院，在当年新增地方政府债务限额的60%以内，提前下达下一年度新增限额，授权期限为2019年1月1日至2022年12月31日。2019年预算允许地方政府举借专项债务2.15万亿元，比2018年多8000亿元。专项债务是地方政府可以用于基建的资金，今年规模扩大而且提前下达。但实际运行情况表明，这个规模还不足以拉动基建加速增长。

其次，土地出让收入减速，将对地方政府专项债务的规模形成制约，难以对基建增长形成有力支持。地方专项债务以地方政府性基金收入偿还，其中主要是土地出让收入，占比达9成左右。而今年前三季度，土地出让收入同比仅增长5.8%。房地产市场进入调整期，土地出让收入将难以维持高增长。这将削弱地方政府引导基建增长的意愿与能力。近期有机构建议，明年应该大幅提高地方政府专项债务发行规模至3.35万亿元左右（占GDP的3.2%）。在土地出让收入及地方政府性基金收入低增长的情况下，大幅提高专项债务规模将使地方政府难以承受债务压力。

实际上，在当前形势下，基建增长减速具有合理性和必要性。2008年以来，基建增长长期快于制造业投资，这样的增长模式难以持续。中国经济需要重塑基建及经济增长的动力。

资料来源：https://m.hexun.com/economy/2019-11-19/199318819.html。

第二节 政府投融资风险管理

一、政府投融资风险的主要表现

政府投融资风险是指在组织财政融资和财政投资过程中，因政府投融资制度和手段本身的缺陷以及多种经济因素的不确定性而造成损失和困难的可能性。由于政府投融资的运作过程包括资金筹集—融资、资金运用—投资等环节，因此，政府投融资风险相应地表现为融资风险、投资风险以及风险责任。

（一）融资风险

融资风险是指筹资活动中由于筹资的规划而引起的收益变动的风险。政府投融资的资金来源主要来自财政拨款、国债、地方债、政府性基金、土地收益和政府收费等方面。这些融资方式可能形成的融资风险主要集中在国债及地方债上,即国债风险或债务风险。其表现和成因如下:

1. 国债规模大,增长快。据国家统计局数据统计,政府债务年度举债规模1981年为73.08亿元,1999年增长到3715.03亿元。此后,2003年发行国债规模为5442亿元,2004年为4808亿元,2005年为5042亿元,2006年增长为6933亿元。2003~2007年,我国对国债的依赖程度逐步加深,国债规模超出财政赤字的规模,2006年国债规模超出赤字规模5271亿元。直到2018年国债规模为3.68万亿元,2019年中国国债总规模高达4万亿元。国债发行规模的剧增,不可避免地导致政府累积未偿债务的增加,其隐藏的债务风险也随之加大。

2. 债务收入结构不合理,还本付息负担沉重。我国国债收入结构的不合理性集中表现在期限结构的不合理性和利率结构的不合理性两个方面,而导致不合理性的根源在于国债制度性管理方面缺乏合理的筹划,即缺乏主动性的举债决策,是一种被动的举债。

1996~1999年短期国债发行曾出现断档。其间历经改革,较好地丰富了长期国债的期限结构。所发国债的品种仍显单一,主要是具有储蓄债券性质的凭证式国债和电子式国债,不能流通转让,而可进入金融市场的其他券种数量少,体现了国债发行的目的是为偿还国债本息筹集资金的动机,同时也弱化了中央银行利用公开市场业务调控市场货币流通量的功能。在利率结构方面,除1981~1984年国债利率低于银行存款利率外,为了吸引投资者认购国债,国债利率一直高于同期银行存款利率1~2个百分点。从1999年以后,随着国债发行方式的市场化尝试,才使国债利率比较能够反映市场对国债的供求状况,但依然高于同期银行存款利率。短期国债的缺乏、发行品种的单一和较高的利率导致了我国国债还本利息量过大、过于集中而出现还债高峰期,影响了财政投融资的正常运行,陷入了借新债还旧债的恶性循环,加大了财政投融资的运行风险。

3. 债务收入过多地用于到期债务的还本利息,降低了国债的偿还能力。这反映出随着国债收入增加,用于弥补赤字的当年支出数越来越少,偿债能力越来越低。国家发行公债的最初目的是为了弥补中央建设性预算赤字和直接筹集建设资金。而弥补赤字实际上是把国债用于政府投资性支出,由此可以说,国债的发行目的就是为政府的基础产业投资筹集资金,通过投资项目的收益逐步偿还债务,以形成"以债养债"的良性循环机制。但由于债务收入过多地用于到期债务的还本付息,弥补赤字的部分大大缩水,从而使政府通过基础投资拉动经济增长的功能不能发挥。再加上多数国债还本付息额(储蓄性国债)属于居民消费性支出,使得国债的偿还不能通过债务收入使用的投资性支出定期回收来偿还,只能用新债的发行来筹措还款资金,形成"财政赤字化—赤字债务化—债务消费化"的恶性循环,最终必然导致债务危机,影响经济社会的有序运行。

与此同时，我国地方政府债务风险在局部已经显现。据国家审计署 2011 年 6 月 27 日发布的《全国地方政府性债务审计结果》报告，截至 2010 年底，全国地方政府性债务余额为 107174.91 亿元。而在 2020 年 1 月 22 日，财政部发布公告显示，截至 2019 年 12 月末，全国地方政府债务余额高达 213072 亿元，虽然控制在全国人大批准的 240774.3 亿元限额内，但已经接近限额边界。

财政部 2021 年 1 月 26 日发布数据显示，2020 年，全国发行地方政府新增债券 45525 亿元。其中，发行一般债券 9506 亿元，发行专项债券 36019 亿元。数据显示，2020 年，全国发行地方政府再融资债券 18913 亿元。其中，发行一般债券 13527 亿元，发行专项债券 5386 亿元。2020 年，地方政府债券平均发行期限 14.7 年，平均发行利率 3.40%。截至 2020 年 12 月末，全国地方政府债务余额 256615 亿元，控制在全国人大批准的限额之内。①

可见，未来潜在的债务风险很大。地方政府债务风险一旦形成并引发地方财政支付危机，危害将十分严重。一方面将会大大限制地方政府对基础设施、教育、科技等地方公共产品的投入，使经济发展的外部环境难以改善，延缓地方经济发展；另一方面财政支付危机造成的干部职工工资拖欠，国有企业破产财政兜底、下岗人员生活费和再就业、企业离退休人员养老金等支出缺口，不仅会影响群众生活，还将会严重威胁国家的经济安全和社会稳定。

（二）投资风险

政府投融资项目的投资与其他投资项目一样，投资运作过程中的不确定性因素同样存在，项目预期收益与实际收益的不一致将会导致投融资项目的资金无法收回，这种投资贷款的坏账构成政府投融资运作过程中的投资风险。

1. 按风险的性质划分，将政府投融资的投资风险划分为系统性风险、非系统性风险以及总风险。

（1）系统性风险是指由于全局性事件引起投资收益率变动的可能性。这种全局性事件包括一国或国际上的宏观经济、政治和社会环境等方面的变化而形成的事件，它们会同时影响整个投资预期收益。由于这种风险存在于所有投资项目之中，而且是政府投资者无法通过分散投资等管理措施来加以消除，故又称系统性风险为不可分散风险或不可避免风险。

（2）非系统性风险是由非全局性事件引起的投资收益率变动的可能性。这种非全局性事件主要是指个别企业或行业自身因素（如决策失误、新产品研制失败）导致其经营状况发生变动的事件。这种非全局性事件与其他公司或行业不存在大的关联，它只会造成一家企业或某个行业投资收益率的变化，而不会影响其他企业或行业的投资收益率。由于非系统性风险与市场的整体作用无关，因此，政府投资者可以通过有效的管理和适当的投资方式来分散或减少该"微观风险"，故又称非系统性风险为可分散风险或可避免风险。

---

① 李华林. 2020 全国发行地方政府新增债券 45525 亿元［N］. 经济日报—中国经济网，www.ce.cn，2021-01-26.

（3）总风险是指政府投资者在投资回收期内由一切事件引起的投资收益率变动的总可能性。它由系统性风险和非系统性风险组合而成，在数值上等于两者之和。用公式表示为：总风险＝系统性风险＋非系统性风险。

2. 按风险的来源划分，将政府投融资的投资风险划分为市场风险、运营风险和财务风险。

（1）市场风险又称投资决策中的风险，是指经济、政治和社会环境等方面出现无法预计的变化，使政府投资项目的未来收益变得不稳定的可能性。这是政府投融资活动中最普遍、最常见的风险，在性质上属于系统性风险。当经济运行出现无法预计的变动如战争、通货膨胀、经济衰退以及利率、汇率变化时，将导致投资项目的部分失败或完全失败，导致大量政策性贷款不能如期收回，形成政府投资决策中的风险。这是政府投资所面对的外部环境风险，如政府投资高新技术产业。高新技术产业在商品化和市场化的过程中存在较大风险，从国民经济的整体发展来看，高新技术投资项目又是增强国家经济技术实力和培育新经济增长点的关键因素，成为政府投融资的一个重要投资领域。政府投融资运作机构在支持高新技术产业化的投资过程中，由于投资项目资金量大、失误率高，必然加大投资决策的风险性。因此，任何一笔投资贷款都可能蕴含着不能按期收回甚至根本无法收回的风险。市场的这种波动有时难以预测，因此市场风险最容易给政府投资者造成损失。

（2）运营风险又称经营风险或管理风险。它是指政府投资者（财政部门和政策性金融机构）在选择、确定投资项目时，因审查不严、管理不善、监督不力等原因而导致资金使用方向发生变化，投资项目效益低下，从而造成政府投资收益减少或投资资金损失的可能性，在性质上属于非系统性风险。例如，通过财政投融资，政府意在将民间部分闲置资金和储蓄资本集中起来，通过对基础产业进行投资改善国民经济发展中的"瓶颈"制约，形成"乘数效应"，借以拉动经济的增长。通过对高新产业的投资，提升产业结构，增强国民经济发展的潜力和国民经济竞争力。从债券市场筹措的资金用于基础产业方面的投资风险已经形成。一些国债建设项目存在挪用投资资金或不按规定使用资金的情况；一些国债建设项目前期论证不足，属于边勘探、边施工、边设计的"三边工程"；一些国债项目在建设过程中出现概算变动超过概算的情况，并随工程的进展而潜伏着重大隐患；一些国债建设项目存在配套资金不落实的问题，出现资金缺口，影响工程进度，拖长工期，而且对今后的财政投资造成很大的影响。资金不能专款专用和资金的缺口一方面使政府的政策目标无法达到，另一方面重复建设和工程质量风险必然带来资金运作的低效率甚至无效，形成管理风险。

（3）财务风险又称拖欠风险。它是指因政府所投资的企业或行业的财务运营结果不佳而导致政府投资得不到应有补偿的可能性。财务风险主要由破产风险、回收风险和违约风险等构成，在性质上也属于非系统性风险。破产风险是指企业或行业由于经营管理不善或其他原因而导致负债累累，难以维持，只好宣布破产而给政府投资者造成损失的可能性。回收风险是指政府投资项目完成后投资贷款不能按时收回的可能性。政府投融资投资贷款的回收，从资金运动过程来考察，一般包括两个过程，即从产品销售或提供服务转化为结算资金和从结算资金转化为货币资金。由于这个转化过程在时间和规模上的不确定性，就形成了资金回收风险。违约风险是指企业或行业在投资项目建成或任务完成后，以种种借口不履行还款义务而给政府投资者造成的损失。如在政策性农业信贷资金的使用上，长期以来就存在着挤占、挪用、流失等不良现象。由于政策性银行的资金投放具有很强的政策性，资金投向上的确定性、资金投量上的保证性、经营目标上明显的非营利性，致使政策性信贷资金到期难以收回。一些经营企业使用贷款到期不还并在利益的驱动下，面对条件优惠的政策性资金，通过多头开户、直接挪用等方式将资金挤占挪用，极大地影响了政策性资金的利用效率，使违约风险加大。

（三）风险责任

风险责任是指投融资项目的财务风险管理。狭义的财务风险管理是指财务风险的控制，具体包括财务风险的决策、风险的防范和风险的处置等手段。

1. 财务风险的决策。财务风险的决策是指在风险评价的基础上，对风险决策方案所进行的比较与优选，选择最有利的方案，从而决定接受贷款的企业准备承受多大的风险。在风险决策中，除了需要考虑某个决策方案的可能结果，还要注意各个结果出现的概率的大小。由于财务活动的最终结果只有一个，因此，这种决策无论选择何种方案都存在一定的风险。而风险决策是风险控制的重要环节，决策者可以根据企业承受风险的能力，选择适宜的可行性方案，以达到控制风险的目的。

2. 风险的防范和风险的处置。风险的防范和风险的处置是指对政府投融资风险的形成、发展进行综合性、整体性的分析和判断，对不断变化的风险的基本特征和变化趋势进行动态把握，做出客观、全面和系统的对应策略和实施的具体措施。

二、政府投融资风险的防范

政府投融资风险的形成，既有主观性又有客观性。主观性体现在财政政策和财政制度的滞后性和缺陷性；客观性是指社会经济运行过程中存在着不确定性及由此导致的各种危机，主要体现在经济发展水平、管理水平以及经济结构等诸多方面的因素。但不管是哪种因素，只表现为可能性，可能性要转化为现实性还有一个过程。防范政府投融资风险其实质就是让这种风险的可能性消除或降低到最小的限度所应采取的措施。

从防范和缓解政府投融资风险来说，应着重通过制度选择及相关措施来逐步缓解风险和分散风险。在此过程中，促使社会经济运行中的风险通过市场机制动态地得到化解，以有效控制和防止风险的累积，达到降低社会经济系统整体风险的目的。政府投融资风险的防范与控制，可采取以下措施：

（一）建立和完善科学的政府投融资运作体系和管理体制

政府投融资制度建设的重要环节是根据我国市场经济运行的要求，借鉴国外政府投融资的成功经验，建立和健全符合我国实际情况的政府投融资体系，其中极为关键的是建立高效的运作机构与科学的管理体制。

1. 成立政府投融资运作委员会。建立中央和地方两级政府投融资的管理体制。中央政府投融资是以财政部为主，设立财投资金运用部，在编制财政投融资计划时，要有国家发展改革委、中央银行参加。地方政府投融资部门要接受中央政府投融资管理部门的领导，地方政府投融资的融资和投资的规模、贷款形式、利率、期限等要受中央政府投融资管理部门的协调和监督。同时，向地方权力机构负责，以便既利于中央政府的宏观调控，又适应地方经济发展的需要。

同时，确定政府融资平台的监管部门，明确监管责任。在明确各级财政为主管部门的同时，明确由证监会和银监会及其各级分支机构对其进行金融监管。监管范围包括市场准入、市场退出、融资计划、高管任职资格审核、风险稽查等。各级政府财政部门必须会同金融监管部门核定本级政府通过融资平台的总体融资计划，将政府及其融资平台的负债率控制在可以承受的范围内，以防范政府过度负债可能产生的财政风险。

国家对政府投融资机构的管理要以法律和法规为依据。由于政府投融资机构一般是专业性的，各运作机构在业务内容、运作方式等方面有较大差别，所以要逐步建立和健全对政府投融资机构的管理法规体系，实行一种机构有一种具体法规制度的方式，以确保财政投资资金的投向、贷款利率、操作方式等符合政府的政策意图。

2. 理顺政策性银行隶属关系。政策性银行作为政府投融资的中间运作机构，在贯彻国家政策、支持经济建设过程中发挥着积极作用。但是，目前在我国，政策性银行独立于财政和银行之外，由国务院直接领导，是与财政部、中央银行并行的机构，这样，人为地割断了政策性银行和财政投融资的联系，分散了财政资金。同时，由于我国政策性银行资金来源狭窄，除了财政拨付的少量资金外，主要通过向国家商业银行推销其金融债券来取得资金来源。在我国商业银行倒逼中央银行投放基础货币机制没有彻底解决的情况下，这部分政策性金融债券的投放最终还是迫使中央银行增加基础货币投放，扩大货币供应量。因此，在没有国家财政作其基础的情况下，我国政策性银行既分散了财政资金，又影响了中央银行对货币的控制。事实上，政策性银行与财政投融资一样，都是以政府信誉为基础，以政府意图为目标，以财政为后盾，执行财政投资职能，引导社会投资方向，满足基础设施、基础产业、重点建设项目的资金需要。因此，应把政策性银行归口财政领导，纳入财政投融资计划，营造中国政府投融资运作新体系。

在健全政府投融资运作机构体系的基础上，确立中央政府投融资和地方政府投融资的关系。按照事权和财权相结合的原则，中央政府投融资主要承担关系国民经济全局的、跨地区的、全国性的重大基础设施投资项目；重大和关键的高新技术产业投资项目；涉及生产力布局和区域开发的重大投资项目，以及少数需要巨额投资或具有一定风险的基础产业投资。地方政府投融资则负责本区域的基础项目投资；促进地方经济发展的高新技术产业投资项目；与持需要政策倾斜的企业等。

3. 建立政府投融资风险预警防范机制。根据世界各国经验，建立完善投融资风险保障制度、规避风险制度以及投融资监测制度等多样化举措，将投融资风险减到最低。

（二）确定国债发行规模，拓展合理的政府投融资运作空间

根据国家宏观经济发展的需要，与财政政策和货币政策等宏观经济政策目标相协调，确定合理的政府投融资运作规模，将财政融资和投资规模界定在需要的范围内。政府投融资的资金来源是以国家信用为背景和以金融为原则，政府投融资的大部分资金是通过金融市场而不是以政治权力强制形成的。国债是政府投融资的主要资金来源之一，具有弥补赤字和筹集建设资金的功能。由于政府预算规定财政出现赤字不得向中央银行透支，为弥补财政赤字，国债规模不断增大。同时作为政府投融资的融资手段又以如国家建设债券、特种公债等形式进行债券融资。因此，对预算内国债的发行规模与政府投融资债券融资规模应统一进行考虑，政府债券规模要与政府财政的偿还能力相适应。总体规模应保持在合理的界限内（根据国际经验，政府债券规模应限制在当年税收收入的20%以内为宜）。另外，政府投融资的资金运用要保证投资项目有相应的偿还能力，形成投资资金的良性循环，以减轻政府的还债压力。

拓展政府投融资的运作空间，按照政府投融资在市场经济条件下的定位和要求，确定其合理规模，拓宽其融资渠道。逐步采取资本市场融资的方式，在既定的运作方向和范围内，采用股权或证券投资、贷款、担保等方式，运用政府投融资资金，实行投融资方式的多样化，确保政府投融资运作目标的实现。

（三）扩大偿债基金规模，硬化预算约束

由于历史原因造成国债规模和偿债压力巨大，加之某些国债投资项目经济效益低，决定了国债偿债基金的来源主要有以下几个渠道：第一，国债投资回收资金。国债投资项目具有一定的经济效益和较高的社会效益，因此其回收额应是偿债基金最主要的资金来源。第二，在暂时根本无法摆脱"借债还债"困境的情况下，根据当年发行和偿还额，合理地从债务发行收入中调拨部分款项。第三，增加从政府预算中拨付偿债资金比例，扩大偿债基金规模。

建立地方债务偿债基金。地方政府应当建立与地方融资平台债务规模相适应的偿债基金，并制定地方融资平台债务偿还基金管理办法，规定相应的偿债程序。在地方融资平台无法偿还债务的情况下，由地方政府动用偿债基金"兜底"。

（四）优化国债结构，提高政府投融资项目的经济效益

根据国民经济发展和财政动态平衡的要求，通过合理筹划债务期限结构、利

率结构和数量结构，使其分布更趋合理化，推迟间歇性还债高峰的出现，缓解财政偿债压力。同时，实施债种创新和发行及偿还方式的创新，加快市场化进程，使国债利率和发行更能反映市场供求，为中央银行公开市场业务功能的发挥创造良好的环境。

打通地方政府及其平台直接融资渠道，逐步优化融资平台的融资结构。给予地方政府发债权，由各省、市级政府量力而行地制订地方政府发债计划，由中央财政统筹核准，由相关监管部门审批。允许融资平台发债、发券，准予其进入资本市场融资。鼓励地方政府及其融资平台进行直接融资的政策措施，鼓励融资平台改变过分依赖银行贷款的融资结构，能够形成包括间接融资和直接融资在内的多元化融资结构。

加强政府投融资项目的管理，从国民经济发展和产业结构调整、地区经济结构调整等战略性要求出发，严格支取使用管理制度；投资项目选择上应将宏观经济效益和微观经济效益相结合，通过严格科学的可行性研究和概预算审查及项目执行过程的有效控制，提高投资回收率，缩短投资回收期，逐步实现"以债养债"的良性循环。

（五）切实转变政府职能，为企业创造良好的外部环境

对除关系国家安全和必须由国家垄断的领域外，其余领域都应允许社会投资进入。鼓励和允许外商投资进入的领域，都应向社会投资开放。向社会投资开放的领域，应允许社会资金以独资、合作、联营、参股、特许经营等方式进行投资。应鼓励社会资金参与国有经济战略调整。必须坚决制止乱收费、乱罚款、乱摊派现象。制定鼓励和引导社会投资的政策措施，在土地使用、信贷、税收、贴息、进出口等方面，对各类企业应一视同仁。

政府应研究建立为中小企业服务的信用担保机构和风险投资基金。支持具备条件的中小企业通过发行企业债券、股票上市等办法进行直接融资。

（六）加强法制建设，防范权力腐败和渎职行为

要有效运作财政投融资，把政府的政策目标变为现实，在很大程度上取决于政府对财政投融资运作制度的精心设计和不断完善的管理。财政投融资的管理着重解决对制度运行中的各种操作问题和运作风险的控制，而其中管理人员的业务水平和职业道德是导致财政投融资运作效果弱化或失败的重要因素。

1. 投放决策失误。一些管理人员对经营方向、重要立项、大额资金使用等重大决策，不按投放审批程序和制度办事，不请专家论证，独断专行，结果造成决策失误，使国家蒙受重大损失。或虽有投放审批程序和制度，但在具体操作中往往草率行事，一些投资项目缺乏可行性研究就盲目上马，或"可行性研究"不科学、不真实，结果造成大量周转金无法收回。

2. 存在"寻租"现象。政府投融资的资金运作有着严格的政策性和方向性，但资金管理部门的一些管理人员行为缺乏规范性，违规违纪投放资金，致使政府财政投资资金难以发挥应有的作用，资金沉淀和呆滞现象严重。为此，必须强化

管理人员的职业道德，提高管理人员的业务水平，尽快制定政府投融资管理的有关法律法规，从制度上防范权力腐败和渎职行为。

第三节 国债风险

国债风险

国债，又称国家公债，是国家以其信用为基础，按照债的一般原则，通过向社会筹集资金所形成的债权债务关系。国债是由国家发行的债券，是中央政府为筹集财政资金而发行的一种政府债券，是中央政府向投资者出具的、承诺在一定时期支付利息和到期偿还本金的债权债务凭证，由于国债的发行主体是国家，所以它具有最高的信用度，被公认为是最安全的投资工具。

国债是债的一种特殊形式，同一般债权债务关系相比具有以下特点：第一，从法律关系主体来看，国债的债权人既可以是国内外的公民、法人或其他组织，也可以是某一国家或地区的政府以及国际金融组织，而债务人一般只能是国家。第二，从法律关系性质来看，国债法律关系的发生、变更和消灭较多地体现了国家单方面的意志，尽管与其他财政法律关系相比，国债法律关系属平等型法律关系，但与一般债权债务关系相比，其体现出一定的隶属性，这在国家内债法律关系中表现得更加明显。第三，从法律关系实现来看，国债属信用等级最高、安全性最好的债权债务关系。

◆ 拓展阅读

新冠疫情使中国债券市场受青睐

英国《金融时报》网站报道称，新冠肺炎疫情引发市场剧烈震荡，动摇美国国债、黄金和日元等传统避险资产。美政府债券价格创历史新高，收益率较中国政府债券低近 2 个百分点，创近 9 年来最大利差。因此，中国 13 万亿美元的债券市场成为了一个出乎意料的避难所。2 月，在中国债券被纳入全球基准指数的推动下，海外投资者向中国债券市场投入 107 亿美元，3 月保持上升势头。

资料来源：https://www.ndrc.gov.cn/fggz/gjhz/zywj/202003/t20200331_1224804.html。

一、国债风险评价

国债风险是指在国债发行、流通和使用中形成的融资风险。国债风险的核心在于到期能否偿还债务，这与国债规模、国债收支结构等紧密相关。

（一）国债的应债能力

1. 负债率。负债率即当年国债的余额占 GDP 的比重，衡量一个国家债务承担能力，也即国债负担率。反映社会经济总规模对政府债务的承载能力或经济增长对政府举债的依赖程度。该指标数值越高，债务风险越大。国际公认的警戒线为60%。

一个国家的债务是否可持续，技术上的定义是债务占GDP的比重是否可以稳定住。如果该比重持续上升，债务就不可持续，因为该比重的持续上升将使债券市场对国债失去信心、利率上升，最终导致国债违约（政府倒闭）。

一方面，过去多年来，相关部门陆续允许并不断扩大外资机构参与这一市场，无论在该市场上发行债券还是参与二级市场交易，均以一定的速率持续增加。另一方面，通过托管结算系统的对外连接，以及诸如"债券通"等机制的安排，中国债券市场不断扩大同周边市场，以及全球范围内的其他市场的互联互通的广度与深度。比如，自2019年4月起，人民币计价的中国国债和政策性银行债券被纳入彭博巴克莱全球综合指数（Bloomberg Barclays Global Aggregate Index）。德意志银行在2017年预计称，将有7000亿~8000亿美元的外资在未来五年内流入中国债券市场。债券发行已是非金融类企业获取债务资金尤其是中长期资金的主要渠道之一。2018年非金融类企业累计发行债券近7.8万亿元，占当年各类债券发行总额的18.1%，比当年各类金融机构对非金融企业及机关团体的新增贷款8.3万亿元仅少5000亿元。[1]

提示 彭博巴克莱指数（Bloomberg Barclays Indices）是由彭博有限合伙企业（Bloomberg L. P.）提供的债券指数，创立于1973年，曾先后以库恩·洛布（Kuhn Loeb）、雷曼兄弟（Lehman Brothers）和巴克莱（Barclays Capital）指数的名义发布，2016年被彭博有限合伙企业收购，是世界范围内最重要的固定收益参考基准之一。

彭博巴克莱全球综合指数是彭博巴克莱指数的成员之一，彭博巴克莱全球综合指数成分证券总市值高达54万亿美元。指数成分主要计价币种包括美元、欧元、日元、英镑等。

2. 居民应债能力。居民应债能力是指居民当年认购国债总额占当年居民储蓄存款余额的比例，反映社会上能否有足够的资金来承受债务的规模。

运用国债政策来调控经济，必须要使国债保持适度的规模。在资本市场不很发达的国家，国家投资在很大程度上是依靠动员居民储蓄来完成的。20世纪80年代至90年代前半期，我国的居民应债能力太低，在1%上下徘徊，而国债规模却是年年递增，但是居民购买的国债总额的增长幅度总体上慢于居民储蓄存款的增长率，所以居民应债能力一直在低水平徘徊。当前，我国居民的储蓄迅速提高，居民应债能力相应也在增强，但每年国家的债务规模较低，远远不能满足居民的国债购买力，大量储蓄不能转化为政府的国债融资，居民盲目投资受损，非法集资甚至会形成"热钱"，冲击国民经济，严重影响了经济的发展。在我国经济受到外部冲击和内部进行调控的形势下，提高居民的应债能力应当是必然的政策选择。

---

[1] 正确认识和把握中国债券市场的发展与运行[N]. 上海证券报，2019-03-28.

（二）国债的偿债能力

1. 国债偿债率。国债偿债率是指一国国债的当年还本付息额占当年财政收入的比重。这一指标反映了国债发行规模与财政收入的适应度，指标值越低，说明该国的财政偿债能力越强；指标值越高，说明中央政府支出的相当一部分是用来偿还债务的，偿债能力越弱。

1989 年以前我国的国债偿债率在 3% 左右，其原因在于我国从 1986 年才开始进行国债的还本付息，从 1990 年起国债偿债率呈迅速上升趋势。当然，我们不能忽略各国财政收入占 GDP 比重的差异。以 2018 年为例，我国 2018 年预算内财政收入占 GDP 的比重仅为 19.9% 左右，而西方国家财政收入占 GDP 的比重为 31.14%。如果考虑我国的财政集中度，我们在评价国债偿债率时，就不能简单地拿《马斯特里赫特条约》规定的 10% 警戒线来作为我国的标准。因此，根据我国目前国情，将国债偿债率上限修正为 20%。

导致这种结果的原因大致可归纳为两点：一是我国财政收入占 GDP 的比重比较低，而中央政府自 1994 年以来就不允许向银行透支；二是我国的国债以中期债务（3~5 年）为主，因而中期国债的偿债率相对来说显得比较集中和庞大。这些因素都促使我国的国债偿债率较高。在中央财政的困难始终得不到扭转的情况下，国债规模势必会越来越大，财政危机的可能性就会越来越大。

2. 债务依存度。债务依存度，即公债的发行额（债务收入）占一般财政支出加债务还本付息支出的比重，反映的是政府财政支出对债务收入依赖程度，警戒线为 20%。中央财政的债务依存度指当年国债发行数占中央财政支出的比重，表示中央支出对债务的依存程度，可间接表示偿还能力，控制线为 25%~35%。

当国债的发行量过大，债务依存度过高时，表明财政支出过分依赖债务收入，财政处于脆弱的状态，并对财政的未来发展构成潜在的威胁。因为国债毕竟是一种有偿性的收入，国家财政支出主要还是依赖于税收，债务收入只能是一种补充性的收入。因此，国债规模的合理性主要可以根据这一指标来判断。

以 2018 年为例，我国国债占 GDP 比例规模高达 21 万亿美元。以国家财政的债务依存度 15%~20%、中央财政的债务依存度 25%~35% 来衡量，28.2% 的国家财政的债务依存度虽然超出了国际上公认的控制线，但未超出太多。

国债偿债率是指当年国债还本付息额与当年财政总收入的比率。债务收入的有偿性决定了国债规模必然要受到国家财政资金状况的制约，因此，要把国债规模控制在财政收入的适当水平上。国际警戒线为 8%~10%，西方发达国家一般在 7%~15%，我国的中央财政收入占国家财政总收入的比重逐年下滑。而且，从 1994 年起，国债的发行规模剧增，由此导致债务支出总额上升，到 1998 年甚至超过 23%，大大超过国际警戒线。如果中央财政困难得不到扭转的话，就不得不走"借新债还旧债"的路子，这一点要引起特别重视，以防引起偿债困难从而导致经济金融的全面危机。

（三）国债的负担率

国债负担率是反映国民国债负担水平的指标，表明国民经济对国债的承受能力，一般用国债当年负担率和国民经济负担率来表示。国债当年负担率指国债当年的发行额占当年GDP的比例，反映当年国债发行量相当于当年经济总规模的大小；国民经济负担率指当年国债余额占当年GDP的比例，它进一步体现了国家总债务对宏观经济的影响程度。国际公认的国债负担率的警戒线为：发达国家不超过60%，发展中国家不超过45%。而我国的国债负担率很低，一直都低于20%，大约为16%左右，远小于《马斯特里赫特条约》要求欧盟国家的60%。

但我们不能就此认为国债规模还可以进一步扩张。首先，我国的国债负担率呈上升趋势，基本上每年上升2个百分点。相对我国GDP的平均增长率，国债余额年增长率是很高的。照此速度发展下去，国债规模很可能达到难以控制的程度，这一点无法与有着悠久国债历史的发达国家相比。其次，尽管西方发达国家的国债负担率较高，但它们的财政收入占GDP的比重较高，一般为45%左右，而我国财政收入即使加上预算外收入，也只占GDP的20%左右。因此，我国对外债务的承受能力要弱一些。

当然，若与发达国家相比，我国该指标偏低，美国和日本都达50%以上。因为美国或日本等发达国家的国债累积额是上百年国债发行的结果，而我国国债发行仅仅只有30多年。值得注意的是，发达国家一般将当年国债负担率水平3%视为警戒线，而我国在2016年时的国债负担率为16%。

二、国债风险控制

（一）国债风险的基本原因

目前我国国债的发行主要作为一种经济手段，多是出现经济过热或过冷的情况下启用的工具。国家的经济变化速度快，往往受很多因素的影响，比如全球化的加强，我国的经济受国际影响也逐渐加大，加之我国改革开放的时期尚短，对市场经济的研究还不深入，经济体制不完善，发行国债后可能产生与经济预期发生较大冲突的现象。根据宏观经济学研究的规律，当经济出现通货膨胀、货币贬值、供给不足等经济现象时，财政部和中央银行通过紧缩性的财政政策调节经济的过热现象。国家此时减少国债的发行，甚至收回国债。当出现经济过冷，人们的需求不足、失业率上升的经济紧缩现象时，财政部往往借助发行国债、减少税收的手段刺激人们的需求。但是根据微观经济的理论，国家发行债券应该考虑国家的财政状况，减小国家的财政压力。

通过以上的分析，国家要注重对经济形势的把握，将政府的偿债能力和预期的经济形势相联系。否则国债的作用很难实现，还可能造成经济危机的加剧、政府债务偿还的困难。

（二）国债风险的根本原因

首先，从国家的角度来看：我国的国债发行量占财政支出的比例过高，是经济发展的重要隐患。国债的利率较高，发行量过大必然会造成较大财政负担。于是在当年财政压力较大的情况下，国家为了缓解压力便会发行新的一轮国债弥补当年财政紧张的状况。这样国债的数额便会越来越大，风险的系数也越来越高。其次，从国债购买方（广大的居民和企业）来看：我国的社会保障制度不完善，居民的储蓄量占资金支配的比率仍处于支配的地位。所以国家在发行债券时不能单纯地考虑人均收入作为偿债能力的主要指标，也不能过分地扩大居民偿债能力。最后，从我国国债结构的角度看：国债主要以短期为主，没有均衡分配的机制，当出现通货膨胀时便增加了国家还债的压力。

（三）其他的潜在风险

政府国债的发行不当会使流通中的货币量大增，给国家带来较大的金融风险。居民储蓄量不变，大举发行国债会提高现实利率（市场利率）。而市场利率的大幅度上升会引发一系列的经济问题，利率上升投资减少，失业率上升，从而带来了国债的挤出效应。为了减少这种挤出效应，中央银行会做出降低银行贴现率和公开市场操作的决策，这样的政策就会增加市面上流通的现金数量，带来通货膨胀的经济现象。

（四）防范国债风险的对策

一些国债建设项目存在配套资金未落实的问题，出现资金缺口，不仅影响工程进度、拖长工期，而且对今后的财政投资造成很大的影响。资金不能专款专用和资金的缺口一方面使政府的政策目标无法达到，另一方面重复建设和工程质量风险必然带来资金运作的低效率甚至无效，形成管理风险。防范国债风险的对策有以下几点：

1. 体制改革。深化经济体制改革，完善我国财政分配的制度，是防范国债风险的重要举措。我国国债的比重过大，与我国的税收分配不合理有重要的联系。我国的税收收入是国家财政收入的主要来源，因此加强对税收收入的管理、完善税收的制度、减少税收的大量流失，能保证财政资金可以自由地调度。同时优化税收支出的结构，加强资金的管理和财政的预算制度，健全福利制度，减少不必要的财政支出，提高财政资金的集中度，可以更好地发挥财政资金的作用。并且提高财政收入在国民收入中的比重来缓解国家利用资金的压力，使国家经济职能的实现不用过大地依存于发行国债。同时，我国加快市场的改革，健全有中国特色的市场机制，提高市场资金的安全性，扩大理财产品的数量，使人们减少对国债的购买欲望。

2. 完善国债的结构。为了降低国家债务的风险，国家要避免滚雪球式"以新债还旧债"的发行模式。分析债务项目的风险，选择合适的年限进行发行，例如以合理的比例发行不同年限的债券，避免出现还债的高峰期，将风险合理平均地分配到每一段时期。在合适的时期，增加较长年限的债券，能够使还债的压力降低。为了规避提前变现的风险，可以适当将凭证式国债发行的比率降低。

3. 提高国债资金偿还的能力。控制国债发行的数额，使国债的发行既要在国家偿还的能力范围内，也要在居民能够购买的范围内。合理地规划以避免因为财政赤字所带来的债务危机。在财政收入中，每年要定期地采取国债偿还的准备金制度，提高政府偿还国债的能力，保持财政赤字在可控的范围内。最根本的是国家要实现经济平稳健康的发展，减少经济较大的波动，提高国家资金的安全。

4. 规范国债的运行模式。规范国债决策程序的严谨性以及国债在发行过程中的监督机制，要根据国家经济发展的预期，制定合理的国债发行决策，将国债的发行控制在合理的规模内。要分期发行国债，同时在国债的发行过程中注意经济的走向，根据经济走向制定下一次发行的决策。在实践的过程中，不断地总结经验，进行理论的研究，使国债发挥它的作用。

5. 建设风险防范体系。对于伪造、变造国债，非法集资的行为，国家要加强立法的打击力度，完善法律规范。各个部门密切协作，商业银行要承担自己的责任，加强债券的审查力度，使用明显的防伪标志。同时，加大国债知识的教育性质的宣传，形成打假反假的社会氛围。

◆ **拓展阅读**

2019年12月债券市场风险监测报告

一、价格风险监测

2019年12月，债券指数上升，中债净价指数上升0.34%至100.59点，中债国债净价指数上升0.53%至118.86点，中债信用债净价指数上升0.06%至94.96点。国债收益率陡峭化下行，1年期国债利率下行28BP至2.36%，10年期国债利率下行3BP至3.14%。国债期货价格上升，10年期国债期货活跃合约结算价上升0.10%至98.16点。债券市场波动性较低。中债净价指数、1年期国债收益率和10年期国债利率波动率分别处于历史值的30%、48%和35%分位数。月内价格波动较大时点事件主要包括月初PMI数据回暖和月末降准预期升温。2019年债券收益率呈低位震荡趋势，市场波动率较低，接近历史最低水平。

二、信用风险监测

12月债券月度违约率边际下降。新增违约债券8只，违约规模84.21亿元，边际违约率0.04%，环比下降0.01个百分点。本月无新增违约企业。信用利差整体扩大。5年期AA级产业债信用利差153BP，环比扩大5BP，5年期AA级城投债信用利差126BP，环比扩大5BP。公司信用债发行资质边际下降，12月新发公司信用债隐含评级指数为85.16，环比下降1.28%。存量公司信用债隐含评级下调率边际上升。中债估值的公司信用债中，隐含评级调整债券216只，其中下调207只，隐含评级下调率为1.11%，环比上升0.14个百分点。隐含评级调整涉及发行主体共 35 家，其中下调 31 家，下调主体数量排名前三位的行业分别为制造业、建筑业和综合。2019 年全年新增违约债券 158 只，涉及债券规模 1216.99 亿元，同比分别增加 28.46% 和 5.13%。年边际违约率 0.64%，同比微降 0.03 个百分点。新增违约企业 38 家，同比减少 5 家。

资料来源：https://www.chinabond.com.cn/cb/cn/yjfx/zzfx/yb/20200714/154872534.shtml。

第四节 地方政府债务风险

◆ **拓展阅读**

中国政府债务规模究竟几何？

2018 年以来，地方政府债务隐忧再次浮上水面。数个平台公司出现违约，诸多地方债务融资项目难产，风险逐步暴露。云南、天津的省级融资平台以及西安等市级平台相继出现违约。

1 月 11 日，因云南省国有资本运营有限公司未准时还款，中融国际信托旗下的中融—嘉润 31 号集合资金信托计划无法向委托人分配信托利益，这一事件被市场人士解读为省级城投债的违约事件的开端。

4 月 27 日，中电投先融宣布旗下两款资管产品出现延期兑付。这两个资管产品认购的是信托贷款计划，规模 5 亿元，该产品具体的融资人为天津市市政建设开发公司，保证人为天津市政建设集团，两者均属于天津市政建设的平台公司。

5 月，中电投先融旗下的另一款资产管理计划也出现违约。该项目资金用于认购光大信托计划发行的投向绿源农产品贸易股份公司的事务管理类集合信托，募集资金用于建设西安绿源农产品批发市场项目。这一项目由西安市灞桥区基础设施建设投资有限公司担保，该公司属于西安市市政建设的平台公司。

融资能力和评级较高的省级融资平台相继出现违约兑付风险，而相对来说信用评级较差、财政状况堪忧的三四线城市及县市级政府所发行的城投债更受到严重质疑。2018 年以来，这一类型的城投债发行难度陡升，甚至出现取消发行的情况。

资料来源：张明，朱子阳. 中国政府债务规模究竟几何 [J]. 财经，2018 (17).

一、地方政府债务规模

地方政府债务是指地方政府负有偿还责任并且需要以财政资金作为偿还来源的债务。把握这一概念需要注意如下几点：第一，地方政府是债务主体，融资过程结束后，地方政府的身份转变成为债务人。第二，地方政府作为债务人，负有偿还债务的责任和义务。第三，财政资金是偿还资金的来源。

债务规模包括三层意思：一是历年累积债务的总规模，二是当年发行的国债

地方政府债务规模

总额，三是当年到期需还本付息的债务总额。

提示 债务规模通常受认购人负担能力和政府偿债能力两个条件的制约。

根据国家宏观经济发展的需要，与财政政策和货币政策等宏观经济政策目标相协调，确定合理的政府投融资运作规模，将财政融资和投资规模界定在需要的范围内。政府投融资的资金来源，是以国家信用为背景和以金融为原则，政府投融资的大部分资金是通过金融市场而不是以政治权力强制形成的。国债是政府投融资的主要资金来源之一，具有弥补赤字和筹集建设资金的功能。由于政府预算规定财政出现赤字不得向中央银行透支，为弥补财政赤字，国债规模不断增大。而同时作为政府投融资的融资手段又以如国家建设债券、特种公债等形式进行债券融资。因此，对预算内国债的发行规模与政府投融资债券融资规模应统一进行考虑，政府债券规模要与政府财政的偿还能力相适应，总体规模应保持在合理的界限内（根据国际经验，政府债券规模应限制在当年税收收入的20%以内为宜）。另外，政府投融资的资金运用要保证投资项目有相应的偿还能力，形成投资资金的良性循环，以减轻政府的还债压力。

拓展政府投融资的运作空间，按照政府投融资在市场经济条件下的定位和要求，确定其合理规模，拓宽其融资渠道。逐步采取资本市场融资的方式，在既定的运作方向和范围内，采用股权或证券投资、贷款、担保等方式，运用政府投融资资金，实行投融资方式的多样化，确保政府投融资运作目标的实现。

地方政府债务规模表现为债务余额。债务规模不同，债务率和负债率也不同。因此，债务率和负债率是反映债务规模的重要指标。债务规模涉及地方政府财务状况、政府信用、政府形象，因而有些数据是公开的，有些数据是不公开的。不公开的数据主要是隐性债务数据，由于数据不完全公开，数据链不完整，学术界乃至中央政府都难以对地方政府的债务规模做出准确测算，只能依据已公开数据和相关指标做出估算。

（一）债务余额

债务余额是指需要偿还的债务总额，用公式来表示就是：借债总额－已经偿还总额＝债务余额。

◆ 拓展阅读

2020年12月地方政府债券发行和债务余额情况

一、全国地方政府债券发行情况

（一）当月发行情况

2020年12月，全国发行地方政府债券1836亿元。其中，发行一般债券728亿元，发行专项债券1108亿元；按用途划分，发行新增债券580亿元，发行再融资债券1256亿元。

2020年12月，地方政府债券平均发行期限8.2年。其中，一般债券6.6年，专项债券9.2年。

2020年12月，地方政府债券平均发行利率3.46%。其中，一般债券3.40%，专项债券3.50%。

（二）1~12月发行情况

2020年1~12月，全国发行地方政府新增债券45525亿元，其中一般债券9506亿元，发行专项债券36019亿元（含新疆维吾尔自治区结转2019年未发行的新增专项债券13亿元）。2020年1~12月，全国发行地方政府再融资债券18913亿元。其中，发行一般债券13527亿元，发行专项债券5386亿元。

2020年1~12月，地方政府债券平均发行期限14.7年。其中，一般债券14.7年，专项债券14.6年。

2020年1~12月，地方政府债券平均发行利率3.40%。其中，一般债券3.34%，专项债券3.44%。

（三）1~12月还本付息情况

2020年1~12月，地方政府债券到期偿还本金20757亿元。其中，12月当月到期偿还本金652亿元。发行再融资债券偿还本金18108亿元、安排财政资金等偿还本金2649亿元。

2020年1~12月，地方政府债券支付利息7963亿元。其中，12月当月地方政府债券支付利息339亿元。

二、全国地方政府债务余额情况

经第十三届全国人民代表大会第三次会议审议批准，2020年全国地方政府债务限额为288074.3亿元。其中，一般债务限额142889.22亿元，专项债务限额145185.08亿元。

截至2020年12月末，全国地方政府债务余额256615亿元，控制在全国人大批准的限额之内。其中，一般债务127395亿元，专项债务129220亿元；政府债券254864亿元，非政府债券形式存量政府债务1751亿元。

截至2020年12月末，地方政府债券剩余平均年限6.9年，其中，一般债券6.3年，专项债券7.5年；平均利率3.51%，其中，一般债券3.51%，专项债券3.50%。

资料来源：财政部网站，2021-01-26。

（二）地方政府债务率

债务率是评价地方政府债务的重要指标，计算公式为：债务率＝年末债务余额/当年政府综合财力。其中，政府综合财力为财政收入、转移支付收入、政府性基金以及国有资本预算收入四者之和。按照国际货币基金组织的规定，政府的债务率红线为90%，风险区间为90%~150%。

分省份看，贵州、青海、海南等地债务风险相对较高。负债规模方面，2018年末债务余额规模前五的地区为江苏、山东、浙江、广东和四川，分别为13286亿元、11437亿元、10794亿元、10008亿元和9299亿元。负债率方面，以债务余额/GDP衡量，青海（61.5%）、贵州（59.7%）、海南（40.2%）、云南（39.9%）、内蒙古（37.9%）和宁夏（37.5%）靠前；广东（10.3%）、上海

（14.3%）、江苏（15%）相对较低。

债务率方面，以债务余额/综合财力衡量，有6个省份突破国际警戒线100%，分别是贵州（149.7%）、辽宁（144.6%）、内蒙古（130.3%）、云南（109.9%）、天津（106.8%）和湖南（101.7%），青海、海南债务率接近100%，分别为99.9%和99.6%。需要注意的是，由于统计口径不同以及数据可获得性等原因，这一统计数据未纳入隐性债务。如果考虑隐性债务，地方政府的债务率将会明显上升。

中央政府根据我国国情，将债务率红线确定为100%。按照这一标准，多数地方政府已经接近这一红线。这说明，地方政府债务率普遍不低，如果将隐性债务纳入统计，多数省份可能越过了红线。

（三）地方政府负债率

负债率是评价地方政府债务状况的另一个重要指标，计算公式为：负债率＝年末债务余额/当年GDP。按照《马斯特里赫特条约》的规定，政府的负债率红线为60%。

表6-2显示的仅是全国2019年排名前十的省市地方政府负债率及债务率，虽然除了深圳和苏州呈现个位数之外，其他的8个省市均是呈现出两位数的债务率，但总体来说离红线还是有很大距离。债务率统计方式相同，负债率统计数据也未纳入隐性债务。根据上述数据，地方政府负债率虽然尚未突破红线，但各个省市的负债率所体现的债务风险已不容忽视。通过考察债务率和负债率这两项指标，可以清楚地看到，债务率风险要高于负债率风险。根据债务率为债务余额与政府综合财力的比值这一关系，可以推测出地方政府可支配财力已达到了捉襟见肘的程度，意味着地方政府资金缺口进一步增大，债务清偿压力较重。

表6-2　　2019年排名前十的省市地方政府负债率及债务率　　　　单位：%

排名	城市	省份	负债率	债务率
1	上海		15.41	44.60
2	北京		14.01	47.92
3	深圳	广东省	0.60	3.21
4	广州	广东省	10.52	77.75
5	天津		21.68	84.36
6	重庆		23.03	61.42
7	苏州	江苏省	7.33	35.61
8	成都	四川省	15.97	86.42
9	武汉	湖北省	17.85	77.39
10	杭州	浙江省	16.89	46.43

资料来源：Wind，国信证券经济研究所。

二、债务风险评价

地方政府债务规模并不是可以无限扩张的,在每一特定时期的特定条件下,必然客观地存在着某种适度债务规模。不同国家的地方政府债务控制和管理的经验性标准具有一定的参考价值。例如,负债率主要反映地方经济总规模对政府债务的承载能力及地方政府的风险程度。美国规定州级政府负债率(州政府债务余额/州内生产总值)警戒线在13%~16%。债务率反映地方政府通过动用当期财政收入满足偿债需求的能力。从各国实践看,该指标大多在100%左右。如美国规定债务率为90%~120%,俄罗斯规定地方政府借款额不得超过"俄联邦体制下各自预算体系的收入总额"。偿债率反映地方政府当期财政收入中用于偿还债务本息的比重,美国马萨诸塞州规定,州政府一般责任债券的还本付息支出不得超过其财政支出的10%。

根据财政部公布的数据,截至2018年9月末,全国地方政府债务余额182592亿元,其中,以债券形式存在的地方债务为180027亿元,非政府债券形式存量政府债务2565亿元。无论从负债率还是债务率来看,整体都处于可控的范围内。但是隐性债务这块,这几年却仍然在继续增长,中央对地方政府债务风险的防范重心,已经从直接债务转向隐性债务。

当前我国地方政府隐性债务规模巨大而且增长快速,一旦地方隐性债务风险暴露,可能会发生"羊群效应",不仅给地方经济带来严重的负面影响,而且会危及我国金融系统的稳健运行,产生系统性风险。因而,对于地方隐性债务,需要加大债务风险评价和重点防控,以积极化解地方政府债务风险。

(一)地方政府债务风险评价方法

1. 单指标法。单指标法是指直接使用那些反映债务规模、债务结构以及政府财力等相关指标来评价地方政府债务风险水平的一种方法。由于不同学者对地方政府债务风险形成原因、特点等持不同的看法,从而在衡量债务风险水平时使用的指标也是存在差异的,从国内外现有研究看,使用频率最高的指标主要有负债率、债务率、偿债率与债务依存度。

2. 综合法。由于单指标的评价方法在实践中弊端不断暴露,很多学者试图运用统计与数理及运筹学等相关学科知识,将原先单一的指标进行合成,形成单一层次或者多层次的综合评价方法,从而提升对债务风险评价的准确性与适用性,主要有调查研究法、目标分解法和多元统计法等。

(1) 调查研究法是指通过调查研究和广泛收集有关指标的基础上,利用比较归纳法进行归类,并根据评价目标设计评价指标体系最后采用德尔菲法,即以问卷的形式把所设计的评价体系让相关专家进行填写以搜集信息的一种方法。

(2) 目标分解法是通过对研究主体的目标或任务具体分析来构建评价指标体系,对研究对象的分解一般从总目标出发,按照研究内容的构成进行逐级分解,直到分解出来的指标达到可测的要求。

(3) 多元统计法是通过因子分析或聚类分析等方法,从初步拟定的较多指标中找出关键性的指标,也就是说先要进行定性分析,找出研究对象所要评价的各种指标,然后进行定量分析,最常用的方法是进行主成分因子分析。它是基于"降维"的思想,为了全面、系统地对影响债务风险因素指标进行评价,考虑的影响因素较为全面,涉及的指标也比较多,而希望在进行定量分析的过程中,涉及的变量比较少,得到的信息量较多,从而把多指标转化为少数几个综合指标的分析方法。

较之单指标评价来说,综合评价方法能够从多角度、多指标、较为全面地评价债务风险,突破了单指标的弊端及局限性。可是,上述三种综合评价方法在指标的度量和评价过程中所建立的指标直接来自表示社会、经济的状态,直接影响就是指标间往往缺乏一定的相关性,加之不同学者在指标的选取时有较强的主观性和随意性,甚至有些指标没有进行必要的处理就直接使用,得到的结论难免存在较大差异。

(二) 地方政府债务风险的评价标准

评价政府这一特殊主体的债务风险标准应该有所超越,故而从政府财政可持续性的角度对地方政府性债务风险全新理解基础上,构建以下三个层次体系对地方政府性债务风险进行评估判断。

第一层次:借鉴运用国际通行准则,利用负债率、债务率、偿债率以及债务依存度等单指标对地方政府性债务风险进行初步判断。如果相关指标超过了国际警戒线那么说明地方政府性债务有存在风险的可能性,但此时还不能确定是否一定存在风险,需要我们作进一步的分析和判断。

第二层次:主要从地方政府资产和负债方面进行风险判断。如果地方政府资产大于负债,即地方政府净资产为正时,说明地方政府有能力对债务进行偿还,一般不存在债务风险;若是地方政府净资产为负,说明地方政府已经资不抵债,根据本书对风险的定义,地方政府财政静态是不可持续性的,即存在债务风险。2013年是地方政府债务集中到期还款的重要一年,可事实上,我国地方政府并没有发生债务危机。因为对于地方政府来说,可以不断通过用借新债还旧债等方法,无限期地将其债务延续下去,债务风险并不意味着需要地方政府对其到期的债务进行偿清。从而对地方政府债务风险的分析需要我们考虑到长期动态的影响,进入第三层次的分析。

第三层次:是从动态分析地方政府财政可持续性问题,这也是风险评价体系中对地方政府性债务风险的核心评价标准。财政的可持续性一般指的是国家或地方政府财政的存续状态或能力,从其研究范围来看,很大程度上指的就是政府清偿债务能力的可持续性。

◆ 拓展阅读

近些年,我国各地政府为适应地方经济的高速发展以及改善居民生活条件,纷纷加强了基础设施建设的力度。然而地方政府面临着财权与事权不匹配,地方政府财政赤字不断扩大，融资渠道由于监管趋紧不断减少的困境，为了解决发展资金来源问题地方政府大量举债，从而导致了我国地方政府债务规模大幅度上升。截至2017年末，我国地方政府债务余额已达16.47万亿元。同时我国缺少科学有效的政府债务监管体系，导致地方政府债务不仅规模庞大，其具体的债务信息还无法从公开渠道获取。前几年地方融资平台公司业务的快速发展实际上已形成了大量的或有负债，然而各地政府对此讳莫如深，这其中隐藏着巨大的债务风险。因此研究地方政府债务风险现状，预测地方政府财力所能承受的债务规模，具有重要的现实意义。

资料来源：丁超楠. 中国地方政府债务风险评价研究［J］. 山东大学，2018（5）.

三、地方政府债务控制

◆ **拓展阅读**

政府必须寻求融资方式转变

"地方债监管难度较大，个别地方政府存在明目张胆地违规举债的严重问题，存在发生局部风险的可能性。这些问题说明对于违规举债的法律问责机制还没有建立起来，因此亟待用相关法律来规范地方债管理上存在的问题，必要时法律可以授权财政部等相关部门。"经济学家宋清辉表示。

据财政部网站显示，日前财政部部长楼继伟在党的第十二届全国人民代表大会常务委员会第十八次会议上所做的《国务院关于规范地方政府债务管理工作情况的报告》中表示，近日，地方违规举债、变相举债仍有发生，监管难度较大。一些地方政府仍然违规举债，或为企业举债违规提供担保承诺等；个别金融机构继续为地方政府违规举债提供支持，并要求政府进行担保。"明股暗债"等变相举债行为时有发生，监管难度较大。

资料来源：孙华. 2016年预计发行地方债约四万亿元 严防地方政府违规举债［N］. 证券日报，2015-12-24.

（一）建立债务风险预警系统

世界各国有关衡量债务风险指标体系大体包括以下四个指标：（1）国债依存度。主要是按中央财政支出计算的国债依存度指标，警戒线为30%。（2）国债偿债率。反映当年财政收入中用于偿还国债本息的比率，也反映了财政当年的应债能力，警戒线保持在10%左右。（3）国债负担率。反映国民经济的负担能力，也反映了国债增长与国民经济增长的关系或国债对国民经济的贡献。西方经济学家认为该指标应保持在45%以上，与财政收入占国内生产总值的比重基本保持一致，由于我国财政收入占国内生产总值的比重仅为20%左右，相对于西方国家40%~50%的水平来说比较低，因此国债负担率水平应保持在20%左右为宜。（4）赤字国债借债率。在财政赤字主要依靠发行国债弥补的情况下，意味着通过该指标可以有效地控制财政赤字规模。参照《马斯特里赫特条约》，该指标应控制在 3% 以内。

（二）建立财政形势预警系统

建立财政形势预警系统，加强对财政经济形势的监控。研究成立财政经济形势监控小组，专门负责全国以及省级财政经济形势的研究分析、主要政策的执行情况和效果分析、财政经济运行中主要矛盾和问题的对策分析等。

研究建立财政形势预警防范系统，科学运用债务风险预警指标，对财政经济运行过程进行全方位、全过程的跟踪监控。当各项指标接近警戒线时，财政形势监控小组要会同有关方面主动地采取积极措施予以控制，规避风险的发生，降低治理债务风险的机会成本。

财政部、国家发展和改革委、中国人民银行、银保监会等部门和机构，要抓紧制订具体实施方案，完善相关政策，加快建立融资平台公司债务管理信息系统、会计核算和统计报告制度以及融资平台公司债务信息定期通报制度，实现对融资平台公司债务的全口径管理和动态监控。明确融资平台应当披露的信息范围，包括融资平台资本金状况、负债规模、承担建设项目的基本情况、项目贷款情况、项目担保情况以及贷款资金使用情况等。研究建立地方政府债务规模管理和风险预警机制，将地方政府债务收支纳入预算管理，逐步形成与社会主义市场经济体制相适应、管理规范、运行高效的地方政府举债融资风险控制机制。

（三）完善法律法规制度

为了对地方政府债务风险进行有效预测和科学防范，地方政府应当根据社会发展实践的变化和自身债务负担情况不断地对现有的法律和法规进行完善，制定包括"地方政府投融资决策条例""债务清偿条例""相关责任追究条例"在内的一系列法律法规，根据法律法规的规定对地方政府的举债行为和债务清偿实行法制化管理，做到依法举债，对地方政府债务规模实行规范化管理，到"量力举债"，加强债务规模控制，做到不"寅吃卯粮"。同时，还要制定对于违法违规举债行为的处罚细则，做到有法必依，以维护法律尊严。

地方政府要制定债务风险预警体系，而且风险预警体系首先要在"规格"上以规章制度，甚至法律法规的形式加以确定，保证其有效性、严肃性和可延续性，使政府自身和各政府机构部门更加重视债务风险并积极化解风险，真正提高债务风险防范意识。也只有制定了相关规章制度和法律法规，负责债务风险预警工作的专门机构和人员才能按章办事，监管部门才能有据可依、依法办事。法规可由政府组织和领导，由财政部门起草，提交地方政府人民代表大会审议通过，法规具体内容要精简易懂。

◆ 拓展阅读

行政学视角下的应对之策

在行政学的视角下理解我国的地方政府债务形成机理，有利于我们注意到更具有一般性的原因，从而有利于我们制定更精准的地方政府债务有效治理的应对之策。

针对"为什么愿"的问题完善激励机制。要充分利用好"中央—地方"委托代理关系下，地方政府官员紧紧围绕上级考核指标进行"政治锦标赛"的积极主动性，适当调整指标考核体系。从管理的角度来看，单一的考核指标既方便于上级的考核，又方便于下级的操作，可以有效地降低上级的管理成本。然而，单一考核指标体系反过来会提高下级的代理成本，表现为下级为实现单一考核指标的成绩而牺牲其他指标。例如，为了实现上级对 GDP 增长的考核而牺牲当地的环境、财政等的可持续性。对此，针对地方政府的考核，要继续在以单一指标为主的前提下，丰富地方政府债务规模等其他辅助指标，形成完善的指标考核体系。具体实践中，中央既可以通过垂直管理机构、专项巡视等形式直接嵌入地方债务治理事务，也可以通过互联网舆情、专家咨政的信息反馈监督地方政府债务。

针对"为什么能"的问题完善约束机制。要充分运用好单一制行政体制的优越性，加强对地方债务形成的各利益相关体的行政约束。虽然单一制行政体制下，地方政府因为有中央政府作为"最后还款人"变得举债容易，但是中央政府的绝对权威可以通过高效的行政命令对各利益相关体的"违规举债"进行强有力的震慑。一方面，通过强有力的震慑来防止财政风险金融化。中央政府可以通过高效的行政命令、严格的追责机制来约束地方政府官员的举债行为。当前的主要任务是把隐性债务显性化，使得地方政府官员没有"变通"举借债务的操作空间。另一方面，通过强有力的震慑来防止金融风险财政化。在单一行政体制下，根本性地杜绝"地方政府出现债务风险后有中央财政兜底"的幻想，从而实现对金融机构的地方政府债务贷款业务进行事前和事中监管。通过双管齐下，构建地方政府债务有效治理之路。

资料来源：张文君. 构建中国地方政府债务有效治理之路 [EB/OL]. 社科院网站，www.cass.cssn.cn，2019 – 10.

（四）健全风险监管体系

当前，相对于地方政府债务发展的需要来说，我国地方政府的债务管理处于严重滞后状态，主要表现在债务规模控制不合理、举债机制不健全、举债法规不完善、债务风险预警不到位等，这些都成为地方政府债务面临的风险。建立健全的风险监管体系包括两个方面，建立完善的政府债务综合管理组织架构和地方政府债务信息的披露。

建立较为完善的政府债务综合管理组织架构，应该包括三个层次的内容：一是风险管理决策机构，这是债务风险管理体系的最高机构，它的主要职责是对关于债务管理的根本性的政策原则进行审议，以及根据审议项目单位的申请及风险管理执行部门审核意见的结果审查项目；二是风险管理执行机构，这是债务风险管理最主要的责任部门，负责地方政府债务风险的管理和监控；三是第三方监督机构，是由风险管理决策机构授权对地方债务风险状况进行监督的机构，这个机构可以是银行、会计师事务所或者是审计机构。

地方政府债务信息的披露是各项债务管理工作的基础，债务信息的充分披露是建立合理有效的债务融资监控制度的重要前提。信息公开披露制度可能会给地方政府造成一定的外在压力，但从长期来看，它可以帮助地方政府的决策者避免债务风险的发生，是促进地方财政持续稳定的有效措施之一。地方政府债务信息披露可采取三种形式来进行：一是下级政府对上级政府的披露，这就要求下级政府向上级政府提供其债务的各种情况；二是政府对立法机关的披露，财政部门应该将政府债务情况作为财政报告的一个重要组成部分向人民代表大会同级提交；三是政府向社会披露政府负债的情况，投资者和信用评级机构可以在进行信用等级评价和投资决策时将政府的债务状况考虑在内。

综合实训

一、关键概念
政府投融资规模　政府投融资风险　国债风险评价　国债负担率　居民应债能力
地方政府债务规模　地方政府债务风险评价方法　国债偿债率　债务依存度

二、不定项选择
1. 在经济发展早期阶段，政府的主要职能是_____。
   A. 促进经济增长　　　　　　B. 加快经济建设
   C. 改善国民的生活质量　　　D. 收入分配公平
2. 会影响政府投融资资金运用规模和范围的有_____。
   A. 经济发展水平　　　　　　B. 全球金融危机
   C. 自然灾害　　　　　　　　D. 经济管理体制
3. 判断政府投融资资金运用适度规模的总量标准是_____两个因素。
   A. 总需求　　B. 总供给　　C. 消费　　D. 投资
4. 决定和判断一国投资率高低及合理与否的根本标准是_____。
   A. 赤字率　　B. 储蓄率　　C. 负债率　　D. 收益率
5. 能够衡量一个国家债务承担能力的指标是_____。
   A. 赤字率　　B. 储蓄率　　C. 负债率　　D. 收益率
6. 可以据此来判断国债规模的合理性的指标是_____。
   A. 国债偿债率　　B. 债务的依存度　　C. 负债率　　D. 国债的负担率
7. 当出现_____经济现象时，财政部和中央银行通过紧缩的财政政策调节经济。
   A. 通货膨胀　　B. 需求不足　　C. 货币贬值　　D. 供给不足
8. 政府实行投融资的方式有_____。
   A. 债券融资　　B. 贷款　　C. 担保　　D. 股权投资
9. 下列能够衡量债务风险的指标是_____。
   A. 国债依存度　　B. 国债偿债率　　C. 国债负担率　　D. 赤字国债借债率
10. 政府投融资风险相应地表现为_____。

A. 融资风险　　　B. 投资风险　　　C. 风险责任　　　D. 贷款风险

三、判断正误

1. 国债风险的核心在于到期能否偿还债务，这与国债规模、国债收支结构等紧密相关。（　　）
2. 政府投融资资金运用规模和范围的大小仅受经济发展水平的影响。（　　）
3. 到了经济发展水平较高阶段，政府职能开始侧重于社会稳定、收入的公平分配方面，其投资的主要目的从促进经济增长转变为社会安定和社会公平。（　　）
4. 经济发展水平越高，政府投融资资金运用量占社会总投资的比重就越大。（　　）
5. 从总供给的角度分析，适度的投资增长需要充分考虑消费和进口需求的适应性。（　　）
6. 随着工业化和城市化程度的上升，投资率的演变呈现先从低到高，再从高到低的倒"U"形趋势。（　　）
7. 在合理利用资源、保护环境和安全生产的基础上的投资增长，即使增长率高一些，也可以视为适度增长。（　　）
8. 国债偿债率越高，说明该国的财政偿债能力越强。（　　）
9. 国债偿债率表明国民经济对国债的承受能力。（　　）
10. 国债发行量过大必然会造成较大财政负担。（　　）

四、简要问答

1. 经济发展的不同阶段，政府投融资资金运用的侧重点和投资规模范围有哪些不同？
2. 简述总需求和总供给与适度投融资规模的关系。
3. 国债的应债能力有哪几个方面？
4. 政府债务规模包括几层含义？
5. 防范国债风险的对策有哪些？
6. 政府投融资的资金来源主要来自哪里？

五、案例思考

美国的地方债务制度

美国是全球发达国家之一，在地方债务的发行方面有着较为成熟的经验。在美国，地方政府拥有发行地方债务的自主权，美国联邦政府不为地方政府提供举债担保。

美国是全球发行地方债券最早的国家之一。美国地方政府债务发行可以追溯到19世纪20年代，为了筹集公共基础设施建设的资金来源，在政府财力有限、社会资本相对充裕的情况下，美国政府开始着手发行地方政府债券。第二次世界大战后，随着城市人口的急剧增加，城市公共设施投资需求快速膨胀，地方政府债券发行的规模迅速扩大。20世纪后，美国地方政府债务规模呈加速度上升，同时也带来了较大的债务违约风险，致使部分地方政府面临瘫痪。

1. 美国地方政府债券有以下一些特点：

（1）地方政府具备发行债券的资格。美国属于联邦制国家，由若干地方州组成，地方政府相对独立，自主权利较大。在美国，各级地方政府发行债券相对自由，不必征求联邦政府的同意和批准。发行多少、是否发行都可以自主决定，不受联邦政府约束，只受各州的法律约束。

（2）地方政府债券具有减免税收优势。按照美国的相关法律，地方政府债券的利息不收联邦政府所得税，相当于联邦政府对地方政府的财政补助，因而极大地促进了地方政府债券的发行，使得美国的地方政府债券发行数量较多，每次发行也能取得较好的效果。

（3）自然人投资比例较高。美国的地方政府债券发行较为轻松和自由，购买地方政务债券没有身份限制，自然人、法人均可购买。在美国，购买地方政府债券的法人一般包括：企业的投资部门、基金公司、银行和保险公司等，但自然人往往占有相当大的比重。

（4）债券一般采用公募方式发行。与所有证券发行方式类似，美国地方政府债券的发行方式也可以区分为公募和私募两种，在美国，地方债的发行主要是公募方式，以私募形式发行的地方债券只占其中的1%左右。

（5）债券品种较多。美国是地方政府债券的种类可以按照不同的方法进行分类，品种繁多。和大多数债券一样，按照利率划分，可以分为固定利率债券、浮动利率债券、零息债券和其他类型债券，固定利率债券占地方政府债券的绝大部分。按赎回方式划分，美国地方政府债券可分为可赎回债券和不可赎回债券，在美国地方政府债券中，可赎回债券的比例占据绝大多数，达85%以上。

2. 美国地方政府债务管理制度有以下几个方面：

（1）美国地方政府债务监管机构。美国地方政府债务由证券交易委员会和债券规则制定委员会负责监管。证券交易委员会负责联邦证券法案相关规则的起草和制定。地方政府债券的监管由地方政府证券办公室负责完成。市政债券规则制定委员会负责规范地方政府债券的规范运作，制定地方政府债券交易的具体规则。

（2）法律制度。美国具有非常完善的法律来规范地方政府债券的规范运作。具体包括1933~1940年制定的《投资顾问法》《证券交易法》《信托债券法》《证券法》等6部联邦证券法案。

（3）信息披露制度。完善而又严格的信息披露是保证证券交易公平的基础，也是债券市场能够延续的根本。美国是全球较早发行债券的国家之一，有着较为完善的信息披露制度。相关法律明确规定，在开市前后，发行人的财务状况和债务负担必须经过严格的审核，除此之外，还要有合法性和免税待遇的相关证明。

（4）信用评级体系。美国拥有世界上顶尖的信用评级机构，包括标准普尔公司和穆迪投资服务公司。美国的信用评级比较严格，对发行债务人的信用状况审查较为详细，评判标准较为科学。

资料来源：张智川. 新常态下中国地方政府债务问题研究 [D]. 辽宁大学博士学位论文，2017.

仔细阅读上述材料，思考并回答下列问题：

在地方政府债务管理制度方面，我们可以得到哪些启示？

第七章

公益性项目政府投融资实务

知识目标
1. 了解公益性项目财政资金的责任范围和来源途径。
2. 了解公益性项目财政投融资的模式。

技能目标
掌握世界银行贷款的运作程序。

▶▶ 导入案例

小浪底水利工程建设的重要性

黄河是中华民族的母亲河,但在数千年的华夏历史中,黄河带给中华民族的并不仅仅是利益,同时也有频繁而又深重的灾难。其主要原因是水少沙多导致泥沙在河床上大量沉积,河床逐年抬高、过洪能力降低。

黄河以占全国河川径流2%的有限水资源,担负着全国12%的人口、17%的耕地和沿黄50多座大中型城市的供水任务。随着沿黄社会经济的发展,黄河问题更加突出。治理黄河、开发黄河,必须充分利用黄河有限的水资源,既最大限度地满足用水需求,又使下游河道严重淤积的状况有所改善。随着黄河陷入"生存险境",中国的"治黄"理念由"控制洪水"转变为"维持河流健康生命",小浪底工程的投入使用,成为这一"生态治黄"理念得以实现的关键所在。

第一节 小浪底工程投融资实例

提示 根据政府投融资项目区分理论,将政府投融资项目分为公益性、准公益性和经营性项目。公益性项目一般没有收费机制也没有现金流入,而且它提供

小浪底工程投融资实例

的服务通常是生活中必不可少的公共物品，具有很强的服务性，社会效益较大，作为单独的个体来看经济效益差。这就意味着公益性项目不可能由民间资本来投资建设。因此，公益性项目的筹资和建设工作往往需要发挥政府的主导作用。

公益性项目的特点

一、小浪底工程介绍

（一）小浪底工程建设背景

坐落在晋陕峡谷出口处的小浪底水库，就像一个大"水盆"，既可以拦蓄上游洪水，使黄河下游防洪标准由60年一遇提高到千年一遇；又可以利用水库蓄水，人工制造洪峰，减轻水库淤积，冲刷下游河道。小浪底工程，在黄河的治理开发中具有十分重要的战略地位。

小浪底水利枢纽工程位于河南省洛阳市以北黄河中游最后一段峡谷的出口处，上距三门峡水利枢纽130千米，下距郑州花园口128千米，是黄河干流三门峡以下唯一能取得较大库容的控制性工程，控制流域面积64.9万平方千米，占黄河流域面积的92.3%，是一座集防洪、防凌、减淤、供水、灌溉、发电等为一体的大型综合性水利工程，是治理开发黄河的关键性工程，属于国家"八五"重点项目。小浪底工程浩大，总工期11年。

小浪底水利枢纽坝顶高程281米，正常高水位275米，库容126.5亿立方米，淤沙库容75.5亿立方米，长期有效库容51亿立方米，千年一遇设计洪水蓄洪量38.2亿立方米，万年一遇校核洪水蓄洪量40.5亿立方米。死水位230米，汛期防洪限制水位254米，防凌限制水位266米。防洪最大泄量17000亿立方米/秒，正常死水位泄量略大于8000立方米/秒。小浪底水利枢纽工程1991年9月开始进行前期准备工程施工，1994年9月主体工程正式开工，1997年10月截流，2000年初第一台机组投产发电，2001年底主体工程全部完工，2008年12月通过由国家发展和改革委员会、水利部共同主持的竣工技术预验收，2009年4月通过国家竣工验收。

（二）小浪底工程的综合效益显著

小浪底水利枢纽以防洪、防凌、减淤为主，兼顾供水、灌溉和发电，是治理黄河水患的关键控制性水利枢纽。小浪底水利枢纽建设管理局作为工程建设业主单位，在高标准完成枢纽建设任务之后，坚持公益性优先，科学管理、精心运行，使小浪底水利枢纽在黄河防洪、防凌、供水、调水调沙和控制黄河下游不断流等方面发挥了突出的社会效益。

1. 防洪作用重大。2000年小浪底水库就为黄河下游提供了25.8亿立方米的防洪库容，使花园口的防洪标准从不足60年一遇提高到500年一遇；2001年汛期，小浪底水库的防洪库容达66.49亿立方米，使黄河下游的防洪标准提高到超过千年一遇。

2. 基本解除下游凌汛威胁。小浪底水利枢纽的建成，不仅增加了30亿立方米的防凌库容，而且可以对下游河道的流量进行更加直接的调节，与已建成的三门峡、故县、陆浑等水库联合运用，基本解除了黄河下游的凌汛威胁。

3. 减淤效果明显。小浪底水利枢纽的投入使用，丰富了黄河流域的水库调度手段，为各种来水来沙条件下实施调水调沙提供了可能。小浪底水库运行以来，采取拦粗排细的办法，通过调水调沙，利用人造洪峰冲刷下游河道，使黄河下游主河槽得到全面冲刷，有效延缓了黄河下游淤积。自 2002 年以来，通过小浪底水库及其他水库，黄河已连续 8 年进行了调水调沙，显著提高了河道冲刷效果，并为黄河河道的形态控制与塑造积累了宝贵的调度经验。

4. 供水灌溉作用突出。小浪底水库投入运用以来，适逢黄河连续枯水年，黄河及周边地区水资源形势严峻，供水矛盾紧张。2000～2003 年，黄河水量极枯，下游旱情严重，为避免黄河断流，小浪底水库连续两年停止发电，向下游供水。2000 年春夏之交，黄河下游地区出现严重旱情，小浪底向下游补水 12 亿立方米，为有效缓解旱情和黄河枯水年份首次不断流作出了贡献。之后的数年间，通过小浪底水库下泄水量，国家跨流域实施了引黄济津、引黄济青、引黄济（白洋）淀等多项应急调水任务，一次次缓解了北方地区的缺水之急。2008 年我国北方小麦主产区河南、山东等省发生严重春旱，有的地方达到 30 年一遇，有的地方甚至超过了 50 年一遇。根据上级调度指令，小浪底水库多次加大下泄流量，支援河南、山东抗旱，确保了沿黄粮食主产区在大旱之年仍然获得了丰收。

5. 生态效益显著。小浪底水库的建成使用，为解决黄河不断流问题提供了有效的工程控制手段。如今，黄河已实现连续十年不断流，产生的生态效益十分显著。大量淡水注入大海，不仅维持黄河河道保持一定的流量，使沿途水生态得到保护，而且使黄河河口生态系统也得到恢复和改善。河口三角洲湿地生态系统目前已有 4238 公顷湿地恢复了原貌，三角洲的植被逐年增多，曾一度消失的特有鱼类又重新出现。

6. 提供优质电力。小浪底水电站总装机容量 1800 兆瓦，在河南电网中发挥着不可替代的调峰、调频作用，是中原地区最大的清洁能源。电站投入使用后，安全运行，削峰填谷，发电专供河南电网，使河南电网供电质量明显提高。从首台机组投运至 2008 年 8 月底，小浪底水电站累计发电 370 余亿度，相当于节约标准煤约 1175.8 万吨。

此外，小浪底水利枢纽工程的建成运用，使其本身及库区周围也成为一片旅游热土，水库形成浩瀚无际的"北方千岛湖"，枢纽成为国家级环保百佳工程和国家水利风景区，吸引了海内外游客前来观光旅游，对促进地方经济发挥了显著的拉动和引领作用。

中国科学院和中国工程院院士潘家铮指出，小浪底水利枢纽的建设及有效运行，是"治黄"工程的重大成就。实践证明，小浪底水利枢纽已经基本上实现了防洪防凌、减淤、供水、灌溉、发电等综合效益，保证了黄河下游河道的安全，刷深了黄河河道主河槽，进行了调水调沙试验，为地区经济、社会的发展提供了宝贵的水资源和清洁能源。2003 年，黄河发生历史罕见的秋汛，黄河流域防汛抗旱总指挥部启用小浪底水库拦蓄十多场洪水，避免了黄河下游出现大面积漫滩灾害。同时，使近百亿立方米的洪水变成水资源存入水库。作为治理和开发黄河的关键性控制工程，小浪底水利枢纽已安全运行21年，基本解除下游凌汛威胁，连续21年实现黄河不断流，保障了下游供水灌溉，改善了下游生态环境。[1]

二、小浪底工程融资情况

（一）小浪底工程建设资金的筹集概况

小浪底工程作为一个多目标开发的工程，如何确定合理的投资结构，涉及投资规模和工程运营期良性运转等关键性问题。当时，国家经济体制处于由计划经济体制向社会主义市场经济体制变革的过程中，国家财政相对比较困难，而且基本建设投资政策正由过去的以财政拨款为主改为以贷款为主。所以由国家作为投资主体，建设资金以国家财政拨款为主，并且多渠道筹资，是小浪底工程的必然选择。

为了保证小浪底工程能早日开工建设并发挥效益，缓解国内建设资金紧张的矛盾，经国家批准，决定利用国外贷款筹集部分建设资金。世界银行对小浪底工程表现出了极大的兴趣。在国家有关部门的指导下，在对小浪底工程的筹资规模和投资结构进行认真深入的研究、分析基础上，最终确定了小浪底工程的筹资规模和结构。1997年经国家计委批准，小浪底工程的资金构成如下：小浪底工程概算总投资347.24亿元（1995年水平），其中国家拨款227.74亿元、国外贷款为11.09亿美元（1美元=8.32元）、国内贷款27.23亿元。小浪底工程建设投资由国家拨款和银行贷款两部分组成。银行贷款分为国内银行贷款和国外银行贷款。国外银行贷款包括国际商业银行贷款和世界银行贷款。小浪底水利枢纽工程协议利用世界银行贷款10亿美元，其中国际复兴开发银行贷款8.9亿美元，第一期为4.6亿美元，国际开发协会为项目提供0.799亿特别提款权信贷（合1.1亿美元）。其中世界银行贷款由财政部借贷并转贷给小浪底建管局。[2]

（二）世界银行与小浪底

世界银行自1988年7月起开始介入小浪底项目。在项目准备、项目评估、项目执行等各阶段，成立专门的工作组，定期派团到现场工作，从而达到监督与检查项目执行情况的目的。世界银行对小浪底的监督检查主要通过世界银行检查团和大坝安全专家组（又称世界银行特别咨询专家组）的现场工作来实现。世界银行作为一个国际性的开发投资金融机构，在为小浪底工程建设提供比市场利率较优惠的贷款的同时，为小浪底工程建设提供了技术和管理帮助。这样不仅解

---

[1] 小浪底水利枢纽管理中心．"中国梦·黄河情——黄河流域生态保护和高质量发展"网络主题采访团走进小浪底，2020-09-23．

[2] 水利部小浪底水利枢纽管理中心网站．

决了建设资金不足的问题,也为引进先进施工设备、施工技术、施工管理技术敞开了大门,为小浪底工程能够在较短时间高质量建成创造了条件。

1. 贷款协议签订前的评估。1988年7月,世界银行中蒙局项目官员丹尼尔·古纳拉特南(D. Gunaratnan)一行4人到小浪底工程坝址调查小浪底工程情况,由此开始了小浪底工程利用世界银行贷款的一系列工作。1989年5月,古纳拉特南先生第三次考察小浪底工程时建议利用世界银行技术合作信贷(TCC)聘请国际咨询公司协助黄河水利委员会设计院编制招标文件及工程概算,成立特别咨询专家组审查枢纽设计方案、评估枢纽的安全性。水利部采纳了世界银行的建议。1989年6月,水利部从世界银行提供的有意参加小浪底工程咨询工作的11家国际著名公司中筛选出5家公司进行招标。加拿大国际项目管理公司(CIPM)被选为小浪底工程招标设计的咨询公司。1990年5月,国家计委和财政部批准小浪底工程利用世界银行特别技术信贷(TCC)。小浪底工程使用TCC 293万美元,主要用于聘请加拿大CIPM专家进行招标设计咨询及编制招标文件,以及用于聘请世界知名专家组成特别咨询专家组对小浪底工程的规划、设计、施工进行全面的评价及咨询。通过使用TCC聘请国外咨询专家,改进和优化了小浪底工程设计,使工程设计更加合理、安全和经济,从而推进了工作的进程,收到了比较显著的效果。

预评估阶段世界银行派出11次组团对工程进行考察,全面审查了工程技术、移民、水库环境评价、灌溉、水库调度、经济及财务分析等问题,于1992年10月通过了世界银行对小浪底水利枢纽工程的预评估。世界银行对小浪底工程机构建设给予极大关注,促成水利部于1989年9月批准成立了黄河水利水电开发总公司(YRWHDC),作为项目业主开发小浪底水利枢纽工程。

正式评估阶段,世界银行对小浪底工程的费用概算、财务分析、工程招标文件、运行管理、移民规划等29个专题进行审查,尤其强调了移民工作的重要性,提出给予移民信贷,建议继续聘请先期为业主服务的CIPM为建设提供咨询服务。当然,在使用TCC专家的过程中,也遇到一些问题,如缺乏合格的翻译人才、外国专家管理效率不高、财会人员不熟悉世界银行支付环节等。

2. 项目执行阶段的例行检查。在项目执行阶段,世界银行定期(一般一年两次)派团对项目的实施进行检查,检查的目的在于确保项目按照贷款协议执行,保证贷款的合理使用。在项目的初期,检查团的工作重点是技术问题;后来,检查团更多地关注技术问题、环境问题和财务问题。

世界银行先后组团检查小浪底达26次,每次都由世界银行官员和专家提出工作备忘录,对小浪底工程建设、移民、经济、管理、财务以及环保等方面提出评估、咨询意见和工作要求。这些意见和要求,受到了小浪底工程建设和设计部门的重视,并逐项进行认真研究,分别予以处理和落实,促进了小浪底工程建设。

世界银行对小浪底项目的技术性能相当满意,包括项目提前实现了防洪、防凌、减淤、供水和发电效益。同时,由于我国电力市场、小浪底上游来水情况和小浪底水库运行模式的变化,与评估阶段相比,小浪底项目的财务状况面临比较大的问题，世界银行对类似涉及小浪底项目可持续发展方面存在的问题给予了高度关注。

3. 世界银行特别咨询专家组（又称大坝安全专家组）的工作。按世界银行要求业主聘请世界上有关专业经验丰富的专家组成小浪底工程特别咨询专家组，对工程的设计、施工以及水库移民安置和环境影响等方面的问题进行定期的、独立的审查和咨询。1990~1991年利用TCC聘请了12位专家，组成了第1届特别咨询专家组对洪水水文、地震、工程地质、水工建筑物设计、水力学、施工、移民和环境进行咨询。1994年9月，组成小浪底工程第2届（建设施工期）特别咨询专家组，咨询重点范围是小浪底建设施工期的施工规划、设计和有关水工建筑物的工程技术问题。

小浪底项目在世界银行的支持与监督下，工程建设进展顺利，枢纽提前发挥效益。小浪底项目的成功表明，如果世界银行贷款利用得当，不仅可以弥补资金不足，还可以引进国际先进技术，提高管理水平，加快工程进度，提高工程质量。

4. 小浪底移民项目利用世界银行贷款情况。按照世界银行有关规定，中华人民共和国财政部与国际开发协会于1994年6月2日签订了"小浪底移民项目"信贷协定。根据信贷协议所规定的条件和条款，财政部与水利部于1994年8月3日签订了"转贷协定"，将信贷资金转贷给水利部，用于实施小浪底移民项目。黄河水利水电开发总公司移民局负责本项目的执行。

按照信贷协定条件，国际开发协会提供给小浪底移民项目7990万个特别提款权的信贷，按谈判时确定的特别提款权与美元的汇率折合为1.1亿美元。按照信贷协定与转贷协定的有关条款，项目单位定于每年4月和10月就未提取的信贷资金按0.5%的年率向财政部支付承诺费，就已提取而尚未偿还的信贷本金按0.75%的年率向财政部交付手续费，并由财政部向协会统一进行支付。

协定规定，还款期限为35年，宽限期10年，提款截至日期为2001年12月31日，即项目单位从2004年10月1日开始至2029年4月1日止，每半年分期付款偿还一次信贷本金，付款日期为每年4月1日及10月1日。在2014年4月1日以前包括当期的每次应付本金的1.25%，此后每期应付本金的2.5%，小浪底移民项目的还本付费将依靠小浪底发电收入解决。

三、小浪底项目的分析和启示

（一）小浪底项目的公益性分析

水利建设是关系国家安全和国民经济命脉的重要行业和关键领域，需要政府不断增强水利国有资本活力、控制力、影响力。对于水利建设项目而言，除了具有经济效益以外，还要具有社会效益、环境效益、宏观效益、长期效益，甚至政治效益等，而经济效益往往是最后考虑的。水利工程项目分为纯公益性水利工程项目、准公益性水利工程项目、经营性水利工程项目三大类。小浪底这样的防洪工程、生态保护工程投资大，具有长期效益，我们认定为公益性水利工程，主要依靠政府投资建设。

1. 小浪底工程的公益性、基础性和战略性决定了政府投入的主导地位。小浪底工程具有突出的公益性特征，需要政府投入居主导地位。《中共中央 国务院关于加快水利改革发展的决定》指出，水利是现代农业建设不可或缺的首要条件，是经济社会发展不可替代的基础支撑，是生态环境改善不可分割的保障系统，具有很强的公益性、基础性、战略性。加快水利改革发展不仅事关农业农村发展，而且事关经济社会发展全局；不仅关系到防洪安全、供水安全、粮食安全，而且关系到经济安全、生态安全、国家安全。同时文件还明确规定，要加大公共财政对水利的投入，发挥政府在水利建设中的主导作用，将水利作为公共财政投入的重点领域，各级财政对水利投入的总量和增幅要有明显提高。加大公益性水利项目的投入，这便更需要财政资金的大力投入。

2. 水利投入政策要求地方筹集配套水利建设资金。财政投入部分由中央和地方共同分担，是世界上大多数国家的做法，也将是我国的长期政策。我国现行政策规定，国家投资的水利、水保项目，均要求地方政府有一定的配套资金。

3. 政府对水利的财政投入是水利资金投入的主渠道。政府对水利项目投资方式可以是财政资金无偿投入与有偿使用相结合。对纯公益水利项目只能是财政无偿性的方式投入为主，但对非纯公益性的项目也有必要给予财政支持，但支持的方式应该是多样化的。

（二）小浪底项目投融资模式分析

1. 运作模式。

（1）项目建设管理机构和实施单位。小浪底建设管理局既是小浪底工程建设的业主，也是建成后枢纽的运行管理机构，这样的安排是为了实现建设与管理紧密衔接。小浪底水利枢纽工程是在我国建设管理体制改革不断深化，并在实施项目业主责任制的条件下开工建设的。水利部小浪底水利枢纽建设管理局作为项目业主单位，代表国家对项目的策划，筹资，建设实施，建成后的生产经营，偿还债务，资产的保值、增值承担全过程的责任。鉴于小浪底工程战略地位重要，工程量大，技术复杂，并需要投入巨额资金及引进国外先进设备，为了确保工程质量及工期，要求有科学的施工组织管理体系，为公司提供项目建设的管理帮助。

（2）项目的融资结构。根据黄河小浪底工程的开发总体规划，经世界银行对项目评估，采取国家财政部对世界银行承担本项目债务人、小浪底管理局向财政部承担债务的形式，获得了世界银行贷款10亿美元（折合人民币约83.2亿元，当时汇率以8.32元/美元计），同时还向国内银行贷款27.23亿元，剩下的均来自财政专项拨款。

2. 小浪底项目分析。

（1）项目性质。黄河小浪底工程，由于小浪底水利枢纽以防洪、防凌、减淤为主，兼顾供水、灌溉和发电，其主要功能还是体现在生态治理和环境保护方面，因此，该项目是公益性水利工程项目。

(2) 投融资主体。该项目中的水利部小浪底水利枢纽建设管理局，隶属水利部，作为小浪底水利枢纽工程的建设管理单位，负责小浪底水利枢纽工程的建设、管理和运营，承担着小浪底水利枢纽防洪、防凌、减淤、供水、发电等职能。同时，作为业主单位代表政府实施该项目投融资和建设。

(3) 融资渠道。从资金渠道来源看，该项目融资渠道主要是政府投资主体自有资金的直接投资，所占融资比重为66%；国内信贷融资渠道（国家开发银行贷款），所占融资比重达8%；利用国际金融组织贷款（世界银行贷款，亦属于外资渠道），所占融资比重为26%。

(4) 融资方式。一是财政资金直接投资，二是以政府信用为基础向国际金融机构贷款（世界银行贷款），三是采用政府信用担保向国内银行贷款。

(5) 融资风险。该项目融资风险主要来自银行贷款利率风险、人民币对美元的汇率风险和资金供应拨付风险等。

(6) 小浪底是以政府直接投资为主、债务融资为辅的公益性项目融资模式。这种模式主要是由政府财政投入大部分资金，其余资金则依托政府提供信用担保，以银行贷款的方式进行债务融资。

总之，由于该项目是作为公益性项目来运作的，归纳起来有以下优缺点。优点：一是可以大大缓解该工程对财政的现期压力；二是利用了国际资金，可以引进国外的先进理念、先进管理、先进设备和技术；三是融资风险相对稳定。缺点：一是投融资主体相对较单一，不利于建设期运营期效率和质量的提高；二是融资渠道和方式也显单一，没有引入多个投资主体，尽管大大缓解了政府的现期财政压力，但债务加大了政府的未来财务负担，无法从根本上减轻政府负担。

（三）小浪底工程利用国外贷款的成效和经验

我国作为世界银行创始成员之一，于1980年5月15日恢复在世界银行的合法席位。世界银行作为我国在国际资本市场融资的一个来源，对于帮助我国发展国内资本市场、支持我国经济和社会发展的作用十分明显。改革开放初期，世界银行贷款在我国利用外资总额中所占比例较高，此后，随着各种来源外资的增长，所占比例有所下降，但仍是重要来源。

世界银行从1980年开展在中国的业务活动，1981年向中国提供第一笔贷款支持中国的大学发展。多年来中国和世界银行之间的关系已发展成为一种成熟和重要的伙伴关系。1981～2002年，世界银行共向中国提供贷款约360亿美元，支持了240多个项目，其中约有100个项目还在实施，使中国迄今保持着世界银行最大借款国的地位。世界银行贷款项目涉及国民经济各个部门，遍及中国的大多数省、直辖市、自治区，其中交通、能源、工业、城市建设等基础设施项目占贷款总额的一半以上，其余资金投向农业、环保、教育、卫生、供水等项目。

1. 利用国外贷款有效地保证项目目标的顺利实现。在上述案例中，小浪底工程实际利用国外贷款11.09亿美元。同时国内配套资金如中央政府提供的拨款、商业银行的贷款及时到位，小浪底工程建设从未因资金问题而影响对承包商和供应商的支付而造成工期的延误及供货的推迟。通过包括世界银行在内各方的共同努力,小浪底工程取得了工期提前、投资节约、质量优良的业绩,被世界银行誉为该行与发展中国家合作项目的典范,在国内外赢得了广泛赞誉。

利用世界银行和商业银行贷款,引进国际竞争性招标,招揽国际上有丰富施工和管理经验的承包商,并按 FIDIC 条款的规定实施严格的项目及合同管理,由国际一流承包商和制造商与国内施工单位和制造厂家联合承建。在合作中引进、吸收国外先进的施工技术和制造技术,不但使国内施工单位和制造厂家的技术能力和水平得到极大提高,而且通过与国际上著名的承包商和咨询专家合作,聘请国际知名专家组成特别咨询专家组和争议评审团,保证了工程的顺利实施。同时,也使得业主以及在参加过小浪底工程国际标段建设的国内承包商获得了国际上先进的工程施工技术、建设管理和合同管理经验,提高了各自的国际工程管理水平,培养了具有国际工程管理经验的人才。

2. 促进国内建设项目管理体制与国际接轨。小浪底工程建设管理全面推行了业主负责制、招标承包制和建设监理制,努力实现与国际工程管理模式接轨。小浪底水利枢纽建设管理局作为项目业主,受水利部委托,全面负责项目筹资、建设管理、运营和还贷等任务。小浪底工程咨询有限公司(XECC)承担工程监理任务,按合同规定控制工程投资、进度、质量并协调施工、设计各方的关系。由于小浪底工程是以国家投资为主,就必须遵守国家现行基本建设管理制度规定;但小浪底工程同时又是目前国内最大的世界银行贷款项目,在项目招投标、合同管理等方面必须按国际惯例办事。除了国际招标工程,其他国内项目(小浪底水利枢纽建设管理局局内规定,50 万元以上的项目必须实行招标采购)也都实行招标方式选择承包商和供应商。

3. 探索小浪底特色国际工程管理模式,丰富了 FIDIC 合同的内涵。小浪底工程主体开工以后,曾有因地质条件引起塌方和承包商管理等多方面原因,造成工期延误,陷入十分困难的局面。在关键时刻,水利部党组果断作出引进中国成建制水电施工队伍、实行劳务承包(后来形成 OTFF 联营体)的决策。在世界银行的支持下,业主利用世界银行的特殊地位和影响力,督促承包商降低不合理的索赔要求,以更积极的态度进行谈判,并最终使得承包商接受了业主的建议。OTFF 进点以后,分别承包了 3 条导流洞,用 22 个月完成了 33 个月的施工任务,抢回了延误的工期,保证了按期截流,给国家避免了巨额的经济损失。更为重要的是,这一做法形成的 OTFF 模式,是 FIDIC 条款所没有的,世界银行官员认定这是对 FIDIC 条款的突破和创新。

4. 促进了移民安置及生态环境保护工作。移民安置工作和环境保护工作能否通过评估是世界银行提供贷款的条件之一。因此,这项工作自始至终备受各方面的重视,包括世界银行和其他国际、国内专家和学者。1993 年,根据世界银行评估文件要求,业主设立了专门的环境管理部门,并在工程实施过程中进行了调整和完善;还委托环境监测、地震预报预测、水情预报和卫生防疫等有关专业机构协助业主进行环境建设和治理,形成了一个完整的小浪底工程环境管理体系,切实按照世界银行的要求进行工程环境建设和治理,取得了很好的成效。2002 年 6 月,小浪底工程水土保持设施顺利通过国家组织的专项验收;2002 年 9

月，小浪底工程环境保护通过了由国家环保总局组织的环境专项验收；2003年小浪底工程环境保护荣获国家环境总局授予的全国"百佳"工程称号和奖励；2004年小浪底工程水土保持工作被评为"全国水土保持示范工程"。20万人移民搬迁安置通过初步验收，移民安置工作被世界银行确定为其贷款项目成功的典范。

总之，通过小浪底工程等一系列利用外国贷款项目，锻炼和培养了有一定国际工程管理经验和先进理念的人才，包括财务管理人才、合同管理人才、技术管理人才、移民与环境管理人才等；拥有了一套与国际管理接轨、操作性强、比较系统、规范的工程项目管理方法，这是一笔宝贵的财富。小浪底水利枢纽建设管理局经过认真总结，精心组织，将这些人才和经验运用到西霞院反调节水库、尼尔基水利枢纽工程等在建的纯内资水利枢纽项目，也发挥了很好的作用。因此，应将小浪底工程建设中的融资经验有效利用起来，在未来的国外贷款项目和内资项目中继续发挥应有的作用，为促进我国经济体制改革和对外开放作出更大的贡献。

第二节　永定河流域治理投融资实例

永定河流域治理投融资实例

提示　流域是指供给河流地表水源的地面集水区和地下水源的地下集水区的总称，流域治理一般指流域范围内河流、河道、堤岸、相关区域的整体生态、环境的综合性、系统性治理，因其范围广大、内容广泛、专业众多，对区域社会、经济有很大影响，且投资巨大等因素，流域治理受到极大重视，但仍难以大规模实施。

一、永定河流域治理的现状与问题

永定河属海河水系，上游有桑干河、洋河两大支流，全长747千米，流域面积4.7万平方千米，是贯穿京津冀晋蒙的重要水源涵养区、生态屏障和生态廊道，也是京津冀协同发展的生态大动脉。

新中国成立后，国家对永定河治理投入了大量精力。20世纪60年代以来，由于多种因素，永定河流域生态系统退化，水资源过度开发，河道干涸断流，水质污染等问题愈加严重。环境污染、生态系统退化已成为我国制约地区经济社会健康发展、极度影响居民健康和正常生活的重要问题。永定河在京、津、冀、晋四省市范围内，现有入河排污口116个，每年排入河道的废污水达3.19亿吨，主要污染物COD和氨氮分别约3.57万吨、0.56万吨，分别超过纳污能力1.57倍和7.6倍。全年干涸的河段达10%，主要河段年平均干涸121天，年均断流316天，生态系统极度退化。人均水资源量仅为全国的9.8%，而且仍在衰减；水功能区达标率仅为26.8%。永定河上游有1.5万平方千米水土流失面积需治理，河湖、湿地率仅2%。下游平原河道1996年后完全断流；2000年后河口入海水量较多，年平均值锐减了 97.5%。[①]

永定河具有重要的资源功能、生态功能和经济功能，环境治理的重要性不言而喻。加强永定河生态文明建设，对促进流域经济社会发展、产业结构转型升级以及区域生态文明建设具有重要意义，对改善区域生态环境具有重要的引领示范作用。实施永定河流域综合治理与生态修复，是贯彻落实习近平"绿水青山就是金山银山"生态文明思想和"节水优先、空间均衡、系统治理、两手发力"新时期治水方针的深入探索，是推动京津冀协同发展在生态领域率先实现突破的具体实践，是实现永定河流域高质量发展的重要保证。

系统治理修复永定河，让永定河恢复往日生机、实现清水长流，成为流域千百万人民的共同心声。2015 年 4 月出台的《京津冀协同发展规划纲要》提出，对包括永定河在内的"六河五湖"进行全面治理修复。2016 年 12 月国家发展和改革委、水利部、国家林业局联合印发《永定河综合治理与生态修复总体方案》，提出永定河综合治理与生态修复指导思想、治理目标及重点措施。2017 年 3 月永定河综合治理与生态修复部省协调领导小组成立，在部省协调领导小组的推动下，2017 年 6 月国家发展改革委印发《关于组建永定河流域治理投资公司的指导意见》。2018 年 6 月，由京、津、冀、晋四省（市）人民政府和战略投资方中国交通建设集团有限公司共同出资组建的永定河流域投资有限公司在北京挂牌成立。永定河综合治理将按照"治理、恢复、涵养、提升"相结合的思路，坚持"以流域为整体、区域为单元、山区保护、平原修复"的原则，统筹山水林田湖草生命共同体，突出"水"和"林"两个生态要素，把保障河湖生态用水放在突出位置，加大节水力度，遏制地下水超采，提升水源涵养能力，合理配置外调水，把山区建设成为生态安全屏障、平原建设成为绿色生态走廊，逐步恢复永定河生态系统。

预计到 2025 年，永定河流域将基本建成绿色生态河流廊道。届时，上游山区水源涵养能力明显提升，新增水源涵养林 9.74 万公顷，自然保护区、湿地公园以及森林公园建设逐步完善，河流生态水量得到有效保障，水功能区水质进一步改善，重要水源地水质达到Ⅲ～Ⅳ类，生态环境质量得到进一步提高。[②]

二、永定河流域治理市场化的基本方式

以往的河道治理以行政区划为界限，各行政区负责本区域内治理项目，并由政府全额出资。这不仅不符合流域治理的本质要求，也将形成长期的政府财政负担。在永定河项目中，按国家发改委等三部联合印发的《永定河综合治理与生态修复总体方案》，该项目总体囊括重点建设项目 78 个，从农业节水与种植结构调整、水量配置与用水保障、河道综合整治、河道防护林建设、水源涵养林建设、水源地保护及地下水压采、能力建设七个方面明确了治理修复的主要任务，项目估算总投资 370 亿元。而且需要在 2025 年前完成全部投资。虽然一般水利项目

---

① 永定河流域启动跨省区综合治理与生态修复工程［EB/OL］，环球网，2018 - 11 - 28.
② 永定河流域将建成绿色生态河流廊道［N］. 人民日报，2019 - 11 - 04.

都会有国家补贴资金，一般也只有20%左右，需要地方政府承担的资金量仍然很大。而且，随着项目建设逐步推进，即使不考虑估算投资额可能无法覆盖日益增长的征拆、人工、材料等费用，按50%的资金来源于贷款并且按基准利率计算，项目完工后每年贷款利息都将超过9亿元，再考虑865公里河道和相关设施的维修维护费用，将对地方政府构成巨大且长期的财务负担。

永定河项目进行了大胆创新，建立了全新的协同治理机制，采取市场方式进行整体运作，由京、津、冀、晋四省市和中国交通建设集团（以下简称中交集团）共同出资，共同组建"永定河流域投资有限公司"（以下简称永定河公司），由该公司负责项目的总体实施和投融资运作。这是国内首家由国家顶层设计、以流域为单元、跨省级行政区的流域治理投资公司，也是我国流域治理模式的重大创新。

永定河公司是永定河流域综合治理与生态修复的主力军，主要负责永定河综合治理与生态修复项目总体实施和投融资运作，统筹管理国家和沿线各地方政府用于永定河治理与修复的资金，受托统一管理运营流域内相关工程和资产。永定河公司通过市场化运作的形式，以投资主体一体化带动流域治理一体化，全面对接河长制落实，创新投融资模式，拓宽投融资渠道，变过去单一的政府投资为财政和市场相结合，中央和地方投入40%财政性资金，剩余60%投资通过银企合作和产业开发，匹配流域各地优质资源，嫁接优质社会资本，实现价值孵化和资金平衡，反哺永定河综合治理和生态修复工程。永定河公司定位于流域综合治理与生态服务提供者、区域绿色发展推动者和流域生态文明体系构建者，坚持政府与企业"两手发力"，坚持工程建设管理和资源开发利用"两翼齐飞"，致力打造服务的平台、投融资的平台、开放的平台，着力构建以政府为主导、企业为主体、市场为手段的"投、建、管、运"一体化新机制。

在实际治理工作中，永定河公司将构建"1+N"的公司体系。"1"是总公司，主要负责项目实施和投融资运作；"N"是若干分（子）公司，由永定河公司、项目所在地政府、企业、社会资本方等共同组建项目公司，具体负责项目建设和运营。成立公司后，项目总体由永定河公司投资。为了不给财政带来过重负担，该公司需进行多种经营，实行"一地一策"开发盈利模式，主要依靠三个方向的发展实现长期的资金平衡和公司的可持续发展：依托区域生态环境改善带来的土地增值等收益、提供永定河生态水量服务、产业开发。同时，永定河公司依靠治理带来的生态、环境空间的提升，与沿线政府洽谈合作，实施体育休闲、健康养老服务、文化旅游产业、拓展项目供水服务和林业资源综合开发经营等获取收益。保持该公司长期现金流入，用以保障项目长久资金需求。

三、永定河流域治理的分析和启示

目前，河道和环境治理以行政区域划分，跨区域、跨行业议事、协调机制较弱，协同管理能力较差。从地区经济发展历史来看，城市往往沿河发展，河道至今仍贯穿很多地区的核心区域，河道及两岸环境遭到污染和破坏后，给区域整体发展带来极大的负面影响。但河道和流域治理及生态修复往往不能直接带来经济效益，这类项目基本归为公益或准公益性项目。以往的实施模式往往是政府投资，专业企业具体实施，项目完成后政府再逐年拨款，保持项目内河道、涵养林等清洁、健康的状态，同时对相关设施逐年维护。

随着国家加大环境治理力度，这类项目逐渐增多，项目往往呈现大型化趋势，要求投资力度必须同步加大。但地方政府投资能力受限，难以应对多个大规模项目同步开工。即使如北京等超大型城市，财力保障能力较强，这类项目完工后长期的维护费用也将成为不容忽视的政府财政负担。永定河流域治理的方式具有以下显著优势：

（一）减轻政府财政压力

永定河项目采用市场化模式进行整体运作，由京、津、冀、晋四省市政府和引入的战略投资方——中交集团共同投资。这类投资一般仅限于资本金部分，部分资金需求可以依据水利项目的基本情况申请国家和地方补贴。按一般基建项目融资比例，至少一半以上的投资可以融资解决。如果各类融资方式使用恰当，按照国家关于固定资产投资项目资本金的规定，理论上最高可以融资80%的资金，但考虑到这类项目营利能力有限，预计融资规模不会超过60%~70%。在这种情况下，政府投资压力达到很大程度的降低。

由于流域面积广大，而且沿河周边包括一些经济较发达的区域，这对社会投资人的吸引力极大。社会投资人往往不只是关注河道治理和环境改善项目，而是对流域内涉及的相关产业存在很多设想。永定河公司就综合考虑了通过土地增值、体育休闲、健康养老服务、文化旅游产业、拓展项目供水服务和林业资源综合开发经营等获取收益。

（二）提高项目管理水平

流域治理项目涉及的区域和细分领域跨度都较大、相关的行业管理部门多，以往需各政府部门相互配合，各自落实自己管辖的领域，如水利部门管河道、林业部门管树木、农业部门管农田，还有排污工厂、居民违建、集体土地违规使用等问题。相关部门繁多，相互配合推进效率极低，而且互相之间经常难分主次，一个流域治理项目实际变成了各领域的多个行业项目，整体项目管理水平很难提高。但是通过市场化实施后，必然采取公司化治理方式。

在永定河项目中，永定河公司设立多个对应部门，实际是将相应的政府责任进行集成。这些部门在公司的统一指挥下，上对各政府部门，下对永定河总体项目，在公司层面实现了责权利的统一，管理水平可以得到很大提升。

（三）打通跨行政区治理界限

行政区划是我国管理各项事物和各类项目基本区分界限，但对于河道、水流或流域来说，却违背了客观规律。流域治理中水、岸、植被、设施等环环相扣，是一个紧密的复杂系统，但归口管理上，涉及水、农、林、牧、渔多个领域，如有建设内容还需建设、环境等政府部门审批，上下游又由多个、多级政府部门管理。流域治理本身复杂程度高，再对应分而治之的各级、各地、各行业政府部门，可以说难上加难。虽然各区域行政机构之间有着正常的沟通协调程序，但这种程序繁杂、拖沓，效率很低。尤其在上下游存在利益冲突或各行业部门存在职责不清的情况下，项目推进难度极大。

由一个公司总体统筹实施可以使上下游进展计划性更强，更加科学有序，水里岸上更加匹配。在制定实施计划后，由公司分头去向各政府部门申请、报批，秩序性更强，可有效解决项目跨区域问题。

（四）提升沿线经济发展活力

永定河项目治理河长865千米，流域面积4.7万平方千米，跨度极大，流经区域经济状况各异，既有北京、天津和某些经济情况较好地区，也有河北、山西大片区域亟待开发。

永定河项目实行公司化治理，公司为了解决持续发展和赚取利润的压力，会主动摸索沿岸休闲、旅游、林业等资源和区域供水、土地综合开发等各类商业机会。尤其对于旅游产业，各地开发热情高涨，但往往一个区域一个景点，难以构成吸引客流量的关键因素，各地区相互配合又往往难以实质推进。而永定河公司则是既有开发动力，又有统筹开发高度和资源整合能力的理想主体。按照目前"区域旅游"或"全流域旅游"概念，区域或流域内的旅游资源必须要经过整合，组合式、搭配式开发，让流域旅游具备深度、广度和多样性优势，使之具备开发深度游和特色游等旅游产品的基础。

◆ 拓展阅读

世界各国公益性项目的融资来源大体包括：财政投入资金和银行贷款（国内银行、国内银团、国际银行、国际银团）、外国政府贷款、国际机构贷款、债券融资、信托计划等债权融资模式以及自有资本、增资扩股等股权融资方式等。

例如，在具有成熟资本市场的德法两国对城市道路、城市广场、抗洪防洪基础设施等非经营性或社会效益非常大的公益性项目，基本上都是沿用政府财政直接投入的方式，若财政资金不足，则采用"财政投入＋信贷融资"的混合模式。日本政府把财政直接投入和"财政投入＋信贷融入"的混合模式作为日本公益性项目的主要方式。对于关系到国计民生的建设项目，且这些项目投资额大、资金密集度高、周期长，一般由政府财政直接投资，以确保社会稳定、有序。

综合实训

简要问答

1. 为什么公益性项目要以政府投资为主导？
2. 观察你身边的公益性项目，它们在投融资中存在的难题？
3. 永定河项目的公益性体现在哪里？

第八章

准公益性项目政府投融资实务

知识目标
1. 了解准公益性项目的特征和范围。
2. 了解准公益性项目政府采取的多种投融资方式。

技能目标
掌握 PPP、BOT、TOT、ABS 模式的相关内容。

▶▶ 导入案例

地方政府融资北京模式：整合资源，特许经营

北京地铁 4 号线，是我国第一个采用 PPP 项目融资模式建设并获得成功的基础设施项目。按建设责任主体，北京地铁 4 号线全部建设内容划分为 A 和 B 两部分：A 部分主要为土建工程部分，投资额约为 107 亿元，由 4 号线公司负责投资建设；B 部分主要包括车辆、信号、自动售检票系统等机电设备，投资额约为 46 亿元，由社会投资者组建的北京地铁 4 号线特许经营公司负责投资建设。4 号线项目竣工验收后，特许公司根据与 4 号线公司签订的《资产租赁协议》，取得 A 部分资产的使用权。特许公司负责地铁 4 号线的运营管理、全部设施的维护和除洞体外的资产更新，以及站内的商业经营，通过地铁票款收入及站内商业经营收入回收投资。特许经营期（30 年）满后，特许公司将 B 部分项目设施无偿地移交给市政府指定部门，将 A 部分项目设施归还给 4 号线公司。

资料来源：王灏. 城市轨道交通投融资问题研究——政府民间合作（PPP）模式的创新与实践［M］. 北京：中国金融出版社，2006.

第一节　北京地铁 4 号线投融资实例

提示　地铁交通属于准公共物品，准公共物品是介于纯公共物品和私人物品

北京地铁 4 号线投融资实例

之间的公共物品，具有可分割性，适合由政府和市场结合的方式来提供，外部性较为广泛。地铁交通具有不完全竞争性、不完全的排他性和自然垄断性。

一、北京地铁 4 号线的情况介绍

（一）北京地铁 4 号线的基本情况

北京地铁 4 号线是贯穿城区南北的一条交通主干线，是一条黄金线路。经过北京南站这样的人口出入集中地，经过西单、新街口这样的商业密集区，再经过清华大学、中国人民大学这样文化较集中地带以及中关村科技发达地带，还有颐和园这样旅游资源丰富的地带，客流条件较好。线路全长 28.2 千米，共设车站 24 座，是市区西部的南北交通大动脉。该项目的线位、建设规模、投资等条件均相对稳定，且均为市内线，客流比较理想。

（二）北京地铁 4 号线利用 PPP 融资的可行性

经调研发现，世界很多国家大城市的地铁融资建设中，特别是在地铁建设初期和高速成长时期，政府投融资都发挥着作用。如中国香港地铁政府投融资占 77%，法国巴黎地铁政府投融资占 80%，英国曼彻斯特地铁政府投融资占 90%，新加坡地铁政府投融资占到了 100%。

然而，政府投资也存在不足：一是对政府财政产生压力，受政府财力和能提供的信用程度所限，融资能力不足；二是不利于企业进行投资主体多元化的股份制改制，转换企业经营机制。此外，由于政府部门在项目中实际承担经营者和监管者双重角色，这就使地铁等公共事业中很容易出现政企难分、行政垄断、激励约束机制弱化，投资、建设、运营服务水平无法有效提高等问题。经济发展使城市规模迅速扩张，对公共交通的需求也非常迫切。政府逐渐认识到，轨道交通项目不是纯公益性，也具有经营性，经营得好可以减轻政府负担。北京市政府相应出台了一些规定和规划，使地铁建设融资成为可能。

首先，根据《北京市 2004 - 2015 轨道交通发展规划》，2004~2015 年，北京市将建设约 260 千米市内轨道交通，总投资达 1000 亿元。巨额投资、高强度的建设规模、规模化的线路运营，对北京市轨道交通的发展提出了很高的要求，而传统的投资、建设、运营体制已不能适应当前的发展需要。在投资、建设、运营方面存在着对政府投资、补贴依赖性大，运营水平有待提高，监管需要进一步加强等一系列问题。在这种情况下，通过采用特许经营模式来明确政府对地铁的支持条件和监管手段，引入社会投资，建立市场竞争机制，缓解政府的投资压力，提高地铁建设、运营水平，就显得尤为必要。

其次，轨道交通市场化运作的各方面条件已经逐步成熟。随着市场经济改革的日趋深化，相关的政策、制度条件不断完善，基础设施投资市场初步形成，特许经营运作的客观条件已经基本具备。2003 年 10 月，《北京市城市基础设施特许经营办法》正式颁布实施。2003 年 11 月，北京市对原地铁集团改制成立了北京市基础设施投资有限公司，作为市一级基础设施投融资平台，对轨道交通等基础设施项目进行市场化运作。2003年12月，北京市政府转发了市发改委《关于本市深化城市基础设施投融资体制改革的实施意见》，明确提出了轨道交通项目可以按照政府与社会投资7∶3的基础比例，吸引社会投资参与建设。地铁特许经营项目的实施基本实现了有法可依、有章可循。2004年，北京市组织多次大型推介会，对轨道交通项目进行了重点推介，引起了海内外社会投资者的广泛关注与参与。

（三）北京地铁4号线具体采用模式

早在2001年，北京市基础设施投资有限公司，开始思考如何使国外的PPP理念与国内轨道交通的建设实际相结合，并经过近两年的反复研究、测算、论证，以4号线项目形成了一整套PPP运作思路。从2004年开始，京投公司编制招商文件，在市政府有关部门的领导下组织、参与4次大型推介会，进行了历时两年多的谈判。由于轨道交通行业专业性强以及4号线长达30年的特许经营期，作为市政府代表的京投公司在选择社会投资人时格外谨慎，将符合条件的投资者锁定在"西门子—中铁建联合体""香港地铁—首创集团联合体"两家。

香港地铁（以下简称港铁）是集投资、建设、运营于一体，其专业运作方式和思路是其他投资者所不具备的，其对于PPP模式及风险的认识都较为深刻，而政府在土建设施租金方面和港铁分歧也相对较小，因此港铁最终胜出。港铁是集投资、建设、运营为一体的运营商。其在车辆调度、人性化管理方面，有着丰富的经验和完整的商业运作原则，票款、商业开发也是其收入的重要方面。在全球范围内，中国香港地铁是唯一实现盈利的。北京市政府希望把香港地铁近30年建设运营的经验与北京地铁建设运营的实际情况相结合，探索出一条新的投融资和建设运营模式。由此诞生了"京港地铁"。

北京京港地铁有限公司是由北京市基础设施投资有限公司、北京首都创业集团有限公司和香港地铁有限公司共同出资组建。其主要业务是根据与北京市人民政府签订的北京地铁4号线项目特许协议，建设和运营地下铁路系统，发展与铁路相关的商业和开展法律、法规允许的其他经营活动。

按照协议约定，北京地铁4号线被分为营利部分和非营利部分，即A部分与B部分。A部分包括征地拆迁和车站、洞体及轨道铺设等的土建工程，总投资额约为107亿元，占项目总投资的70%，由北京地铁4号线投资有限责任公司代表北京市政府筹集建设并拥有产权。B部分包括车辆、自动售检票系统、通信、电梯、控制设备、供电设施等机电设备的购置和安装，总投资额约为46亿元，占项目总投资的30%，由特许经营公司筹资建设。特许经营公司的注册资本为15亿元，由香港地铁有限公司、北京首都创业有限公司及北京基础设施投资有限公司组成，前两家公司注册资金均为7.35亿元，占注册资本的49%，而最后一家公司的注册资金为0.3亿元，占注册资本的2%。其余31亿元投资采用无追索权的银行贷款来负担。

北京地铁4号线建成后，特许经营公司通过与北京地铁4号线公司签订《资产租赁协议》取得A部分资产的使用权。特许经营公司负责地铁4号线的运营管理、全部设施（包话 A 和 B 两部分）的维护和除洞体外的资产更新，以及站内的商业经营，通过地铁票款收入及站内商业经营收入回收投资。特许经营期满后，特许公司将 B 部分项目设施无偿地移交给北京市政府，将 A 部分项目设施归还给北京地铁 4 号线公司。

二、北京地铁 4 号线的运作程序

北京地铁 4 号线是国内轨道交通领域第一个采取"公私合作"的特许经营方式进行市场化运作的基础设施项目。PPP 模式给投资人创造一个基本条件，就是通过成本节约、加强管理可以实现合理回报的条件；同时又要设一个限制，避免因非经营因素、因客流大幅增长使其获得超额利润。也就是说，既要设计存在其承担较大的客流风险的机制，又要设立项目保障机制，避免运营公司倒闭。基础设施采用公私合作运作模式一般分为项目前期准备、选择民间资本、成立项目公司、项目建设开发、项目营运和项目回收等程序。

（一）北京地铁 4 号线公私合作投融资模式运作程序

1. 指定北京市基础设施投资公司代表政府行使 A 部分资产所有权。北京市政府指定的北京市基础设施投资公司将作为政府投资方负责招商项目 A 部分的投资、建设（具体由北京市基础设施投资公司控股组成的北京地铁 4 号线投资有限责任公司负责），并代表政府行使 A 部分资产所有权。A 部分资产以使用权出资和租赁两种方式提供给下述成立的特许经营公司使用。

2. 政府投资方和民间资本签署合作协议，共同成立合作性质的特许经营公司（以下简称 PPP 公司），取得线路运营的特许经营权。政府投资方以使用权出资，民间资本以现金出资。PPP 公司中政府投资方占控股地位，但不具有公司日常经营管理的决策权，政府投资方不参与公司的收益分配，也不承担经营亏损，只在重大资产处置、涉及运营安全等重大事项上具有决策权。民间资本享有公司日常经营管理的决策权及收益权。

3. PPP 公司负责 B 部分资产的投资、建设，所需资金全部由民间资本负责筹集。PPP 公司与政府投资方签订《资产租赁协议》，通过租赁的形式取得使用权，并向政府投资方缴纳租金；项目全部建成后，PPP 公司负责 4 号线的运营管理，并负责所有资产的维护和更新，同时享有票价收入和其他非票价的收入，其中非票价收入包括广告通信、地产等。运营期内，政府投资方和民间资本通过调整租金分担客流风险。特许期结束后，PPP 公司将全部项目设施无偿移交给政府投资方（特许期为 30 年）。

4. 政府有关部门与 PPP 公司签署《特许协议》，明确政府与 PPP 公司的权利与义务。为保证 PPP 公司进行项目正常的建设和运营创造条件，并建立相关的监管和激励机制，在特许期内，4 号线运营票价实行政府定价管理，采用计程票制，并根据社会经济发展状况适时调整票价，按有关运营和安全标准对特许公司进行监管，在发生涉及公共安全等紧急事件时，政府拥有介入权，以保护公共利益。

(二) 北京地铁 4 号线融资模式的参与方及职责

1. 市政府权利和义务。北京市政府作为项目的主要发起人，在法律上不拥有项目也不使用项目，但是拥有监督权、定价权、特殊情况下的管理权和特许协议终止权。监督权指在建设期内监督 4 号线工程，确保土建部分按时按质完工，并监督特许公司进行机电设备部分的建设。定价权指 4 号线运营票价实行政府定价管理，在特许期内，根据相关法律法规，本着同网同价的原则，由市政府制定并颁布 4 号线运营票价及政策，并根据社会经济发展状况适时调整票价。特殊情况下的管理权指运营期内按有关运营和安全标准对特许公司进行监管，在发生涉及公共安全等紧急事件时，市政府拥有介入权，以保护公共利益。特许协议终止权指如果特许公司违反《特许协议》规定的义务，市政府有权采取包括收回特许权在内的制裁措施。市政府也要履行《特许协议》规定的义务并承担责任，通过特许经营协议下放某些经营权利以及给予一些投融资政策扶持措施作为项目建设、开发、投融资等方面的支持和坚强后盾，以此吸引社会资本，促进项目运作的成功。

2. 北京地铁 4 号线投资有限公司权利和义务。作为项目的发起人之一，北京地铁 4 号线投资有限公司拥有投融资权，负责 4 号线项目公益性部分的投资建设，并代表政府出资和履行业主职责。该公司是由北京市基础设施投资有限公司等五家股东依法组建，并由北京市基础设施投资有限公司控股的有限责任公司。京投公司是由北京市国有资产监督管理委员会出资并依照《公司法》成立的国有独资公司，承担北京市基础设施项目的投融资和资本运营，近期以市轨道交通投融资及线网管理为主。由市政府出资，京投公司负责运作，拥有决策权和控制权，有利于维护社会公共利益。

3. 特许经营公司权利和义务。香港地铁与首创集团联合体——京港地铁公司作为特许经营公司，拥有投融资权和 30 年的经营权，按建设责任主体划分的占 4 号线项目 30% 的 B 部分投资。京港地铁公司分别与代表北京市政府的市交通委和北京地铁 4 号线投资有限责任公司签署了《北京地铁 4 号线项目特许协议》，以及《北京地铁 4 号线特许经营项目资产租赁协议》。根据协议，京港地铁公司获得北京地铁 4 号线 30 年的特许经营权，在此期间内负责 4 号线运营和管理，在特许经营期结束后，再将项目设施完好、无偿地移交给北京市政府。

(三) 北京地铁 4 号线的产权结构

1. 投融资权——引入 PPP 模式。北京地铁 4 号线总投资 153 亿元，其中 70% 由北京市政府出资，另外 30% 由获得特许经营权的京港地铁公司投资（见图 8-1）。

2. 运营权——特许经营公司。北京地铁 4 号线是国内轨道交通领域首个采取引入港资、特许经营方式进行市场化运作的基础设施建设项目。2006 年 4 月 12 日，京港地铁公司分别与代表北京市政府的市交通委和北京地铁 4 号线投资有限责任公司签署《北京地铁 4 号线项目特许协议》，以及《北京地铁 4 号线特许经营项目资产租赁协议》。

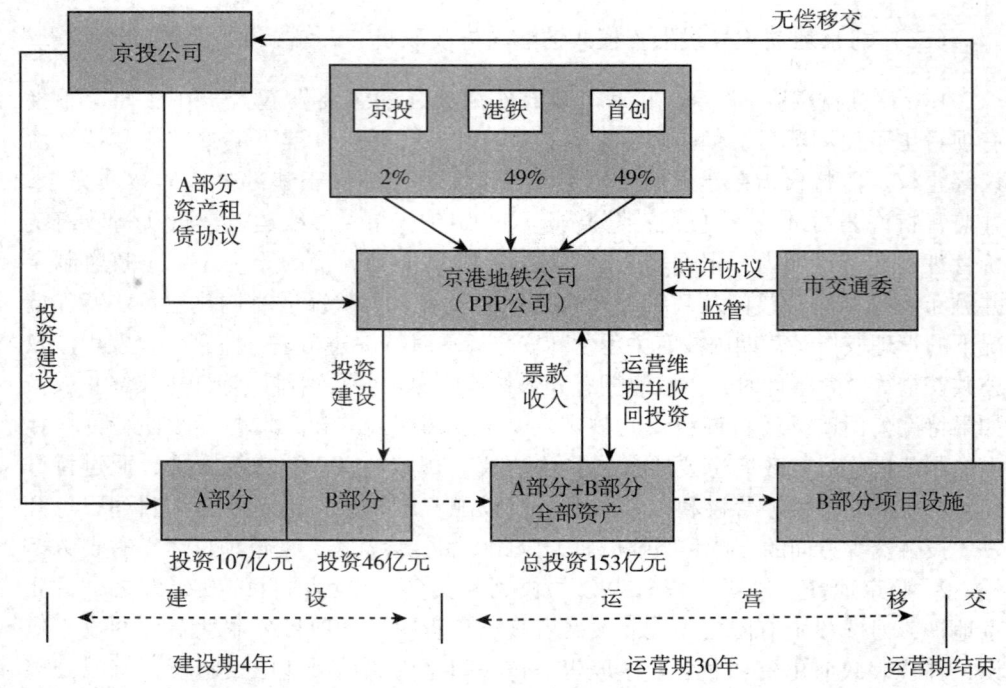

图 8-1 北京地铁 4 号线的 PPP 模式

3. 监督权——北京市政府。在北京 4 号线项目中，按照《特许协议》规定，市政府在建设期内将监督 4 号线工程，确保土建部分按时按质完工，并监督特许公司进行机电设备部分的建设。

三、北京地铁 4 号线项目的分析与启示

（一）基础理论分析

地铁交通属于准公共物品。准公共物品是介于纯公共物品和私人物品之间的公共物品，具有可分割性，适合由政府和市场结合的方式来提供，外部性较为广泛。地铁作为准公共物品具有不完全竞争性、不完全排他性和自然垄断性。

首先，地铁是公共交通项目，在没有超过承载量的情况下，且票价在大众能够接受的范围内全体居民都可以享有。地铁的车身是有一定的承载量的，如果超过既定的承载量，就会影响他人的乘坐，此时是具有一定的竞争性的。所以地铁的票价可以有效地成为控制乘客乘坐量的工具。

其次，地铁交通具有不完全排他性。因为轨道交通属于公共物品，一人的乘坐行为并不影响他人的乘坐。但是乘坐的人数过多时，就会相互影响，使全体乘客的舒适度、满意度等下降，从此角度分析，轨道交通也具有一定的排他性。

最后，地铁交通具有一定的自然垄断性。一方面，轨道交通具有特定的路网，只限定在一定的区域范围内，从而也形成了特定的服务人群，所以其具有资产的专用性。另一方面，轨道交通的投资集中在建设阶段，一旦投入运营，随着成本的回

收和盈利的产生，其平均成本和边际成本不断地降低，逐步形成规模效应。

与纯公共产品相比，尽管地铁交通项目具有一定经营性，属于准公共产品，但因其具有投资大、运营成本高、政府定价、公益性强等突出特点，全世界地铁企业普遍存在着运营亏损。所以，各国政府都在地铁投融资过程中发挥主导作用，即通过政府投融资体系为地铁建设提供资金。政府投融资模式最大的优点就是能依托政府财政和良好的信用，快速筹措到资金，操作简便，融资速度快，可靠性大，其融资量的大小取决于政府的财政能力和所能提供的信用程度。

（二）案例总结——北京地铁4号线公私合作投融资模式运作的创新性

1. 北京地铁4号线大胆尝试公私合作模式，明确政府投资与社会投资的比例，让私人部门参与到其中来，在很大程度上减轻财政负担，同时能够提供更加优质的轨道交通服务。

北京地铁4号线以公共部门经济理论为基础，创造性地提出公私合作融资模式的补偿模式。地铁4号线采用的是建设期补偿模式，建设期补偿模式的关键在于项目公益性部分和盈利性部分的划分。4号线公益性部分和盈利性部分的划分比例被确定为7:3。整个项目投资中30%由社会投资完成，采用公私合作方式解决项目融资问题，剩余70%投资仍由政府财力解决。政府投资与社会投资比例的确定，体现了公私合作模式中各方的平等公平，一方面在确保轨道交通项目作为公共产品的公益性的同时，吸引了社会资本，扩大了资金来源；另一方面降低了投资风险，规避了经营风险，使社会资本有利可图，调动了民间资本的积极性，达到双赢的目的。

2. 地铁4号线并不是由政府直接参与，而是组建专门的投资公司代表政府筹资建设，管理整个项目。这样不仅可以拓宽了政府的融资渠道，搭建更完善的融资平台，为整个项目提供更有利的经济支持。同时，让投资公司能够采用市场化的运营手段代表政府管理整个项目，有效提高了管理的效率，避免政府失灵等问题的出现。而且还能保持政府对整个项目良好的监管和辅助，保证地铁4号线的良好运行。

轨道交通运营收入的核心是票价收入，票价的确定直接决定着整个市场化运作的成功与否。以往轨道交通项目由财政直接投资，再由财政拨款的国有企业直接运营，项目是否营利并不重要，不存在政府定价和市场定价差异。引入PPP投融资模式，社会资本参与到投资建设中来，项目营利成为社会资本投资的基础。4号线项目定价权掌握在政府手中，协调为保证项目公益性而实行的政府定价和以营利为目的的市场定价是项目实施的关键。为解决政府定价和市场定价的差异，4号线项目导入影子票价及调节机制，对平均人次票价收入水平每3年调整一次。

3. 完善全面的保障机制。

（1）签订《特许协议》和《资产租赁协议》明确政府投资方、社会资本投资方的权利义务。在平等自愿的基础上，明确了双方在特许权授予、投资建设分工、票价水平、票价结算机制、客流分担风险机制、租金水平、租赁方式等方面的权利义务关系。

（2）合理的社会资本退出机制。轨道交通投资大、耗时长，面临着一系列风险，对于处于经济发展方式转型期的中国而言，公私合作项目的风险变得更加扑朔迷离，所以必须建立合理的退出机制。《特许协议》中规定如果发生市政府或特许公司严重违约事件，守约方有权提出终止。如果因市政府严重违约导致《特许协议》终止，市政府将以合理的价格收购 B 部分项目设施，并给予特许公司相应补偿；如果因特许公司严重违约事件导致《特许协议》终止，市政府根据《特许协议》规定折价收购 B 部分的项目设施。如果市政府因公共利益的需要终止《特许协议》，政府将以合理价格收购 B 部分项目设施，并给予特许公司相应补偿。如果因为不可抗力事件导致双方无法履行《特许协议》且无法就继续履行《特许协议》达成一致，任何一方有权提出终止。政府将以合理价格收购 B 部分项目设施。如果客流持续 3 年低于认可的预测客流的一定比例，导致特许公司无法维持正常经营，且双方无法就如果继续履行《特许协议》达成一致意见，则《特许协议》终止。市政府将根据《特许协议》的规定按市场公允价格回购 B 部分项目资产，但特许公司应自行承担前 3 年的亏损。

（3）政府提供相应的优惠政策。在税收方面，特许公司为外商投资企业，免交地方所得税，并协助其向国家税务总局争取生产性外商投资企业所得税优惠政策。在交通支持方面，根据公共交通网线调整规划，按照 4 号线沿线地区客流情况，调整 4 号线地区公共汽车线路及运输能力，在地铁 4 号线和沿线其他公共交通方式之间建立协调的运营关系，保证 4 号线的客流。在政策方面，特研究制定了《北京市人民政府办公厅关于给予地铁 4 号线等轨道交通项目政策性优惠有关问题的通知》，特许公司享受其中适用的优惠政策。

思考 生活中你还见过哪些用影子票价收费的项目？它们采用的投资模式是什么？

影子票价

城市污水处理
投融资实例

第二节 城市污水处理基础设施投融资实例

一、案例介绍

（一）张家界杨家溪污水处理厂项目

为加强城市环境基础设施建设，保护好区域生态环境，更好地促进地方经济发展，张家界市政府决定采用 BOT 方式投资、建设、运营张家界市杨家溪污水处理厂，并授权张家界市永定城区污水处理厂项目建设指挥部负责该项目实施工作。

张家界市永定城区污水处理厂项目建设指挥部通过公开招标方式选择湖南首

---

① 根据中华人民共和国国家发展和改革委员会的张家界市杨家溪污水处理厂项目相关内容整理。

创投资有限公司为该项目投资人。由其在张家界市注册成立项目公司融资、建设、运营和维护项目设施，在特许经营期限内提供污水处理服务、获取污水处理服务费，并在特许经营期届满后将项目设施无偿完好地移交给政府方或其指定机构。

项目于2008年6月开始进行公开招标，7月完成特许经营协议谈判，8月正式完成签约，9月开始进行设计优化和前期准备工作，2008年底正式开工并于2009年底前完工进入试运营阶段。项目于2010年5月通过环保验收正式商业运行。

张家界杨家溪污水处理厂采用BOT的方式进行建设、运营和维护。由湖南首创投资有限公司100%出资成立张家界首创水务有限责任公司负责项目的具体运营。张家界市人民政府授权张家界市住房和城乡建设局与张家界首创水务有限责任公司签署了《张家界杨家溪污水处理厂BOT项目特许经营协议》就特许经营、项目的建设、运营、维护、双方的权利义务、违约责任、终止补偿等内容进行约定。

1. 特许经营的形式。通过BOT方式引入社会资本，由社会资本投资建设并运营本项目，经营期限届满后将污水处理设施无偿移交政府或政府指定的接收单位。

2. 特许经营的范围。在特许经营期内投资建设、运行张家界杨家溪污水处理厂（不含管网资产），处理政府提供的污水，收取污水处理服务费。厂区红线范围外的为项目建设与运行所需的市政配套设施（包括道路、上水、供电）以及污水收集管网系统建设由张家界市政府负责，不包含在项目范围内。

3. 特许经营的期限。本项目的特许经营期限为25年。

4. 计量及价格机制。由于运营期内污水处理量存在不确定性，本项目通过设计基本水量的方式为政府方和社会投资人有效分担该风险。水量不足时政府方应就基本水量支付基本污水处理服务费，污水处理厂的实际处理水量超过基本水量，超额水量部分按60%付费。项目每两年根据人工、电费等成本变动进行调整。政府方应履行必要的审核、审批程序并在一定时间内给予答复。

5. 终止后补偿。因政府方或者项目公司自身的原因引起特许经营协议终止，双方需各自承担相应的责任，对另一方作出补偿；由于自然条件引起的不可抗力事件导致协议终止，双方的损失应各自承担；如果由于政策、法律法规等引起的协议终止，政府方承担补偿项目公司损失的责任。

张家界杨家溪污水处理厂BOT项目主要目标是引入社会资本的资金以及先进技术和管理经验，提高污水处理服务的质量和效率，推进污水处理市场化改革。从目前来看，这一目标基本达到。

（二）南京城建污水处理费ABS获批[①]

国内首只以市政公共基础设施收费收益权进行资产证券化的产品——"南京

[①] 根据中国水网相关内容整理。

城建污水处理收费资产支持收益专项资产管理计划"获得中国证监会批准,并正式面向合格机构投资者发售。

该计划以南京城建未来4年的污水处理收费收益权为基础资产,发行规模为7.21亿元的专项计划受益凭证,其中,01期受益凭证存续期限为12个月,发行规模1.21亿元,预期收益率2.9%~3.0%;02期受益凭证存续期限为24个月,发行规模1.3亿元,预期收益率3.2%~3.3%;03期受益凭证存续期限为36个月,发行规模2.3亿元,预期收益率3.5%~3.6%;04期受益凭证存续期限为48个月,发行规模2.4亿元,预期收益率3.8%~3.9%。

南京城建集团为原始收益人,委托东海证券包装运作并进行管理,上海浦发银行提供不可撤销的连带责任担保并对专项计划的资产进行托管。专项计划各期受益凭证获得了上海远东资信评估有限公司给予的最高评级。受益凭证的流通转让通过深交所大宗交易系统进行。

资产证券化是指资产原始权益人为提高资产流动性,将资产转让给券商或其他投资机构,由后者发行证券,获得资金后拨付给原始收益人。南京此次污水收费受益凭证发行逆向操作,根据资产原始人的资金需求,先发行作为受益凭证的证券,再利用这些资金购买(建设)与原始收益人相匹配的资产。南京城建项目以未来污水处理收费收益权为基础资产进行证券化,走出了一条市政建设融资的新路子,对我国各大中城市的市政建设融资是一个非常好的启示。

(三)合肥市王小郢污水处理厂资产权益转让项目[①]

1. 项目概况。合肥市王小郢污水处理厂是安徽省第一座大型城市污水处理厂,也是当时全国规模最大的氧化沟工艺污水处理厂。项目分两期建设,日处理能力合计30万吨,建设总投资约3.2亿元。

2. 运作模式。

(1)项目结构。经公开招标确定的中标人依法成立项目公司。合肥市建委与项目公司签署《特许权协议》,代表市政府授予项目公司污水处理厂的特许经营权,特许期限23年;合肥城建投资公司与项目公司签署《资产转让协议》,落实项目转让款的支付和资产移交事宜;合肥市污水处理管理处与项目公司签署《污水处理服务协议》,结算水费并进行监管。项目结构如图8-2所示。

(2)运作方式。项目采用转让—运营—移交(TOT)模式,通过国际公开招标转让王小郢污水厂资产权益。特许经营期(23年)内,项目公司提供达标的污水处理服务,向政府收取污水处理费。特许经营期结束后,项目公司将该污水厂内设施完好、无偿移交给合肥市政府指定单位。

招标文件中确定特许经营期的污水处理服务费单价为0.75元/吨,投资人投标时报出其拟支付的资产转让价格。评标时采用综合评标法,其中资产转让价格为重要考虑因素。

---

① 根据国家发展和改革委员会网站相关内容整理。

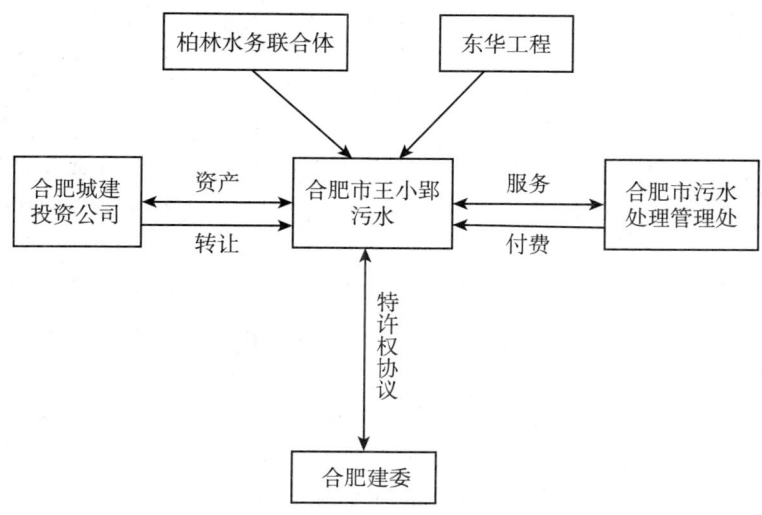

图 8-2　污水处理厂资产权益转让项目结构

（3）运作过程。2003 年 9 月，合肥市产权交易中心网站和中国产权交易所网站、中国水网网站、《中国建设报》、《人民日报》（海外版）等媒体同时发布了王小郢 TOT 项目的招标公告。开标后，招标人聘请技术、财务、法律等相关方面资深专家组成评标委员会，对投标文件进行评审，合肥市纪检委全程监督。最终，评标委员会经评审后，向招标方推荐柏林水务联合体为排名第一的中标候选人。政府与投资人草签项目协议，双方代表成立移交委员会，进行性能测试和资产移交，政府与项目公司正式签署项目协议，王小郢污水厂顺利实现商业运营。

截至 2018 年底，项目公司运营王小郢污水处理厂已超过 10 年。在此期间项目运营顺利平稳，污水厂的技术实力和财务实力不断增强，政府与项目公司签署的各项协议执行良好。

（四）广东省揭阳市九座污水处理厂项目①

1. 项目概况。

（1）项目基本情况。广东省揭阳市九座污水处理厂项目拟建总规模 13.5 万吨/日，拟建管网总长度 141.92 千米，总投资约 11.27 亿元。揭阳市人民政府牵头负责揭阳市九座污水处理厂 PPP 项目捆绑招商，并授权揭阳市住房和城乡建设局统筹采购事宜。作为采购人打包统一采购社会资本，普宁市人民政府、揭东区人民政府、蓝城区及空港经济区管委会或其指定机构作为项目实施主体。在确定社会资本方后，由各区（市）政府（管委会）或其指定机构与项目公司签署 PPP 协议，并负责后期项目执行的监督管理工作。

（2）社会资本概况。通过竞争性磋商方式选择北控水务（中国）投资有限公司作为该项目投资人，按照实施方案，由其设立四家项目公司，注册地分别位

---

① 根据国家发展和改革委官网相关内容整理。

于普宁市、揭东区、空港经济区及蓝城区，四家项目公司分别与普宁市人民政府、揭东区人民政府、蓝城区及空港区管理委员会签署特许经营协议，负责项目的融资、建设、运营和维护，在特许经营期限内提供污水处理服务获取污水处理服务费，并在特许经营期届满后将项目设施无偿完好地移交给揭阳市人民政府或其指定机构。部分特许经营协议是由区住房和城乡规划建设局作为甲方签署的，所有特许经营协议都是由北控水务（中国）投资有限公司作为乙方签署的。

（3）咨询机构。揭阳市住房和城乡建设局聘请广东省建筑设计研究院、中国投资咨询有限责任公司组成的团队提供技术、财务、法律及商务方面的咨询服务。

（4）项目进展情况。项目从 2015 年 4 月开始，先后经历了基础调研及现状分析、实施方案编制、项目采购三个阶段。2015 年 12 月 22 日，发布项目成交公告，由北控水务（中国）投资有限公司中标该项目。

（5）资金筹措。北控水务（中国）投资有限公司 100% 出资成立四家项目公司。各项目公司的注册资本金不低于各子项目总投资的 30%，揭阳市人民政府及各区政府（市政府或区管委会）均不参股项目公司。

2. 运作模式。该项目不仅有明确的融资需求，也有明确的绩效考核标准，但前期工作不充分，部分核心边界条件暂不确定，需统一项目的前期工作阶段与后期建设运营阶段，由社会资本完成项目的立项、勘察设计、施工建设、运营及移交等工作，充分发挥社会资本技术先进和运营经验丰富等优势，促进绩效管理，实现项目全周期成本控制。揭阳市九座污水处理厂采用设计—建设—融资—经营—移交（DBFOT）模式。

（1）项目实施主体。根据该项目的具体情况，相关运作主体职责分工如下：一是揭阳市人民政府负责牵头 PPP 捆绑招商，并授权揭阳市住房与城乡建设局统筹采购事宜。二是揭阳市住房与城乡建设局作为采购人，统筹负责开展项目的竞争性磋商工作，包括聘请咨询机构设计 PPP 实施方案、编制资格预审文件及磋商文件等，组织各区政府（市政府或区管委会）讨论确认上述方案与文件，聘请招标代理机构组织实施项目采购，协调各主体签署和履行 PPP 项目的协议等。三是普宁市人民政府、揭东区人民政府、蓝城区及空港区管委会或其指定机构作为项目实施主体，负责参与项目协议编制、项目物有所值评估、竞争性磋商等工作。确定中标社会资本后，由各区人民政府（市人民政府或区管委会）或其指定机构与项目公司签署 PPP 项目的协议，并负责后期项目执行的监督管理工作。

（2）风险分担框架。按照最优风险分配、风险收益对等和风险有上限三个基本原则，该项目的核心风险分配方案：融资、建设、财务、运营、维护等商业风险主要由项目公司承担；政策、法律和最低需求风险等主要由政府承担；不可抗力风险等由政府和项目公司合理共担。

（3）合同体系。揭阳市住房与城乡建设局与中标社会资本签署《揭阳市九座污水处理厂 PPP 项目投资合作框架协议》，明确整体合作原则。项目合同体系见图 8-3。

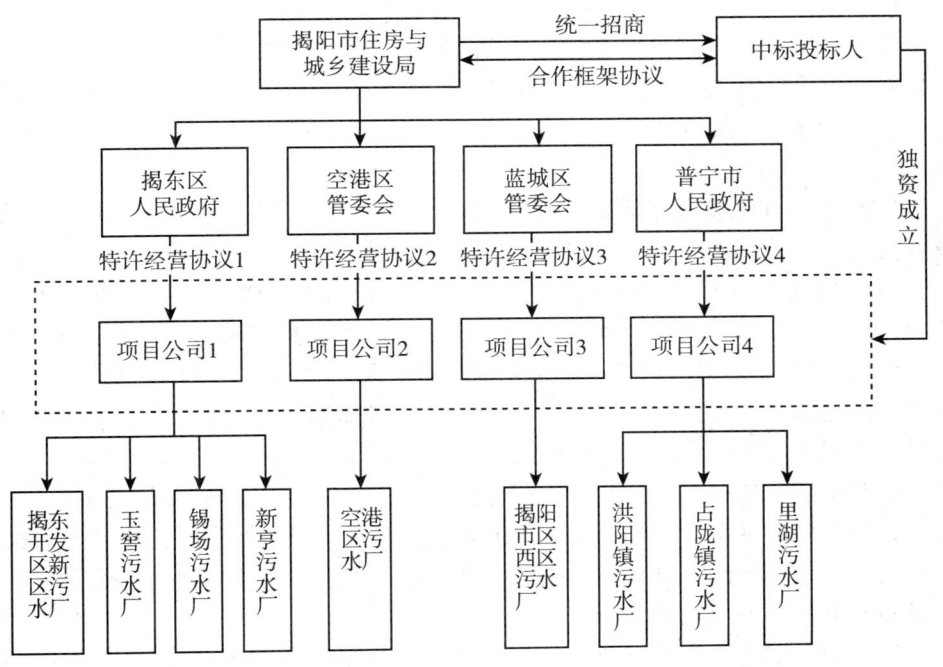

图 8-3 揭阳市九座污水处理厂 PPP 项目合同体系

(4) 主要边界条件。

第一，特许经营期限：30 年（含建设期 1 年）。

第二，土地使用权利。各污水处理厂建设用地保留在政府或其机构名下，以零租金租赁形式提供项目公司使用，项目公司自行承担与项目土地使用、房产等有关的各项税费。

第三，前期工作衔接和费用承担。政府方已完成或正在进行的立项报批、可研编制及报批、环评编制及报批、初步设计等项目的前期工作，项目公司全部接受，并承担相应费用，包括第三方顾问机构咨询费用。

第四，政府和社会资本分工。揭东区人民政府、普宁市人民政府、空港区及蓝城区管委会分别负责完成对应项目有关的选址规划、土地征购、项目施工所需外电与进厂道路建设等，协助社会资本完成相关政府审批工作。社会资本负责完成项目立项报批、报批规划选址意见、规划选址评估、节能评估、建设用地规划许可、可研编制及报批、初步设计、施工图设计、审图、工程预算编制、建设工程规划许可等全部前期工作，以及项目的运营维护和设施移交。

第五，支付方式。采用环境效益付费机制，不设保底水量，根据污水处理厂月平均进水 COD 浓度确定进水浓度系数，对各厂进水浓度进行考核，并以此作为污水处理服务费计算依据。污水处理服务费采用"一厂一价、按日计量、按月支付、按月考核"的方式。

第六，项目绩效评价。市住房与城乡建设局协调各区政府（市政府或区管委会）相关部门，建立综合服务评价体系，聘请第三方机构，对项目进行绩效评价，作为污水处理服务费计算依据。

第七，监管方式。项目建设及运营过程中，各区政府（市政府或区管委会）委托第三方机构对项目进行监管，监管范围主要包括采购、融资、合同履行、运营绩效、产权移交等。

3. 借鉴价值。

（1）不设保底水量按环境绩效付费。该项目是我国第一个不设保底水量、按环境绩效付费的遵循完全PPP要义的污水处理项目。

（2）创新采用DBFOT运作模式，充分发挥社会资本优势。传统BOT建设模式中，普遍存在"政府出设计、企业搞建设"的矛盾和"管网不同步"的问题。为此，项目创新运作模式，采用DBFOT模式，政府方仅对项目的建设标准、出水水质、进水水质和投资规模进行限制，在项目前期工作阶段就引入社会资本，由其完成项目的可行性研究、勘探设计、施工建设、运营及移交等工作，充分发挥社会资本技术先进和运营经验丰富等优势，实现对项目全周期成本控制。项目赋予企业更多的灵活性，统筹安排资金与工程规划，切实做到配套管网与污水处理厂同步设计、同步建设、同步投运，有效解决目前厂网分离问题，确保污水处理设施充分发挥治污能效。

（3）项目将9个污水处理厂及其配套污水收集管网捆绑打包实行统一采购，充分发挥了规模效应，大大提高了项目对社会资本的吸引力。

（4）该项目是我国第一个采用多阶段竞争性磋商程序采购的PPP污水处理项目。

二、城市污水处理基础设施的理论分析

在我国，城市污水处理厂建设严重不足，导致城市污水处理厂的建设困难的原因有两点：一是国家财力有限，建不起。污水处理厂的投资往往十分庞大，动辄几千万元甚至数亿元；二是污水处理厂缺乏项目收益，项目现金流不足严重阻碍了其快速发展，政府建一个赔一个，建一个就背上一个沉重的包袱，使得各地政府没有积极性建设城市污水处理厂。因此，加强对污水处理企业的投融资研究，显得十分重要。

（一）城市污水处理项目的性质

对于污水处理厂项目而言，其本质属于城市基础设施项目。按照国际上的划分方法，是将城市基础设施具体分为：城市水资源和供排水系统、城市道路交通系统、城市能源动力系统、城市邮电通信系统、城市防灾系统和城市生态环境系统六大系统。

城市污水处理厂是现代化城市不可缺少的一个组成部分。城市污水处理设施作为城市基础设施的一部分，担负着治理城市水环境和增加可利用水资源的双重任务。城市污水处理基础设施具有以下主要特征：

1. 社会公益性，城市污水处理与当地的环境状况密切相关，具有非常明显

的经济外部性。而一个地区的环境状况某种程度上反映了当地百姓的生活质量，所以建设运营适当规模的污水处理基础设施是当地政府应当给公众提供的基本社会福利。

2. 城市污水处理基础设施提供的是一项社会公共服务。这种公共服务不直接面对广大消费者，公众对这种服务的质量无法进行监督和判断，只有政府有条件和能力行使监管的职责。

3. 公众不直接支付污水处理费，而是先把污水费支付给政府，再由政府向运营企业购买服务。

城市污水处理基础设施的基本特征就决定了城市污水处理属于准公共物品里公共属性较强的物品，政府的作用是主导和决定性的。这个领域的投资和运营的市场化也是在政府监管下的市场化，政府必须对非政府的资金和服务的进入进行有效的审核与监督，而不是把污水处理设施的投资和运营完全交给社会资本，那样将会导致服务质量的低下和成本的失控，最终殃及广大消费者。所以，城市污水处理设施的投资和运营在政府供给能力与城市环境要求之间形成差距时，在政府对服务品质和成本能够有效监管的情况下，可以引入社会资本参与，满足社会发展的需求。

（二）城市污水处理基础设施建设的发展历程

中国城市污水处理基础设施作为一个行业开始形成于20世纪70年代，在中央提出把环境保护确定为基本国策的方针后才开始逐步进入正常的发展轨道。从20世纪70年代至今，我国的城市污水处理基础设施行业大致经历了三个比较明显的发展阶段。

1. 第一阶段是从20世纪70年代到80年代末期，这是我国城市污水处理基础设施行业的初步发展期。20世纪70年代，中央提出"环境保护是我国的基本国策"，我国开始逐步规划投资兴建一批污水处理设施和城市污水处理厂。到1988年，我国共建成城市污水处理厂78座。在此阶段，我国开始了城市污水规模化处理的尝试阶段，但由于受到体制、资金等诸多客观因素的限制，发展较为缓慢。

2. 第二阶段是20世纪80年代末到90年代末。在此阶段，国际金融组织和外国政府贷款的支持对我国城市污水处理基础设施行业的发展起到了较好的带动作用，许多当时国际上先进的污水处理技术和产品在这一阶段被引进国内。不同的地区兴建了一批在当时技术和管理都比较先进的城市污水集中处理设施。但是，这个时期市政建设总体资金规模和来源受到限制，以及当时的城市污水处理设施完全定位于社会福利，这些污水处理设施的运营属事业而非企业管理，没有建立起必要的污水收费制度，而投资兴建的城市污水处理设施每年都需要投入巨额的运营管理费用，从中央到地方环境保护的迫切性和紧迫性不足，从而导致城市污水处理基础的发展速度缓慢。尽管这个时期建设的大中型污水处理厂数量有限，分布集中，但这些城市污水处理基础设施的投资兴建和运行管理为我国日后大规模开展城市污水处理基础设施提供了可以借鉴的宝贵经验。到20世纪90年代末，全国建成的二级污水处理厂总数在 200 座左右，且基本集中在直辖市和省会级城市中。

3. 第三阶段是从 20 世纪 90 年代末至今。我国城市污水处理设施的大规模建设真正开始于 20 世纪 90 年代中后期。随着中国开始执行城市化的发展策略，城市人口的聚集量迅速攀升，城市生活污水对环境的冲击力和城市水系污染负荷的急剧加重，引起了政府对城市污水处理基础设施建设的日益重视，从而使投资总量迅速增加并引起投资政策的变革。这一时期，城市污水处理基础设施主要资金来源是中央和地方预算内专项资金，地方和部门配套资金，国债和国际金融组织和外国政府的软贷款。到 1998 年，全国共建成 534 个城市污水处理项目，建设总投资 1027 亿元，其中国债资金、预算内专项资金、地方配套资金达 845.9 亿元，占项目总投资的 82.4%，银行贷款和社会投资比重为 17.6%。

同时，20 世纪 90 年代中期以来，关于污水处理费征收机制、融资机制、经营机制以及城市污水产业化及与中国城市污水处理设施建设、运营市场化相关的法律、法规、政策相继出台，为污水处理产业市场化创造了良好的政策环境。例如：

（1）1990 年国务院批准了专门针对环保产业发展的第一个指导性文件——《关于积极发展环境保护产业若干意见》。

（2）1996 年，国务院在《关于环境保护若干问题的决定》中提出多元化筹集污水处理厂建设资金的构想。

（3）2000 年，国务院颁布的《关于加强城市供水节水和水污染防治工作的通知》中明确提出："积极引入市场机制，拓展融资渠道，鼓励和吸引社会资金和外资投向城市污水处理和回用设施项目的建设和运营，加快城市污水处理设施的建设步伐。"这标志着水务行业市场化的启动。

（4）2001 年，《关于加快发展环保产业的意见》中规定"征收的污水处理费要专项用于城市污水处理"，并将污染防治设施企业化运营列为当前国家优先发展的环保产业领域。同年，发改委发布的《关于促进和引导民间投资的若干意见》中提出："鼓励和引导民间投资以独资、合作、联营、参股、特许经营等方式，参与经营性基础设施和公益事业项目建设。"

（5）2002 年 3 月，原国家计委公布的新的《外商投资产业指导目录》将以前禁止外商投资的电信、燃气、供排水等城市管网首次列为对外开放的领域。2004 年 5 月，建设部颁布实施《市政公用事业特许经营管理办法》，正式确定允许外资和民营资本同时进入，公平竞争污水处理等城市环境基础设施项目，为进一步规范市场准入和市场运作行为提供了依据。2004 年 12 月，国家环保总局发布了《环境污染治理设施运营资质许可管理办法》，对于进入环境污染治理服务行业的企业设定了准入条件及要求，之后又相继推出 7 项配套文件。

（6）2005 年，建设部发布《加强市政公用事业监管的意见》，对城市水务的特许经营和监管提供了指引。

（7）2015 年，《水污染防治行动计划》（又称"水十条"）的出台标志着我国水环境治理进入新阶段。水治理将从污水治理和截污管网等末端层面的"点源污染"延伸到源头控制、过程阻断以及末端治理等全过程"面源污染",涉及治理、修复以及生态景观等多个环节。2017年水治理各个细分领域的细则逐步出台,对于污水治理、黑臭水体治理、"海绵"城市建设等细分领域提出具体要求。根据《"十三五"全国城镇污水处理及再生利用设施建设规划》,到2020年底,实现城镇污水处理设施全覆盖,地级以上城市建成区黑臭水体均控制在10%以内、城市污泥无害化处置率达到75%,城市和县城再生水利用率进一步提高。

提示 社会资本进入城市污水处理基础设施中的投资形式有多种,主要的方式是BOT、ABS、TOT和其他用于新建污水处理设施的形式,其中最常采用的是BOT模式。

三、城市污水处理基础设施的主要投融资模式及各模式比较

(一)国内污水处理设施主要投融资模式

1. 财政融资模式。该模式下用于污水处理设施的资金来源主要分为两个部分:政府预算内支出和政策性收费。政府预算内支出主要包括中央财政专项拨款和地方财政拨款;政策性收费主要包括城市建设配套费和增容费、过路过桥费、市政设施有偿使用费以及其他各种收费等。

2. 政策性贷款融资。我国城市水务项目的政策性贷款融资可分为国内政策性贷款和国际政策性贷款两类。政策性贷款融资主要来自国家开发银行、国际金融机构和外国政府贷款融资。我国目前支持市政基础设施领域的政策性银行主要是国家开发银行。国家开发银行的政策性优惠贷款通常成为城市水务项目融资的首选途径。国际金融机构主要指世界银行、亚洲开发银行、日本协力银行等,一般能提供项目总投资额的35%~50%,期限20~30年,贷款利率相对较低,国际金融机构的项目贷款在发展中国家得到广泛应用。外国政府贷款是由贷款国用国家预算资金直接与借款国发生的信贷关系,即发达国家向发展中国家提供的具有双边经济救援性质的长期优惠贷款。我国城市水务项目的外国政府贷款主要来自日本、法国、丹麦、德国等国家。

3. 存量资产经营权转让模式。将过去由政府垄断经营的城建存量资产投放市场,通过对固定资产存量经营权转让、股权转让以及资产转让等方式实现对收费路桥、自来水厂、污水处理厂等存量资产进行盘活。

4. 民营资本投资和外资资金利用。随着我国改革开放和社会主义市场经济建设进程的不断推进,私人资本开始进入公共基础设施建设领域,具有经营性质的公共基础设施项目开始进入市场,利用特许经营权转让以及BOT建设、股票等方式盘活存量资产、吸引民间投资。但目前来说,我国公共基础设施建设资金中的外商直接投资部分占实际利用外资的很少一部分,民营企业投资数量也十分有限。

(二)污水处理企业投融资模式对比分析

社会资本进入城市污水处理基础设施中的投资形式有多种,主要的方式是

BOT、ABS、TOT 和其他用于新建污水处理设施的形式。但是，其中污水处理厂投资建设最常采用的是 BOT 模式。BOT 模式从项目数量上占到社会资本参与城市污水处理基础设施项目总数的约 70%。从投资总量上计算，占到社会资本投资额的约 60%。接下来我们以采用最广泛的 BOT 模式为基础，将 TOT 模式和 ABS 模式与之对比分析。

1. BOT 模式与 TOT 模式。与 BOT 模式相比，TOT 模式省去了"建设"这个最复杂的环节。从本质上看，TOT 模式是政府将城市环境基础设施租赁给投资者的一种方式，租赁企业一次性向政府支付租金，TOT 模式显然具有风险小、涉及法律环节较小、融资对象更广泛等优势。

通过 TOT 模式，政府可以回收设施建设资金，同时也解决运营问题。对于项目公司而言，由于其受让的是已建成且能正常运营的项目，不需承担建设期的风险，尽管投资回报率会略低于 BOT 模式，但对投资者仍有较大吸引力。从 TOT 整个过程来看，具有租赁性质，只不过租金是一次性支付的，具体 TOT 融资方式有以下几个特点：以现有投产项目为基础，社会投资者与新建项目完全割裂开来没有直接关系；投资者拥有该项资产的经营权，通过该项资产取得的现金流量收回全部投资和合理的回报；政府收益提前，提高基础设施的流动性，从而加快基础设施的建设；双方风险比其他融资方式较低。

2. BOT 模式与 ABS 模式。与 BOT 模式相比，ABS 模式涉及主体较 BOT 模式简单，无须政府许可、授权及担保等，但要依照严格、成熟的证券交易规则融资。ABS 模式的应用在我国污水处理设施建设甚至是环保基础设施建设方面都还处于探索阶段，但如果把 ABS 模式应用于污水处理设施建设领域，将能最大限度地减少项目风险，因为在国际市场上 ABS 投资者是国际资本市场的证券购买者，数量众多、分散，这样极大分散了投资风险；证券在二级市场的转让，进一步减少了投资风险。

ABS 模式还有以下优势：对于发起人而言，将缺乏流动性的资产以及其预期的收入通过信用提高、破产隔离等手段，以较低的融资成本，转换成项目的补充资金，拓宽融资渠道；将资产从发起人资产负债表中转移，有利于提高资本运作能力，满足法律对风险资本指标的要求。对于投资者而言，由于项目的预期收益较为稳定，再加上经过信用提高，符合投资者追求稳定收益的愿望。同时，项目融资的创新功能在资产证券化上也得以充分体现，创造出灵活多样的证券品种，为投资者提供更为多样的选择。在 ABS 中，政府的作用不容忽视，政府的担保以及政府制定合理的税收法律将起到巨大的扶持和刺激作用。

从目前看，BOT 特许经营在许多国家的污水处理投融资建设中都被采用并得到认可。对于污水处理企业投融资的方式，大部分企业采用 BOT 模式。但在将来，随着污水处理行业发展更成熟，TOT、ABS 等投融资模式也将被广泛应用。

由于城市污水处理是一项关系到社会每个成员的公益事业，在污水处理设施建设中，无论是 BOT、TOT、ABS 模式，都涉及政府和污水处理企业两方面，因而在这些项目投融资模式中问题的核心就是政府与污水处理企业的利益关系。一方面政府要从人民群众的角度考虑，制定合适的污水处理费；另一方面政府除了做好监管的角色外,还要努力营造良好的投资环境,拓宽投融资渠道,广泛吸引国内外各种资金投入。

思考 以上四个案例中的投融资模式有何异同?

◆ **拓展阅读**

为了贯彻落实党中央、国务院关于基础设施补短板、防范化解地方政府隐性债务风险的决策部署,加强PPP项目投资和建设管理、提高PPP项目投资决策科学性,2019年6月,国家发展改革委发布《关于依法依规加强PPP项目投资和建设管理的通知》。该通知要求全面、深入开展PPP项目可行性论证和审查;严格依法依规履行项目决策程序;严格实施方案审核,依法依规遴选社会资本;严格执行国务院关于固定资产投资项目资本金制度的各项规定;依法依规将所有PPP项目纳入全国投资项目在线审批监管平台统一管理;加强PPP项目监管,坚决惩戒违规失信行为。

综合实训

简要问答

1. 北京地铁4号线的成功之处有哪些?谈谈你的看法。
2. 哪一种城市污水处理的投融资模式运用的最广泛?为什么?

第九章

传统产业政府投融资实务

知识目标

1. 掌握 BOT 融资模式运用中的风险防范措施。
2. 掌握文化产业投资渠道。
3. 熟悉 BOT 融资模式。

技能目标

通过对相关案例的剖析，能借鉴其中经验进行融资尝试。

▶▶ 导入案例

变废为宝 "吃" 进垃圾 "吐" 出电

作为城市管理、环境保护的重要内容和社会文明程度的重要标志，生活垃圾的处理水平直接关系着城市居民的切身利益，也在地方发展中成为城市规划所关注的重点方向。

目前，我国生活垃圾主要通过填埋、焚烧、堆肥三种方式进行处理。其中，填埋法用地成本低，技术要求不高，在很长一段时期内都是国内垃圾处理的主要方式。但是，填埋法占地多、无害化程度低、易滋生细菌；垃圾发酵后排放温室气体，甚至有爆炸的危险；垃圾渗滤液对土壤和地下水造成严重污染，这些缺陷无疑会对可持续发展造成严重的负面影响。高温堆肥法虽然可以消除病原体，将垃圾变成腐殖土状的有机肥料，但是如何去除肥料中含氯、苯有害有机物，同时防止重金属污染，仍是行业有待解决的问题。也正是受制于无害化不彻底，此技术推广尚需时日。相较而言，垃圾焚烧发电，能够将垃圾作为燃料进行发电或供热，无害化程度最高，处理最为彻底，不仅能生产蒸汽、热水和电能，还可对铁磁性金属、炉渣等资源和副产品进行回收后循环利用，是行业先进的处理工艺。

过去，襄阳的垃圾焚烧发电主要采用填埋方式，由于填埋场征地及运转成本飙升，更为持续加速地方绿色发展步伐，响应国家"生活垃圾无害化、减量化、资源化、产业化"号召，襄阳市在《城市总体规划（2008－2020 年）》和《中心城区环境卫生专业规划（2008－2020年）》中，将"2020年之前新建一座垃圾焚烧发电厂"提上日程。而在规划制定之后的4年，中国恩菲以BOT模式投资、建设、运营的襄阳首座生活垃圾焚烧发电厂就屹立在荆楚大地之上，为地方发展、循环经济持续贡献力量。

资料来源：刘梦飞. 变废为宝"吃"进垃圾"吐"出电——记中国恩菲襄阳生活垃圾焚烧发电厂［N］. 中国有色金属报，2019－11－14.

第一节　发电厂项目BOT投融资实例

一、襄阳生活垃圾焚烧发电厂项目案例概述①

（一）工程概况

襄阳发电厂项目建设背景及现状

襄阳生活垃圾焚烧发电厂于2009年通过公开招商，由中国恩菲工程技术有限公司采用BOT方式进行建设，项目实行特许经营，特许经营期30年（含两年建设期）。项目采用国际先进的机械炉排技术，焚烧炉、烟气净化系统、自动控制、在线检测等关键设备均采用国际知名公司成熟产品，烟气排放指标全面达到欧盟2000标准，二噁英排放小于0.1纳克毒性当量每立方米。项目日常运营管理由中国恩菲工程技术有限公司投资成立的襄阳恩菲环保能源有限公司负责。

襄阳生活垃圾焚烧发电厂于2010年3月29日举行开工典礼，一期工程于2010年5月26日正式开工建设，2011年10月19日开始接收垃圾进厂，汽轮发电机组于10月21日实现并网发电，整套机组于2011年12月25日通过72小时满负荷试运。2012年2月26日取得环保试生产批复，2012年3月1日进入商业试运营。在商业试运行期间，各项项目设施运行正常，相关指标均达到规定的要求且能稳定保持，已按国家法律法规与电力公司签署《购售电合同》。根据《襄阳生活垃圾焚烧发电厂BOT项目特许经营协议》规定，2013年9月26日，该项目正式进入商业运行。随着襄阳市经济、人口不断发展，垃圾量增加，二期工程于2016年9月28日开工建设，2017年10月1日并网发电，整套机组于2017年11月6日通过72小时满负荷试运，进入商业试运行，于2018年4月28日二期工程竣工，正式进入商业运行。

襄阳生活垃圾焚烧发电厂自投产以来保持了稳定的运行。截至2018年8月底，襄阳生活垃圾焚烧发电厂已累计处理生活垃圾242.24万吨，其中，处理市区生活垃圾227.77万吨。按照标准填埋场计算，已节约土地375.85亩；累计发电量达6.49亿度，相当于节约31.88万吨标准煤。和以往卫生填埋并且不对沼气收集利用的情况相比，减少二氧化碳排放79.47万吨，有效杜绝了"垃圾围

---

① 根据中华人民共和国国家发展和改革委员会官网的PPP专栏中的典型案例：湖北省襄阳市生活垃圾焚烧发电厂项目和襄阳市城市管理执法委员会相关资料整理。

城"现象的发生,实现了市区生活垃圾处理无害化、资源化和减量化。目前,襄阳市区生活垃圾无害化处理率达到100%。

随着襄阳市区垃圾量的日益增加,根据《特许经营协议》约定,2016年9月,襄阳恩菲环保能源有限公司启动了生活垃圾焚烧发电厂二期扩建工程,扩建规模为日焚烧处理生活垃圾400吨,年焚烧处理生活垃圾14.6万吨,配置1台400吨/日炉排炉和1台12兆瓦凝汽式汽轮发电机组。在二期扩建工程中,增加了对渗沥液处理设施标准的升级改造内容。二期扩建后,日焚烧处理生活垃圾总规模达1200吨,渗沥液处理将实现中水回用、达到零排放标准。

(二) 项目融资运作模式

1. 项目融资。襄阳生活垃圾焚烧发电项目总投资5.87亿元,占地约123亩,分两期建设,其中一期投资43亿元,处理规模为800吨/日,安装2台400吨/日焚烧炉、1台12兆瓦(最大15兆瓦)凝汽式汽轮机组和1台15兆瓦发电机组;二期再增加一炉一机,规模增至1200吨/日。年焚烧生活垃圾43.8万吨、上网电量0.96亿度。截至2017年2月底,襄阳生活垃圾焚烧发电厂已累计处理生活垃圾174万吨(其中处理市区生活垃圾159万吨),累计发电量达4.4亿度。[①] 襄阳市政府为襄阳恩菲的运营及发展积极引导、出谋划策,确保企业可以以优质资产贷款,以取得较低的贷款利率,给出了多种形式组合贷款及设备租赁方式,降低企业财务成本。

2. 各方主体。项目合作双方分别为襄阳市政府和中国恩菲工程技术有限公司。中国恩菲兼具"中央企业、上市公司、实业公司"的三重身份,具备较强的项目实施能力。项目由襄阳市城市管理执法局代表市政府和中国恩菲组建的全资子公司襄阳恩菲环保能源有限公司签约。襄阳市城市管理执法局代表市政府授权该公司负责项目的投资、建设、运营、维护和移交。

3. 合作机制。项目采用BOT模式实行特许经营,特许经营期为30年(含建设期),由中国恩菲工程技术有限公司投资组建的全资子公司襄阳恩菲环保能源有限公司在襄阳市政府授权特许经营的条件下,负责融资、设计、建设、运营。襄阳市城市管理执法局为该项目的主管部门。在此合作模式下,襄阳市城市管理执法局充分发挥其监管作用,并建立了较为完善的监管体系,主要包括以下三方面:

(1) 委托所属市环境卫生管理处组建了工作专班,进驻厂区对该项目进行全天候监管,并在厂内设有计量磅房;成立了监管中心,对垃圾处理厂运营情况进行监管,并重点对进场垃圾计量、烟气、炉渣、飞灰等处置情况进行监管,对有关重要数据进行24小时联网在线监控。

(2) 督促襄阳生活垃圾焚烧发电厂对烟气排放等在内的所有污染物指标进行在线公布,并通过厂大门电子显示大屏幕向社会公众公示。所有环保数据第一时间通过网络传输到湖北省环境保护厅,实现了政府对运行的实时监管。

---

① 中华人民共和国国家发展和改革委员会官网的PPP专栏中典型案例:湖北省襄阳市生活垃圾焚烧发电厂项目。

（3）政府部门每年两次委托市级以上政府环保监测机构对项目开展定期及不定期的常规烟气检测及二噁英检测，企业每年两次委托第三方对环境各项指标检测，确保项目运行中的环境安全。其中，二噁英每年检测四次，全部由湖北省环境监测站检测，其他环境空气、生产废水、回用水检测频率已达到每月两次。从检测结果来看，各项烟气排放指标长期、稳定，达到欧盟 2000 标准。

4. 社会资本回报机制。项目依靠经营净现金流收回投资，获得收益。项目收入主要由两部分构成：

（1）垃圾处理补贴费。双方最初约定项目基期每吨垃圾处理费为 65 元，当年垃圾处理费在基期处理费基础上，按照湖北省统计局公布的居民消费品价格指数 CPI（累计变动 3% 情况下）进行调整。

（2）上网电价。上网电价部分执行国家发展和改革委下发的文件标准，为 0.65 元/度。

二、BOT 融资模式介绍

（一）BOT——基础设施特许权

BOT 是英文 Build-Operate-Transfer 的缩写，通常直译为"建设—经营—转让"。这种译法直截了当，但不能反映 BOT 的实质。BOT 实质上是基础设施投资、建设和经营的一种方式，以政府和私人机构之间达成协议为前提，由政府向私人机构颁布特许，允许其一定时期内筹集资金建设某一基础设施并管理和经营该设施及其相应的产品与服务。政府对该机构提供的公共产品或服务的数量和价格可以有所限制，但保证私人资本具有获取利润的机会。整个过程中的风险由政府和私人机构分担。当特许期限结束时，私人机构按约定将该设施移交给政府部门，转由政府指定部门经营和管理。所以，BOT 一词意译为"基础设施特许权"更为合适。具体有以下几层含义：

BOT 模式介绍

1. BOT 是政府与私人资本以公共基础设施的建设和经营为标的的合作关系。BOT 所涉及的领域一般为关系国计民生的公共设施、公益事业等基础设施项目。由于国家财力有限及垄断专营带来的效率低下、管理混乱等原因，这些本应有国家投资、垄断专营的领域，不得不引入私人资本。因此，从本质上讲，BOT 是将本国和本地区的那些本应由公营机构承建和运营的公用设施项目，通过政府授权方式特许给某个私营机构来建设和经营，是业主国政府的一项具体的独立的建设，公共基础设施的政府职能由私人代为实现。我国 BOT 项目大都分布在火力发电厂、高速公路、隧道、铁路等基础行业，而又以地铁、港口、火力发电厂和交通运输投资额巨大的项目居多，其他类型的项目少。

2. BOT 以政府特许为核心和基础，政府以合同中的行政特权方式保留和行使公共职权。特许权协议的双方当事人权利义务具有不对等性，政府在特许权协议中既是一方当事人，同时又以代表社会公共利益的管理机关身份出现，其地位具有双重性，具体表现为：第一，实行行政许可制度，以营利为目的的私人资本进入公共基础设施的建设和经营，必须首先得到政府特别授予的专营权；第二，政府有权监督私人履行特许协议的行为，有权为维护公共利益，变更、终止合同；第三，经营期结束，政府无偿取得基础设施的所有权。环境污染治理是政府的职责，虽然政府可以通过BOT模式将其"承包"给私人，但显然政府不能据此放任自流，不能放弃其监管职责。我国环境污染防治方面的法律文件都相应的规定有各级人民政府的主要职责。

3. BOT是一种特殊的私人直接投资方式。BOT方式的设计，成功地把基础设施分成投资建设、经营回报和无偿移交三个阶段，并将前两个阶段成功地与政府直接职能分离，推向市场，辟为可以投入产出的领域。BOT投资方式具有私人直接投资的本质特征。私方当事人以营利为目的，以私人名义参与公共工程，自行筹资，自享收益，自担风险。利用私人经营机制和市场经营机制获得高效率和高质量，避免了国家作为主体直接进入经营领域所带来的高成本、低效率弊端。同时，政府作为标的物的最终所有权人自始至终所享有的监督权和其他一系列特权，保证了BOT方式不改变基础设施的公益性和公共性。

4. BOT具有市场机制和政府干预相结合的混合经济的特色。一方面，BOT能够保持市场机制发挥作用。BOT项目的大部分经济行为都在市场上进行，政府以招标方式确定项目公司的做法本身也包含了竞争机制。作为可靠的市场主体的私人机构是BOT模式的行为主体，在特许期内对所建工程项目具有完备的产权。这样，承担BOT项目的私人机构在BOT项目的实施过程中的行为完全符合经济人假设。另一方面，BOT为政府干预提供了有效的途径，这就是和私人机构达成的有关BOT的协议。尽管BOT协议的执行全部由项目公司负责，但政府自始至终都拥有对该项目的控制权。在立项、招标、谈判三个阶段，政府的意愿起着决定性的作用。在履约阶段，政府又具有监督检查的权力，项目经营中价格的制订也受到政府的约束，政府还可以通过通用的BOT相关法律法规来约束BOT项目公司的行为。当特许期限结束时，私人机构按约定将该设施移交给政府部门，转由政府指定部门经营和管理。

提示 商业特许经营：指拥有注册商标、企业标志、专利、专有技术等经营资源的企业（以下简称特许人），以合同形式将其拥有的经营资源许可其他经营者（以下简称被特许人）使用，被特许人按照合同约定在统一的经营模式下开展经营，并向特许人支付特许经营费用的经营活动。

思考 是否与纯商业特许经营模式有所差异。

（二）BOT项目公司的建立

对投资者来说，要使BOT项目获得成功，必须有资金雄厚、经验丰富的一个主办者或一组主办者。主办者可以都是私营企业，也可以是公私合营企业，但通常都组成一个联营集团（联合体）。联营集团一般包括一个主要的国际工程建设公司、一个或多个大型设备供应商。联营集团内的各个主办方按照事先约定的比例，共同出资成立BOT项目公司。联营集团成员的投资额作为项目公司的注册资本金，项目成功盈利后，成员享有按投资比例获得项目利润的权利。同时，

BOT 项目公司也是日后项目的建设、运营的产权管理公司，直到特许经营期限结束。

联营集团成员共同成立项目公司，通过合同方式签订股东协议，规定各股东的出资比例，明确联营集团各方的权利和责任，合理进行风险和利益分配，使他们成为围绕 BOT 项目的一个经济利益共同体。

可见，联营集团内的成员都与项目建设和运营有着密切的经济利益关系。如建设公司的主要兴趣在于获得项目建设合同，从项目建设中获取利益；大型设备供应商是为了能够销售自己的产品给项目而获利；出资者则注重项目建成后运营期间的收益。

（三）BOT 项目融资中各参与方

BOT 项目参与方较一般的融资建设项目多，他们之间的关系也较复杂，这些参与方主要有：

1. 项目发起人。项目发起人可以是一个公司或由承包商、供应商、项目产品购买方等构成的多边联合体、财团。

2. 项目公司。由项目的发起人和多边联合体，按照事先约定的比例共同出资，构成项目公司的注册资本金，并在符合所在国的政策、法律的基础上，注册独立的企业法人，并组建具有有限责任的项目公司。

3. 借款人。借款人是项目公司，为项目最终的收益人。因此，贷款银团方将评估项目公司资产负债表和项目最终成功后项目公司可能得益的现金流收入，然后决定是否向项目公司发放贷款。

4. 银团方（贷款人）。融资银团由一个或多个银行组成，也可能包括项目所在国的银行。整个融资计划可能分为不同层次的贷款。

5. 所在国政府。BOT 项目中，所在国政府不会作为借款人或项目公司的所有人直接参与项目融资。但是，所在国政府可能通过一个代理人获得项目的股权利益、成为项目产品的购买者，或项目所提供的服务的使用者。项目在特许期结束后，被转让给所在国政府。尽管所在国很少直接参与项目，但它起很关键的作用，譬如，给予有关的批准或运营特许，给予项目优惠待遇如税收方面的优惠，或保证外汇来源。另外，政府对于项目的政治、法律等环境具有很大的影响。

6. 保险公司。必要的保险是项目融资的一个重要方面。项目的安全保证是用保险权益作担保的，特别是在对项目公司的追索权有限的情况下。项目的巨大规模和遭受各种损失的可能性使项目需要保险公司和承销商紧密联系，从而保证抵销风险。

（四）BOT 项目融资的基本工作程序

项目融资的方式有多种，但对于电力项目而言，最常用的还是 BOT 方式。开发建设项目，就需要资金的支持。但由于各方面的原因，项目发起人本身可能并不具备相应的经济实力来独立完成项目的建设。在这种情况下，就需要通过项目贷款来完成对项目在资金上的支持，这就可以简单理解为对项目进行的融资。

大型国际性工程项目，如发电厂的贷款的工作程序基本有如下几个步骤：

1. 立项。由项目发起人根据国家或地区的社会发展长期规划和行业规划，反复进行调查研究、分析和预测，提出拟建工程项目的初步构思与设想，并提供该项目立项必要性的各种依据。

2. 初步评估。项目发起人聘请有资信的财务公司或信托公司作为项目的金融顾问，共同依据所得资料，分析项目的经济价值，确定项目的所有基本数据，分析产品市场及产品成本，研究贷款的可行性与政策性问题，对比其他筹款方案，对一切有关法律、税务、会计、工程、聘用人员等问题提出意见，形成对项目的初步评估。

3. 完成并提出项目的可行性报告和贷款建议书。确定项目计划能获得国家主管部门的支持与批准，并在落实了筹资方案后，需深入分析研究项目的可行性并编制可行性研究报告。报告和贷款申请书递交银行正式审查。经双方充分磋商后，银行对贷款意向做出书面承诺。

4. 指定牵头银行（银团贷款）。项目发起人可指定几家牵头银行，并指定贷款条件最理想的银行担任主牵头银行。

5. 组成银团。由牵头银行以信息备忘录形式向其他银行发函并提出邀请，经反复酝酿后组成银团。

6. 贷款协议的准备、签署和实施。银团与借款人经反复谈判、磋商后起草和签署贷款协议，经有关政府部门批准后生效，进入贷款实施阶段。

较复杂的项目融资在订立协议时还需签订一系列的合同协议，其中主要包括：项目建设担保合同、产品（电能、热能）长期购买合同、收付款合同、投资协议、贷款者之间的协议以及各种支持文件。签署上述合同协议的目的是使工程的建设和投产能够按计划进行，建设资金的来源和偿还具有科学的保障。

（五）BOT融资方式的风险管理

风险管理是指对BOT项目中可能存在的风险进行分类、识别、度量、规避、分散和控制。BOT项目公司筹建和建立后，会对项目建设中的各种涉及的风险进行分类、甄别。

BOT项目成功的案例表明，项目公司需要聘请建设、法律、金融等专家对项目风险进行全面评估和度量。同时，项目的各参与方也都会利用自己的专家，对自己在项目中担任的角色、承担的责任和风险进行全面的度量，然后确定对风险的规避和控制的原则与方法。当然，不同参与方因为本身性质和专业背景不同，对风险的评估能力也有所不同。

BOT项目风险管理的主要特征是通过签订一揽子合同（协议），并且按照合同（协议）对项目进行有效的管理、合理分配风险，因此合同（协议）是BOT投资项目的核心。因而不同经济关系也映射出不同的风险分担关系。相对BOT项目而言，项目的主办者和投资者、设计者和建设者、设备供应者和项目的运营者都是合同商，由合同商组建的项目公司要与政府、银行、其他贷款方、保险商、设备材料供应商、股份持有人和可能的运营者进行一系列的协议谈判，然后签订合同，按商定的履约目标承担义务和风险,通过合同安排来进行项目的资金筹措、设计、施工、经营和移交等。对项目条款、各参与方的权益和责任形成一整套合同结构。

按照国际惯例,在BOT项目的合同谈判中,东道国和项目的投资方双方既要承担各自应当承担的风险,又不能承担不该承担的风险。项目承办人总是希望东道国政府多承担一些风险,因此风险的分担问题往往是BOT投资方式的关键问题。

风险分配直接关系到协议主体的经济利益。如何合理分摊风险,是达成特许权协议乃至保证项目融资成功的关键。风险分配的不合理必然会增加某一项目参与方的成本负担,从而影响合作的积极性,并有可能导致融资的失败或不能获得政府的许可。

一般而言,我国BOT项目风险分担的基本原则:项目公司自行承担项目的融资、建造、招投标、运营以及维护等商业性风险,由于国家政策、法律法规的变化致使项目公司受到实质性的影响,政府部门可以通过调整收费价格、延长特许期限或采取其他相应措施予以补偿;自然不可抗力由项目公司通过保险方式承担;政治风险,可通过协商加以解决。

对于几种常见的BOT项目中的风险,分担大致如下:

1. 建设风险。也称完工风险,表现为工程拖期、成本超支、不能达到预计的设计标准等。在实践中,这种风险是由于项目公司在与承包商进行工程分包时约束不严或监督不力造成的,所以项目公司应完全承担责任。对于工程延期和工程缺陷应在分包合同中做出规定,与承包商的经济利益挂钩。项目公司还应在工程费用以外留下一部分维修保证金或施工后质量保证金,以便顺利解决工程缺陷问题。对于影响整个工程进度和关系整体质量的控制工程,项目公司还应进行较频繁的期间监督。

2. 生产风险。一般指项目运营阶段存在的,由于技术故障以及不能正常维护运营、提交服务等问题导致的风险,这类风险一般由项目公司承担。

3. 金融风险。一般指外汇利率、汇率、通货膨胀等风险。这类风险主要由政府方承担,如印度许诺BOT项目建设的发电厂电价全部以外汇支付。

4. 政治风险和不可抗力风险。这类风险项目参与方往往不能预见且无法克服,因此一般均由保险公司承担。

5. 市场和收益风险。在市场经济体制中,由于新技术的出现带来的市场风险应由项目的发起人和确定人承担。若该项目由私人机构发起则这部分市场风险由项目公司承担;若该项目由政府发展计划确定,则政府主要负责。

6. 信用风险。东道国政府违约的可能性。由于BOT项目的中小企业融资成本较高,并且要考虑在一定期限内收回成本的问题,因此销售协议中价格通常是成本加分红价,如此一来,市场风险就完全转移到了政府身上。

三、案例分析与启示

自2011年建成投运以来,襄阳垃圾焚烧发电项目在实现垃圾无害化处理和资源化利用的同时，还成为环保教育基地和科研基地，被评为垃圾环保处理行业的示范项目。在运行过程中，企业不仅实现了自身经济价值，还自觉履行着各项社会责任和环保责任。先后获得了中冶垃圾焚烧发电工程技术中心、省级 3A 垃圾焚烧厂、电力安全生产标准化企业等荣誉称号，被定位为"清洁生产示范区、生态示范园区、循环经济示范区"。襄阳生活垃圾焚烧发电厂建成后，国内外同行组织学习考察络绎不绝，推动了行业的发展。

1. 资金利用方面，采用 BOT 方式能吸引大量各种类型资金，缓解建设资金的缺口问题。

2. 避免或减少政府投资可能带来的各种风险。

3. 可满足社会与公共需求。采取 BOT 方式，可以合理引导资金用途，以便于政府集中有限资源投入那些不被投资者看好但又关系国计民生的重大项目上。

4. 有利于提高项目运作效益。

当然，BOT 方式也存在诸如像如何协调好项目公司与政府对项目的影响力和控制力等问题。

提示　战略性新兴产业是以重大技术突破和重大发展需求为基础，对经济社会全局和长远发展具有重大引领带动作用，它是知识技术密集、物质资源消耗少、成长潜力大、综合效益好的产业。

政府引导基金的宗旨是，发挥财政资金杠杆放大效应，增加创业投资资本供给，克服单纯通过市场配置而产生的市场失灵问题。

第二节　文化产业投融资实例[①]

一、华人文化产业投资基金投资《中国好声音》概述

2009 年 4 月，华人文化产业投资基金成为第一个在国家发改委获得备案通过的文化产业私募股权基金，基金规模为 50 亿元。这支来自海内外传媒领域具有丰富实践经验和资源的团队与新闻集团合资成立了星空华文传媒公司，下辖灿星制作。灿星制作先后成功引进和制作了选秀节目《中国达人秀》以及音乐选秀节目《中国好声音》。

华人文化产业投资基金关注市场需求，不仅严谨地评估《荷兰之声》《英国之声》在本土市场的表现，而且将节目在中国各大视频网站上的视频播放次数和网友留言收集起来，作为项目决策和实施的重要依据。

[①] 李宝虹. 文化产业投资 [M]. 北京：清华大学出版社，2013；赵晶媛. 文化产业与管理 [M]. 北京：清华大学出版社，2016.

二、文化产业投融资发展阶段

(一) 中央集权拨款阶段 (1978~1991年)

1978年,改革开放之后,随着建立市场经济风潮的兴起,文化产业的发展也逐渐走进人们的视野。这一时期,娱乐业开始从无到有。1985年,国务院通过了国家统计局《关于建立第三产业统计的报告》,把文化作为第三产业的组成部分列入国民生产总值统计项目中。这一阶段,文化的发展资金主要是政府出资并管理。

(二) 市场融资萌芽发展阶段 (1992~2011年)

随着我国市场经济体制不断建立并完善,文化体制改革也大规模开展起来。1992年,在国务院办公厅综合司编著的《重大战略决策——加快发展第三产业》中明确启用了"文化产业"这一概念。1998年,在讨论北京文化产业的问题和对策时,首次提到了文化产业投融资问题。2003年7月,中央宣传部领导的"文化产业统计研究课题组"对文化产业的概念进行了明确界定:所谓文化产业,是指"为社会公众提供文化、娱乐产品和服务的活动,以及与这些活动有关联的活动的集合"。中国社会科学院2008年发布的传媒蓝皮书《中国传媒产业发展报告2007-2008》显示,2007年中国传媒产业的总产值为4811亿元,比2006年增长13.6%。2008年中国传媒产业的总产值约为5440亿元,比2007年增长13.1%。2011年是我国"十二五"规划的开局之年,"十二五"规划明确提出我国将推动文化产业成为国民经济支柱性产业。2011年中国传媒产业的总产值为6379亿元,比2010年增长15.2%[①]。

(三) 市场投融资体系基本成型阶段 (2012年至今)

2012年《国家"十二五"时期文化改革发展规划纲要》公布,提出要引导社会资本投资文化产业。2013年,我国启动"文化金融扶持计划",中央财政安排4.61亿元作为文化产业发展专项资金,撬动了700多亿元信贷投入。2017年,制定出台《文化部"十三五"时期文化产业发展规划》;推动出台《国务院办公厅关于进一步激发社会领域投资活力的意见》,首次明确提出推进文化等领域"投贷联动";推动出台《社会领域产业专项债券发行指引》,推出文化产业专项债券;印发《关于推动数字文化产业创新发展的指导意见》,成为国家层面首个针对数字文化产业的宏观性、指导性政策文件。2017年,全国5.5万家规模以上文化及相关产业企业实现营业收入91950亿元,比上年增长10.8%,增速提高3.3个百分点,持续保持较快增长。文化产业蓄力成势之际,银行、信托、债券共同发力文化领域,文化投融资体系基本成型。

---

① 赵晶媛. 文化产业与管理 (第3版) [M]. 北京:清华大学出版社,2016:81.

地方政府层面也在积极推动文创产业发展。例如，广州市提出"完善融合发展金融支撑体系。包括创新文化金融服务组织形式、创新文化创意金融产品、鼓励文化创意和设计企业直接融资"等内容。陕西省除了对上市奖励、贷款贴息做了明确规定外，还提出利用创新融资工具，发挥文化企业无形资产评估机构、担保机构等中介作用，鼓励商业银行建立文化产业支行，以知识产权质押、应收账款质押、收益权质押、融资租赁售后回租等融资工具支持文化产业发展。上海则将"加快金融服务体系创新"作为构建现代文化市场体系的重要组成部分，主要内容为三点：发挥产业基金撬动放大效应，构建文化创意投融资体系，充分利用多层次资本市场。

文创产业发展离不开金融的支持。截至2018年，北京银行北京分行成为落地文化金融特色机构最多的银行，除成立三家文创专营机构外，北京分行还拥有文化金融特色机构12家，占辖内分支机构总数的30%。青岛银行及杭州银行同样分别成立了文创支行。其中，杭州银行除成立浙江首家文化金融专营机构杭州文创支行外，2016年还成立了国内第一家科技文创金融事业部，并支持了《人民的名义》《军师联盟》《建军大业》等一批优秀的文艺作品。

三、文化产业投融资的模式

根据投中集团统计，自2007年IDG中国媒体基金诞生至2013年，国内累计成立92只文化产业基金，其中36只基金处于开始募资状态，56只基金募资完成（含首轮募集），募集完成规模达465亿元。

但是，在来势汹汹的资本潮面前，能够产生丰厚回报的项目似乎远远少于预期。据投中集团的统计，上述基金至2013年投资案例仅披露88起，涉及规模51亿元，退出案例仅3起。

深圳创新投的一位投资经理说，对文化产业的投资近两年都是热点，但是好的项目很难找，而且大家都集中在互联网、影视与动漫领域。

（一）文化产业投融资的主体

1. 中央和地方政府作为投资主体。文化产业的发展与国家财政政策密切相关。其投资重点一般为全国性或区域性重要公用事业、基础设施、重大活动等大型文化基础设置，赞助公益性文化单位，保护文化遗产和扶持高雅艺术，扶助文化产品等。

2. 企业作为投资主体。企业作为独立的经济实体，根据文化市场需求和自身状况，做出相应的投资决策，进行文化产业投资活动。其中又包括两类：一类是以文化产业为主营业务的企业；另一类是其他行业企业在经营过程中进行跨行业投资。

3. 个人作为投资主体。随着国家逐步放松对民间资本进入文化产业领域的管制，个人或民营资本进入文化产业将会有更大的发展空间。如国内有许多独立制片人投资拍摄的电视剧等。

4. 国际投资主体。文化产业在资本运作方面还可以吸纳国际资本,以弥补国内资本的不足。如2009年,华特迪士尼公司发表声明,计划联同上海市政府在浦东兴建全球第六个迪士尼乐园。上海迪士尼乐园于2016年正式开园,是中国大陆第一个、亚洲第三个、世界第六个迪士尼主题公园。

(二) 我国文化产业投资的政府策略

国家财政政策与文化产业的发展密切相关。文化产业所提供的文化服务产品直接影响人们的思想和行为,对社会的稳定和发展具有强大的原动力。

1. 降低准入门槛,营造公平竞争的文化产业资本市场环境。
2. 加大扶持力度,建立政府主导的文化产业风险投资基金。
3. 引导金融介入,建立银行业对文化产业投资的信贷机制。
4. 积极牵线搭桥,加大文化产业引进外资的力度。

(三) 我国文化产业融资渠道

随着我国文化产业投融资体系基本形成,过度依赖政府的投融资体制得到逐步改变,社会资本与外资在文化产业发展中的比重和作用越来越显著,多元化的融资渠道已基本形成。

1. 财政拨款。我国文化单位原来基本属于文化事业性质,主要依赖国家财政直接拨款。政府主要从三方面对文化产业进行资金支持:一是对国有文化企业的财政拨付;二是对事业型文化单位的财政投入;三是通过设立文化产业投资基金对重点文化产业进行资金支持。

2. 金融机构贷款。《银行业支持文化产业发展报告(2018)》显示,截至2017年末,包括政策性银行、大型商业银行、邮储银行和股份制商业银行在内的21家主要银行文化产业贷款余额达7260.12亿元,并保持持续增长的势头。2013年以来,21家主要银行文化产业贷款余额平均增长率为16.67%,而同期人民币贷款余额增长率为13.69%,文化产业贷款余额增速高于同期人民币贷款余额增速2.98个百分点。针对文化企业普遍具有轻资产、规模小、高风险、抵质押难的特点,银行业积极作为,创新信贷产品和服务模式,为文化产业发展提供了强有力的信贷资金支持。

3. 债券和股权融资。债券发行是通过向投资者发行,承诺按一定利率支付利息并按约定条件偿还本金的融资方式。股权融资包括公开市场发售和私募发售,公开市场发售就是通过股票市场向公众投资者发行企业的股票来募集资金,私募发售是指企业自行寻找特定的投资人,吸引其通过增资入股企业的融资方式。

四、案例分析与启示

华人文化产业投资基金重视"国际模式、中国表达"的内容创新机制,从西方引进电视选秀品牌和模式并注入中国价值观,用国际一流的传播手段去传播当下社会的中国梦。《中国好声音》源于《荷兰之声》,导师选择、节目环节设置都源自荷兰,但是导师与学员分享音乐道路的艰辛、家人朋友的支持等情节又融入了浓厚的中国文化和中国人的情感。

综合实训

一、简要回答

1. BOT融资的基本特征?
2. BOT项目融资和其他传统的融资方式有哪些异同之处?
3. 我国文化产业投融资主体有哪些?

二、案例思考

华澳文化产业投资基金投资《画皮》

华澳基金对电视剧《画皮》的投资是国内首家私募基金投资单个影视剧项目。该剧总投资2400万元,华澳投资了300万元。"国内文化产业发展,一般是依靠财政资金或由政府部门出面为企业与银行牵线搭桥的方式来实现融资。社会资本直接注资具体的文化产业项目,这还是第一次。"深圳文化产权交易所总经理建东表示。

此前内地基金行业进行文化产业方面的投资,主要是进行股权投资,而针对具体项目进行投资,华澳开创了先河。在华澳基金投资《画皮》的过程中,深圳文交所协助基金对影视剧剧组创作团队做了较深入地调查。此外,深圳文交所还针对影视剧项目,在投资风险控制和交易制度设计方面做出创新,采用以版权质押为核心的创新型融资手段,并对投资资金进行第三方监管,将投资风险尽量降到了最低,这些做法增强了投资商的信心。

资料来源:杨君.为文化企业注入"血液"——文化产业投资基金典型实例介绍[N].光明日报,2013-03-07.

仔细阅读上述材料,思考并回答下列问题:

1. 华澳基金是如何对《画皮》进行投资的?
2. 文化行业融资的渠道有哪些?

第十章

新兴产业政府投融资实务

知识目标

1. 了解生物医疗产业投融资发展现状。
2. 了解智慧城市投融资运作。

技能目标

通过对投融资案例分析,正确运用投融资模式。

▶ 导入案例

央地多举措力促战略性新兴产业投资

《经济参考报》记者获悉,有关部门和地方正酝酿更大力度的财政金融投融资举措,部署战略性新兴产业投资,包括提供千万至数亿元的财政项目资金,大幅增加信贷、保险等中长期资金支持等,产业引导基金也面向新一代信息技术、高端装备制造等重点领域加速集结。业内预计,在多方加码投资系列利好下,未来五年,战略性新兴产业增加值占 GDP 比重将达到 20% 左右,成为我国"十四五"时期推动经济高质量发展的支柱性产业。

2020 年 9 月,国家发改委等四部门联合印发了《关于扩大战略性新兴产业投资培育壮大新增长点增长极的指导意见》,将有效推动资金、人才等各种资源向新一代信息技术、生物医药、高端装备制造、新材料、新能源等行业聚集。2020 年 9 月 28 日,广东举行培育发展战略性支柱产业集群和战略性新兴产业集群新闻发布会,明确布局十大战略性支柱产业集群和十大战略性新兴产业集群,针对半导体与集成电路产业等领域给予省科技创新战略专项资金、产业基金等支持保障。山东日前提出,力争到 2021 年培育认定 15 个省级战略性新兴产业集群,在土地、资金等方面予以重点保障。另外,深圳、天津、宁波等地也展开相关布局。

"当前新兴产业发展态势好、后劲强,前三季度在制造业整体投资同比下降 6.5% 的状况下,高技术制造业投资同比增长了 9.3%,其中,医药制造业、计算机及办公设备制造业投资分别增长了 21.2% 和 9.3%。"工信部新闻发言人、运行监测协调局局长黄利斌在国新办新闻发布会上表示。"当前我国面临的内外部环境发生了深刻变革,战略性新兴产业的发展将成为我国实现经济转型的重要战略支撑。"中国银行研究院研究员范若滢对《经济参考报》记者表示,未来战略性新兴产业将获得更大的支持力度,包括芯片、集成电路等面临"卡脖子"问题的关键领域,以及信息技术、新材料、高端装备制造业等代表产业链升级大方向的重点领域有望成为投资热点。

一揽子政策利好下,更大力度的财政金融投融资举措正在加速落地。财政支持方面,深圳下达战略性新兴产业发展专项资金2020年第三批新兴产业扶持计划,计划项目合计118个,涉及政府资助资金总额12649万元。新疆设立2000万元自治区技术创新和战略性新兴产业专项资金,对13个项目给予重点支持。江苏省财政厅下达2020年省级战略性新兴产业专项资金6.88亿元,支持战略性新兴产业领域的41个重点项目。

金融业支持力度也将加大。银保监会党委委员、副主席梁涛在2020金融街论坛上表示,下一步银保监会将更好地服务经济结构调整和转型升级,大幅增加制造业和战略性新兴产业中长期资金支持。广西、安徽等地银保监局近日均明确,从银行信贷、保险等多方面入手,支持战略性新兴产业融资。

众邦基金联合长江产业基金设立了100亿元规模的长江卓尔产业投资基金,重点投向智能制造、医疗大健康等战略性新兴产业。中国石化也成立50亿元基金,投资布局高端智能制造、人工智能等,助力科技成果转化。

记者从清科研究中心获悉,截至2020年上半年,我国已设立的产业类引导基金数量达到1042支,已到位规模3.01万亿元,主要围绕制造业及战略性新兴产业。创投类政府引导基金数量达到507支,已到位规模0.64万亿元,主要围绕地区中小企业发展、科创企业、高新技术企业以及战略性新兴产业,尤其针对种子期、初创期企业。

中国电子信息产业发展研究院政策法规研究所副所长周游表示,传统的财政政策、货币政策、金融政策可能难以满足新的投资模式需求,需要进一步完善相关政策措施。在投资政策上,积极实行财政政策和金融政策的合理调整和变动,同时规范并推动政府和社会资本合作(PPP)融资模式,引进私人资本提高效率,拓宽融资来源。

资料来源:郭倩. 多路资金加速涌入 新一代信息技术、高端装备获支持 央地多举措力促战略性新兴产业投资[N]. 经济参考报,http://dz.jjckb.cn/www/pages/webpage2009/html/2020-10-27content_68551.htm,2020-10-27.

第一节 智慧城市投融资实例

一、智慧城市项目介绍

智慧城市是运用信息和通信技术手段感测、分析、整合城市运行核心系统的各项关键信息,从而对包括民生、环保、公共安全、城市服务、工商业活动在内的各种需求做出智能响应。为提升城市整体信息化水平和城市管理综合水平,江苏省淮安市提出了打造智慧城市的设想,建设内容可主要围绕政府管理水平提升、惠民便民利民,实现产业结构转型升级、实施基础设施完善、资源共享交换、产业载体建设与民生服务促进四大任务,重点建设信息安全体系、数据共享交换平台、智慧政务、智慧教育、智慧医疗、智慧交通、平安城市、智慧环保、智慧社区、智慧旅游等十八项重点工程。

该项目的社会资本合作方遴选采用了公开招标的方式。首先由淮安市经信委委托江苏赛联信息产业研究院编制项目的整体方案,然后淮安市经信委牵头实施社会资本合作方的招标程序,经江苏省采购中心面向全国公开招标,最终确定中兴通讯股份有限公司为该项目的社会资本合作方。该项目由政府方与社会资本方合资成立项目公司,承担该项目的融资、建设、运营、维护等工作,合作期限为10年,其中建设期2年,运营期8年。淮安市人民政府授权淮安市经信委作为"智慧淮安"项目实施机构,同时授权淮安市工业发展投资控股集团有限公司作为该项目政府方出资代表,与中兴通讯股份有限公司共同组建项目公司。项目公司名称为中兴(淮安)智慧产业有限公司。项目合同、特许经营协议与运营服务协议由项目公司与淮安市经信委签署。

二、项目运作投融资模式分析

(一) 具体模式

该项目选择了"建设—拥有—运营"(BOO)的运作模式。由项目公司中兴(淮安)智慧产业有限公司负责建设基础平台(大数据中心、基础网络、城市地理信息系统)、智慧教育、智慧医疗、智慧交通、平安城市、智慧环保、智慧社区、智慧旅游、一卡通、智慧政务、企业互联等淮安市政府主导的公共性基础性信息化系统。项目建成后,可利用大数据为淮安市各行业提供数据应用及服务,并通过项目建设,以智慧城市架构为载体,推动淮安市城市信息化发展。根据智慧城市信息化可持续发展的需求,项目特许经营期内增加的支撑载体建设亦可采用"建设—运营—移交"(BOT)的运作方式,新增的载体及服务需求以淮安市经信委与项目公司另行签订的协议为准。该项目建成后,项目设施、软件的所有权为项目公司所有,项目数据信息所有权归政府所有。

BOO 模式

(二) 投融资模式与交易结构

项目计划总投资 8.85 亿元,其中注册资本金 4 亿元,融资 4.85 亿元。项目资本金由政府和社会资本方按照 49∶51 的股权比例共同筹集,其余部分由社会资本方通过其他融资方式筹集。智慧城市项目资本金 4 亿元由政府和社会资本方共同出资,其中:社会资本方(中兴通讯股份有限公司)出资 51%,政府方出资代表(淮安市工业发展投资控股集团有限公司)出资 49%;项目公司负责债务融资 4.85 亿元。① 淮安市经信委应协调相关部门在合法的前提下，为项目公司融资提供相关的便利和支持，必要时出具相关文件和证明。申请融资时，淮安市经信委具有协助和监督项目公司的融资申请、使用和偿还的权利和义务。

（三）回报机制

考虑到该项目的运营成本和收入来源情况，该项目采用使用者付费与政府可行性缺口补贴相结合的回报机制，项目公司在特许经营期内负责项目设施的设计、融资、投资、建设、拥有、运营、管理、维护服务并优先通过使用者付费的方式收回投资。由于该项目投资额较大，且属于公益性项目，项目使用者付费收入不足以弥补项目建设投资，在使用者付费不足以覆盖投资和运营成本的情况下，由政府方以支付可行性缺口补贴的方式保障项目公司收回建设投资并取得合理回报。

1. 使用者付费。使用者付费来源于最终消费用户直接付费购买公共产品和服务。在淮安市智慧城市项目合作范围内，淮安市人民政府委托淮安市经信委授予项目公司特许经营权，在国家有关法律法规允许的前提下，基于项目产生的数据资源进行应用开发和业务拓展等。项目公司直接从最终用户处收取费用，以回收项目的建设和运营成本并获得合理收益。该项目使用者付费收入主要包括在特许经营期内对项目的硬件设备、软件系统等设施进行运营、维护所产生的由政府各部门进行的服务付费和通过广告或其他创收手段产生的市场收入。

2. 可行性缺口补贴。在该项目使用者付费收入不足以使项目公司收回成本并获得合理回报时，政府方支付可行性缺口补贴的方式使项目达到合理的收益水平。该项目可行性缺口补助的金额按照《政府和社会资本合作项目财政承受能力论证指引》补贴公式计算，由合理利润率、折现率、项目运营成本、项目使用者付费收入确定。其中，合理利润率为中标社会资本报出的合理利润率，招标文件要求的上限是中国人民银行公布的最新 5 年以上长期贷款基准利率上浮 20%；折现率取补贴支付当年淮安市地方政府债券收益率；项目运营成本根据实际发生数据进行审核确认；使用者付费收入包括政府使用者付费和非政府使用者付费收入，服务价格由政府进行监督控制。

（四）主要风险分配框架

按照风险分配优化、风险收益对等和风险可控等原则，项目财务和运营维护等商业风险由社会资本方承担；法律、政策等风险由政府承担；项目审批手续办理、不可抗力等风险由政府和社会资本方合理分担。

三、智慧城市建设项目启示

淮安智慧城市项目站在"全市一盘棋"的高度将整个城市的智慧应用集中

---

① PPP 项目典型案例，江苏省淮安市智慧城市项目［EB/OL］．中华人民共和国国家发展和改革委员会，www.ndrc.gov.cn．

打包,着重体现了顶层设计的理念,坚持"四统一"原则(即统一规划、统一建设、统一运维、统一管理),在市级层面整体推进智慧城市建设运营,避免了不同板块的重复建设,实现了跨平台整合,从而提高了运行效率,降低了建设成本,实现了政府服务水平提升、惠及民生应用和产业转型升级三大目标。

在智慧城市建设整体规划层面探索盈利模式,采用市场化机制,改变政府单一付费的局面。

第二节 生物制药投融资实例

近年来,生物医药成为资本市场的"宠儿"。2018年4月,港交所还出台新政允许尚未盈利的生物医药公司上市。

实际上,这些年以来医药行业的并购呈现需求急迫、覆盖面广以及金额巨大等特点,在国内医疗保健行业上市公司357起并购交易中,又以生物制药领域最为突出,数量占医疗保健全行业的3/5。

从全球范围来看,生物技术同样是"吸金大户",融资事件数量及金额均居榜首,医药、医疗器械紧随其后。总体而言,从2012年到2018年全球范围内生物制药并购投资交易呈"先升后降再升"趋势。

近两年,面对诸多优良政策的积极促进和生物技术的不断突破,更多机构选择投资回归专业化,坚持价值投资,生物制药市场相较于其他行业获得了更多资本的青睐。

Wind数据显示,我国生物医药企业从2014年的113家骤增至2017年的283家。2018年以来,医疗保健行业细分领域投资中,生物制药占比最高,投资事件数超240起,占比49%。

此外,从细分的品种来看,肿瘤领域药物研发占新药开发的主导地位日益凸显,资本支持力度也不断加大。数据显示,创新药研发领域中,机构聚焦于利用现代生物技术进行新型抗肿瘤药物、疗法及孤儿药等开发的趋势愈加明显。

思考 生物医药行业备受青睐,该领域该如何投资,其他细分领域的投资机会又体现在哪些方面?

一、生物医药投融资实例

2007年6月,国家发改委正式批准同意建设武汉国家生物产业基地(即"光谷生物城")。光谷生物城核心区在东湖高新区区域内,是一个集生物产品研发、生产、流通为一体,基础设施齐全、产业链完善、产业分工明确和产业竞争力强的产业聚集区。

武汉生物医药产业园项目

（一）生物医药产业园投融资背景

2007年6月，国家发改委正式批准同意建设武汉国家生物产业基地，光谷生物城规划面积30平方公里，重点围绕生物医药、生物农业、医疗器械、生物能源、生物服务和生物信息六大领域，建设生物创新园、生物医药园、生物农业园、医疗器械园、生物能源园、中新（武汉）生物科技园六大园区，打造集研发、孵化、生产、物流、行政、居住为一体的生物产业新城。

据统计，2010年，武汉国家生物产业基地（光谷生物城）保持了良好的产业发展势头，截至当年10月底，生物企业数量达到348家，初步形成以生物医药、生物农业、生物制造等传统优势产业为主，生物信息、生物服务、清洁生物技术等新兴产业为辅的全面发展格局；生物产业总产值达199.51亿元，同比增长25.8%。2012年科技部和财政部公布了2012年度科技型中小企业创新基金入选项目，光谷生物城13家企业共获875万元资金支持。其中10家获技术创新项目无偿资助共650万元，1家获中小企业技术服务机构补助资金65万元，2家获创业投资引导基金投资保障共160万元。① 随着入驻企业不断增加，融资需求和缺口也将越来越大，配套服务亟需跟上。

（二）生物医药产业园融资情况

设立生物产业专项资金，累计为生物高科技项目提供配套资金9600万元；成立了生物产业创投基金，累计为初创期、成长期中小生物企业投资近5亿元；光谷生物城投资金融超市，引进国内外的风险投资公司及银行34家，这些措施增强了光谷生物产业的造血机能。这些融资平台为光谷生物城在产业发展和配套建设上获得各类银行共计约100亿元的授信。②

1. 协助企业争取政府专项基金支持。2010年，为解决生物企业，特别是中小型生物企业的投融资问题，园区专门成立了武汉光谷生物产业创业投资基金公司，拟募集资金规模近100亿元。此外，东湖高新区成立了生物产业发展专项资金，为园区研发项目及国家、省、市立项项目提供配套资金支持。2010年生物产业发展资金已完成对42个项目的资助，资助总额达3000万元。

2. 为企业搭建平台，吸引风投机构投资。园区定期举办各种推介会和论坛，搭建平台，为企业和风投机构提供项目对接机会。例如，2012年武汉金融博览会生物医药论坛，成功吸引了国内外200来家PE/VC机构前来参会对接。

3. 加强技术创新，构建"产—学—研"创新体系。光谷生物城继续加强整合武汉市的大学、科研院所、企业及各级政府优势资源，进一步完善了以公共服务大平台为基础的生物产业创新创业体系。武汉国家生物产业基地整合了武汉大

---

① 冯娟. 中国生物医药产业园投融资规划设计——以武汉光谷生物城为例［J］. 社会科学前沿，2017（6）.

② 霁恒. 武汉光谷生物城：冉冉升起的产业明星［J］. 中国科技投资，2012（12）.

学、华中科技大学、华中农业大学、中科院武汉分院等大学和科研院所的优势研发资源,在光谷生物城创新基地内成立了武汉生物技术研究院,提升生物产业技术创新水平,目前研究院已引进海内外各类创新团队 26 个。国家重大新药创制专项的"武汉国家新药创制综合性技术大平台"也落户生物技术研究院,该平台的建设可为武汉国家生物产业基地新药创制各环节提供全方位的技术支撑。

4. 为园区企业提供担保,协助企业争取银行等金融机构贷款,进行间接融资。园区的生物医药企业多为小微企业,小微企业融资难一直是困扰业界的一大难题。由于直接争取商业银行授信有相当的难度,而园区则可以通过资产评估、担保等一系列手段,帮助企业建立信用,获取银行贷款间接融资。

5. 积极鼓励企业利用资本市场融资。园区加大企业上市培育力度,积极鼓励企业利用资本市场融资,先后有 22 家生物技术公司被列为上市后备企业,其中生物医药企业 9 家。

（三）武汉光谷生物园项目启示

为解决融资难题,东湖高新区积极推进科技金融创新,从降低融资成本和投资风险两端入手,先后出台了《信用体系建设实施意见》《融资补贴风险补偿专项资金管理暂行办法》《鼓励担保机构从事融资性担保业务实施办法》《鼓励创业投资企业发展的实施意见》等政策,在完善信用体系、鼓励股权投资、鼓励融资担保、推动知识产权质押贷款试点等方面,打出了破解融资难题的政策"组合拳",为各路资金尤其是大量的民间资本拓展了投资渠道。①

二、生物医药产业投融资发展现状

生物医药产业是知识和技术密集型的高科技产业,也是 21 世纪的支柱产业,其作为典型的知识与技术密集型产业,具有高技术、高投入、高风险、周期长、高收益、垄断性等基本特征。此外,药品如同粮食,涉及民生大计,生物医药产业还是保障人民身体健康、保障社会生产力、推动社会进步和经济发展的重要行业。

三、生物医药产业主要投融资模式

1. 私募股权融资模式。私募股权融资是全球新兴产业相对成熟的融资模式。在 2018 年体外诊断化学发光企业北京科美生物技术有限公司宣布完成近 20 亿元私募股权重组融资。

2. 证券市场融资模式。截至 2019 年 9 月 23 日,科创板申请企业合计 156 家,其中,医药制造业有 21 家,医疗器械及设备制造业企业超过 10 家,占到科

---

① 霁恒. 武汉光谷生物城:冉冉升起的产业明星 [J]. 中国科技投资, 2012 (12).

创板企业的 20%。①

3. 企业间合作融资模式。例如，部分地区的企业出现了抱团建立联盟或者合作平台，以共同资源谋求新发展。据悉，目前北京、上海、广州等地已建成相关平台，在推动相关材料进口、通关等方面开展政策创新，解决了研发材料的进口难、进口慢等问题，对保障我国生物医药研发与国际同步起到了重要的支撑作用。也有生物医药产业联盟成立，打破不同区域间生物医药企业的"合作壁垒"，使联盟内的企业迅速联动起来。②

4. 银行信贷模式。我国生物医药企业尚处于发展时期，存在研发水平低、市场开拓弱、资金规模小等共性问题，使银行在生物医药企业的信贷模式始终很难有所突破。受银行风险防范的制约，可授信的资金和期限也十分有限。③

5. 政府支持补贴模式。生物医药产业作为新兴产业，在普遍意义上受到各国政府相关产业政策的重视，政府补贴尤其对研发具备较显著的正向刺激。医疗器械制造企业对政府补贴刺激的反应最为强烈，医药制造行业对政府补贴反应滞后。④ 但是，政府支持和补贴只能起到示范作用和具备一定程度的象征意义，并不能成为企业融资的主要来源。

综合实训

一、简要回答

1. 生物医疗产业投融资发展现状。
2. BOO 与 BOT 融资模式的区别。

二、案例思考

医药 P2B 投融资平台的建立

支付宝"担保交易"模式解决了互联网和金融行业的壁垒问题；P2P 网贷模式解决了个人筹资的资金问题，在中国落地生根，从那以后互联网金融的发展几乎渗透到每个角落。相对于传统的银行和金融主体来说，互联网金融具有灵活、多样、高利、低门槛等显著特征。于是，以余额宝和百度百发为代表的基金理财，以拍拍贷和特易贷为代表的 P2P 信贷，以宜信和付融宝为代表的 P2C 等理财概念让投资者们眼花缭乱。近期，更有 P2B 理财概念横空出世，吸引了众多目光。究其原因——年化收益达到了 10% 以上，较银行存款、银行理财产品、货

---

① 打通"重研发"行业融资渠道 科创板生物医药企业上市步伐加快 [EB/OL]. 金融时报——中国金融新闻，https://www.stock.jrj.com.cn/pc/94a18f8a8b4e803db? cota=4&kuai_so=1&tj_url=so_rec&sign=360_57c3bbd1&refer_scene=so_1，2019-09-25.

② 生物医药行业潜力巨大，企业积极探索发展模式 [EB/OL]. 制药网，http://www.zyzhan.com/news/detail/74498.html，2019-06-18.

③ 朱琰. 生物医药企业的银行信贷模式研究 [D]. 上海：上海社会科学院，2012.

④ 张丹. 政府补贴促进了研发还是只粉饰了报表——来自生物医药行业的证据 [J]. 公共经济与政策研究，2018 (1).

币型基金等收益高出很多,且通过担保方式有效把控了投资风险,也没有投资金额门槛过高的问题。那么,在医药市场,我们可否建立医药行业的 P2B 平台呢?

一、医药 P2B 平台建立的必要性

(一) 融资需求

医药行业在其产业链上有众多的参与者,目前全国有 6000 多家药品生产企业,44 万家药品经营企业,15000 家医疗器械生产企业,16 万家医疗器械经营企业,以及 96 万家注册医疗机构,以医用品产业链为例,其主链由产前—产中—产后加工—流通—消费等环节构成,每个环节又涉及各自的相关子环节和不同的组织载体,资金链的断裂影响着产业链中企业的运行。在医院买方市场的情况下,医院拖款现象严重(少则几个月,多则一两年),中小经营企业时常面对大量的资金缺口问题。因此,医药行业需要一个专注于行业发展需要的融资渠道。

(二) 投资需求

随着人们物质水平的提高,个人闲置资金增多;另外,国内 CPI 不断攀高,导致投资需求强烈。据统计,民间资本存量有 10 万亿元,而投资者目前投资渠道较少,多为银行、基金、信托、股市等项目,其中,低风险的银行存款,收益过低,往往抵不过通货膨胀的步伐;收益高的项目(如信托),投资门槛又太高(百万元起投);股市风险又太大。因此,投资者需要一个风险可控而又收益可观的投资平台。

二、医药投融资平台介绍

为了帮助医药产业链中有资金需求的优质医药企业或机构,为其提供融资服务,需要搭建一个实体经济与互联网相结合的平台。医药 P2B 是个人对非金融机构企业(药品、器械生产企业、经营企业、医疗机构等)的一种融资模式,是有别于 P2P 网络融资平台的一种微金融服务模式。医药 P2B 投融资服务平台使有闲钱的个人或民间组织投资者能够以固定收益理财模式在平台上找到合适的投资项目。而作为借款方的融资企业(药品、器械生产企业、经营企业、医疗机构等)可以借助发生业务关系的各交易平台,以交易平台推荐的方式,在 P2B 平台上面发布以债权形式进行借款的融资信息,最终借到中短期发展资金。P2B 平台负责审核借款企业融资信息的真实性、评估借款风险等,借助交易平台信息、资金的把控性,确保将还款风险降到最低。医药 P2B 平台只是作为一种纯粹的投融资中介,只收取一定服务费,本身既不融资也不放贷。具体业务流程如图 10-1 所示。

首先,由各交易平台(药品器械各省市集中招标平台或医药 B2B 交易平台等)交易的医药企业或医疗机构,出于货款支付、医院建设等需求向交易平台提出 3 个、6 个、9 个、12 个、24 个月不同期限的融资申请;其次,各交易平台根据其过往交易记录和融资需求的真实性进行核查,对符合融资条件的信息推荐给医药 P2B 投融资平台;再次,第三方 P2B 投融资平台根据交易平台的推荐信息进行综合评价,经筛选后,在平台发布融资信息,供投资者(包括个人和民间组织投资者)低门槛(一般为一万元)的投资选择,完成资金募集;再其次,P2B

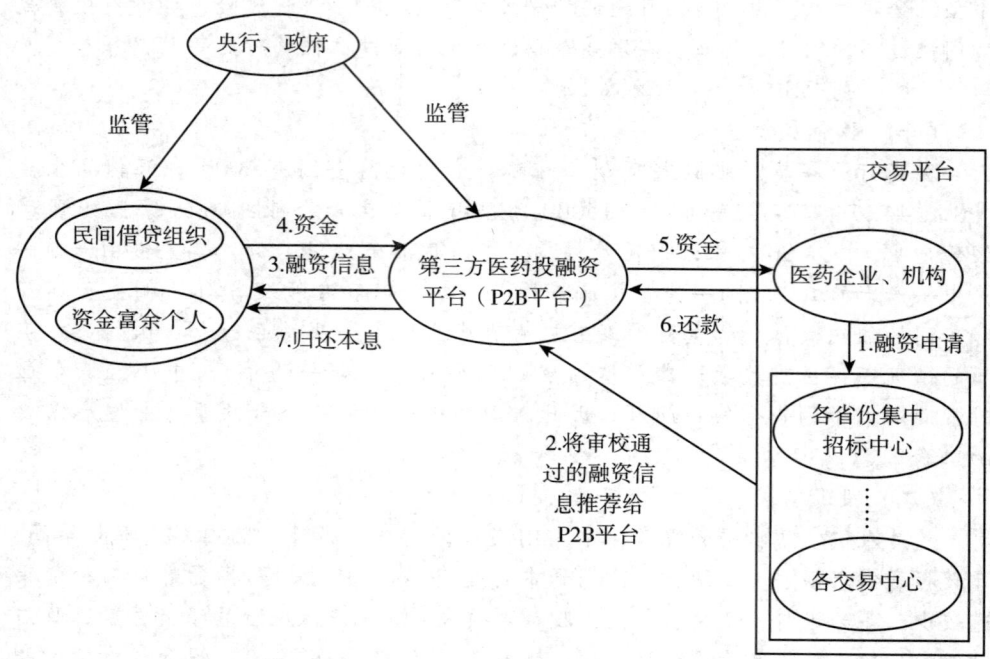

图 10-1 P2B 平台业务流程

平台将募集的资金支付给医药企业、机构融资者；最后，在约定的时间内，融资者支付本金和利息，完成该项投融资。

资料来源：周敏. 医药 P2B 投融资平台的建立 [J]. 电子商务，2015（3）.

仔细阅读上述材料，思考并回答下列问题：

1. 医药 P2B 平台具有哪些特点？
2. P2B 平台与我们常见的融资模式有何不同？

参考文献

1. 白景明,等.广东南海模式与建立中国式绩效预算[M].北京:中国财政经济出版社,2010.
2. 班娟娟,向家莹,牛万星.文化产业投融资体系基本成型[N].经济参考报,2018-06-08.
3. 财政部财政科学研究所.十二五及未来一个时期我国水环境保护投融资机制创新与政策建议[J].经济研究参考,2011(8).
4. 财政部政府和社会资本合作中心.PPP模式融资问题研究[M].北京:经济科学出版社,2018.
5. 陈怀平,李天姿,胡照龙.公共财政视域下中国环保投资问题研究[J].长安大学学报,2012(12).
6. 陈健健.创业环保8.6亿收购杭州七格污水处理厂[N].中国证券报,2006-11-22.
7. 陈静,倪鹏.主权政府债务规模影响因素的传导路径及定量分解(上)[J].世界经济研究,2012(4).
8. 陈梅.PPP项目融资模式解析[J].湖北财经高等专科学校学报,2008(3).
9. 陈振南.城市水务项目融资模式研究[D].厦门:厦门大学硕士学位论文,2012.
10. 戴天柱.中国财政投融资体制研究[M].北京:经济管理出版社,2011.
11. 邓海虹,韩映辉,等.政府投融资平台转型实操[M].北京:中国经济出版社,2019.
12. 邓铁军,邓世维.工程建设项目管理[M].武汉:武汉理工大学出版社,2018.
13. 冯娟.中国生物医药产业园投融资规划设计——以武汉光谷生物城为例[J].社会科学前沿,2017,6(4):457-466.
14. 郭峰,舒灵智,廖博.西部公益型水利建设项目应用RCP融资模式的探析[J].科技进步与对策,2009(21).
15. 郭荣村,刘晨光.医药行业投融资并购规模扩张 生物制药领域渐受青睐[N].每日经济新闻,2018-11-29.
16. 郭闾梅,金鑫.哈尔滨市污水治理获5.4亿日本国际协力银行贷款

[N]. 哈尔滨日报, 2006 – 01 – 21.
17. 韩云虹. 辽宁省基础设施投资推动经济增长的计量分析 [J]. 辽宁大学学报（自然科学版）, 2007 (1): 35 – 38.
18. 洪浩. 案例解析——BOT 项目融资模式 [D]. 成都: 西南财经大学硕士学位论文, 2008.
19. 胡恒松, 鲍静海, 赵晓明. 中国地方政府投融资平台转型发展评价报告 (2017) [M]. 北京: 人民出版社, 2017.
20. 胡恒松, 王宪明, 等. 中国地方政府投融资平台转型发展研究 2018 [M]. 北京: 经济管理出版社, 2018.
21. 胡振虎. 世界经济新常态与我国应对策略 [J]. 经济纵横, 2015 (5).
22. 黄德林, 郝江军. 多元视角下矿山地质环境保护融资新探 [J]. 环境保护, 2012 (16).
23. 黄渊. 国债风险防范的建议分析 [J]. 中国市场, 2016 (29).
24. 贾康. 着力推进"企业政府双到位"的投融资创新 [N]. 中国证券报, 2015 – 04 – 13.
25. 姜宏洁. 吉林省战略性新兴产业融资路径分析 [J]. 长春市委党委学报, 2012 (5).
26. 姜鑫, 李昌宇. 基础设施投资与经济增长的相关性分析 [J]. 北方经贸, 2010 (4): 3 – 5.
27. 李宝虹. 文化产业投资 [M]. 北京: 清华大学出版社, 2013.
28. 李斌, 郭剑桥, 何万里. 一种新的地方政府债务风险预警系统设计与应用 [J]. 数量经济技术经济研究, 2016 (12).
29. 李金珊, 徐越. 预算项目政策绩效评价研究 [M]. 北京: 中国财政经济出版社, 2018.
30. 李沫萱, 张佳仪. 北京地铁四号线的产权关系及其经营模式分析 [J]. 北京交通大学学报, 2010 (2).
31. 李锐. 南京城建污水处理费 ABS 获批 [N]. 上海证券报, 2006 – 06 – 28.
32. 李晓晔. 电厂建设项目融资实证研究与有关政策探讨 [D]. 北京: 华北电力大学硕士学位论文, 2002.
33. 李中锋. 治理黄河的关键工程——小浪底水利枢纽 [J]. 工程研究, 2009 (9).
34. 丽水市发改委课题组. 政府投资项目 BT 模式的研究与实践 [J]. 研究与建议, 2011 (8).
35. 刘立峰. 地方政府建设性债务的可持续性 [J]. 宏观经济研究, 2009 (11): 46 – 50.
36. 刘立峰. 地方政府融资研究 [M]. 北京: 中国计划出版社, 2011.
37. 刘立峰. 政府投资理论与政策 [M]. 太原: 山西经济出版社, 2011.
38. 刘立峰. 政府投资学 [M]. 北京: 科学出版社, 2018.

39. 刘伦武. 基础设施投资对经济增长推动作用的动态计量模型与分析 [J]. 数理统计与管理, 2005 (2): 60-65.

40. 刘湃. 新时期我国政府投资研究 [M]. 大连: 东北财经大学出版社, 2011.

41. 刘然吉. 中小企业融资的财政支持体系研究以青岛市中小企业融资为例 [D]. 青岛: 中国海洋大学硕士学位论文, 2010.

42. 刘世庆. 水利投融资平台建设理论与实践 [J]. 西南金融, 2012 (12).

43. 刘勇, 黄晴波. 论政府在民营中小企业融资中的作为 [J]. 郑州航空工业管理学院学报, 2004 (3).

44. 卢汝生. 政府投资项目管理模式与总承包管理实践 [M]. 北京: 中国建筑工业出版社, 2009.

45. 陆岷峰, 张惠. 政府适度负债规模的研究 [J]. 南阳师范学院人文社会科学学报, 2011 (5).

46. 吕铁. 金融支持战略性新兴产业发展的实践创新存在问题及政策建议 [J]. 宏观经济研究, 2012 (5).

47. 马洪范. 建立全过程预算绩效管理体系 [M]. 北京: 中国财政经济出版社, 2018.

48. 玛丽·迪朗. 中国政府或有负债不断攀升 [J]. 中国经济报告, 2016 (7).

49. 孟为. 北京确定160个战略新兴产业重大项目 [N]. 北京日报, 2011-12-09.

50. 牛美丽. 地方政府绩效预算改革 [M]. 上海: 上海人民出版社、格致出版社, 2012.

51. 裴劲松, 王丹. PPP项目在中国的发展应用——以北京地铁4号线运营为例 [J]. 经济师, 2012 (10).

52. 钱维, 尤伯军. 政府投资体制的制度创新: 项目法人招标制 [M]. 北京: 中国财政经济出版社, 2006.

53. 秦凤华. 揭密北京地铁4号线PPP模式 [J]. 中国投资, 2007 (9).

54. 任碧云, 武毅. 基于AHP-DEA的中国金融系统性风险预警指标体系研究 [J]. 经济问题, 2015 (1).

55. 任郑杰, 冯浩. 筹资理论与实务教程 [M]. 北京: 中国财政经济出版社, 2002.

56. 上海市行政法制研究所. 公共管理与制度 [M]. 北京: 法律出版社, 2006.

57. 石林. 市政债券在矿山环境治理融资中的应用研究 [D]. 北京: 中国地质大学硕士学位论文, 2012.

58. 舒菁. BOT挤开一道门——广西来宾电厂B厂项目融资详录 [J]. 资本市场, 1997 (1).

59. 孙晓. 世界经济一体化形势下中国城市水务产业投融资问题研究 [D].

青岛：青岛大学博士学位论文，2010.

60. 孙旭，罗季. 我国政府投资对民间投资的影响 [J]. 预测，2004（1）：7－10.

61. 汪同三，郑玉歆. 2009 发展报告 [M]. 北京：社会科学文献出版社，2009.

62. 王光坤. 水利工程项目投融资模式选择探讨 [J]. 中国科技信息，2013（4）.

63. 王建军. 中国地方政府债务融资行为及监管研究 [D]. 西安：陕西师范大学博士学位论文，2015.

64. 王萌萌. 中国地方债务引 IMF 关注 惠誉穆迪调低中国评级 [N]. 国际财经时报，2013－04－17.

65. 王琼. 战略性新兴产业的融资对策研究 [J]. 企业导报，2012（23）.

66. 王涛. 基于财政可持续视角的我国地方债务风险研究 [D]. 北京：中央财经大学博士学位论文，2018.

67. 王铁军，黄恒学. 中国地方政府融资 22 种模式成功案例 [M]. 北京：中国金融出版社，2008.

68. 王铁军. 中国地方政府融资 22 种模式 [M]. 北京：中国金融出版社，2006.

69. 王文睿，王洪镇. 建设工程项目管理 [M]. 北京：中国建筑工业出版社，2014.

70. 王晓茹. 安徽民间投资与经济增长的实证分析研究 [J]. 商业经济，2010（8）：10－11.

71. 王旭艳. 我国水务投资主体多元化研究 [D]. 北京：对外经济贸易大学硕士学位论文，2003.

72. 王泽彩，杨宝昆. PPP 项目绩效目标与绩效指标体系的构建 [EB/OL]. PPP 门户网，www. zgppp. cn.

73. 王卓然. 北京市污水处理设施投融资模式研究 [D]. 北京：北京工商大学硕士学位论文，2010.

74. 吴维海. 政府融资 50 种模式及操作案例 [M]. 北京：中国金融出版社，2018.

75. 吴亚平. 紧扣五大改革主题 构建新型投融资体制 [N]. 上海证券报，2019－01－10.

76. 肖林. 融资管理与风险价值 [M]. 上海：上海人民出版社，2003.

77. 辛阳，梁琳. 拓宽我国文化产业融资渠道的对策 [J]. 经济纵横，2013（4）：107－110.

78. 徐凯. 以代建制规范政府投资项目 [N]. 南方日报，2006－04－04.

79. 徐绍忠. 浅析我国水利投融资政策现状与发展 [J]. 吉林水利，2007（4）.

80. 严冰. 北京桑德集团巨资承建全国十城市污水治理项目 [EB/OL]. 人

民网，2001-06-15.

81. 杨大楷. 投融资学 [M]. 上海：上海财经大学出版社，2011.

82. 杨贺龙. 政府投融资创新势在必行 [N]. 经济观察报，2018-03-24.

83. 杨农. 城镇化融资模式选择 [J]. 中国金融，2011 (19).

84. 杨珊. 我国地方政府债务融资的法律规制研究 [D]. 重庆：西南政法大学博士学位论文，2015.

85. 杨晓华. 中国公共投资与经济增长的计量分析，兼论公共投资对私人投资的挤出效应 [J]. 山东财政学院学报，2006 (5)：68-72.

86. 于国安. 财政投融资管理与实务 [M]. 北京：经济科学出版社，2004.

87. 余江，陈锐，张越. 战略性新兴产业的特征及"中国路径" [N]. 中国科学报，2013-01-07.

88. 禹涛. 政府投资效率研究 [D]. 大连：东北财经大学博士学位论文，2015.

89. 喻强. 优化我国政府投融资模式 [J]. 中国金融，2013 (7).

90. 张长春. 政府投资的管理体制：总体框架、近期改革重点与促进措施 [M]. 北京：中国计划出版社，2005.

91. 张德刚，王鸥，付晓东. 国内外水利投融资体制现状的比较 [J]. 商业经济，2009 (11).

92. 张豪. 非经营性基础设施融资模式创新——以市政道路为例 [D]. 济南：山东大学硕士学位论文，2012.

93. 张俊杰. 预算绩效管理业务问答与实务示例 [M] 北京：经济科学出版社，2019.

94. 张伟，朱宏亮. 我国政府投资项目管理的制度变迁 [J]. 土木工程学报，2007 (5).

95. 张智川. 新常态下中国地方政府债务问题研究 [D]. 沈阳：辽宁大学博士学位论文，2017.

96. 赵璧. 可持续发展视角下的北京市政府投融资研究 [D]. 北京：财政部财政科学研究所博士学位论文，2012.

97. 赵崇煦. 政府投资项目"代建制"的具体操作 [J]. 中国投资，2004 (3).

98. 赵宏伟，黄维华，李德水. 小浪底水利枢纽工程利用国外贷款的成效及经验 [J]. 水利经济，2007 (1).

99. 赵晶媛. 文化产业与管理 [M]. 北京：清华大学出版社，2016.

100. 赵先立，李子君. 地铁经济中的公私合作——北京地铁4号线项目的运营、经验和意义 [J]. 城市观察，2012 (5).

101. 周孝华，周青. 地方政府投融资平台风险管理 [M]. 北京：经济管理出版社，2011.